人間逆旅

吳豐山回憶錄

民國六十一年任《自立晚報》採訪主任，與發行人吳三連先生合影。時年廿七歲。

六十六年
《自立晚報》三十週年紀念酒會上，左起總編輯吳豐山、總主筆鍾鼎文、副社長張熙本、顧問范爭波、接後兩位不詳。然後是董事長許金德、發行人吳三連、常務董事吳尊賢、副社長羅祖光、總經理余聯壁。

六十六年
蔣經國院長參訪台南紡織公司。由左至右：吳俊傑、吳尊賢、吳三連、蔣院長、吳修齊、周書楷、張寶樹、鄭高輝、吳豐山。

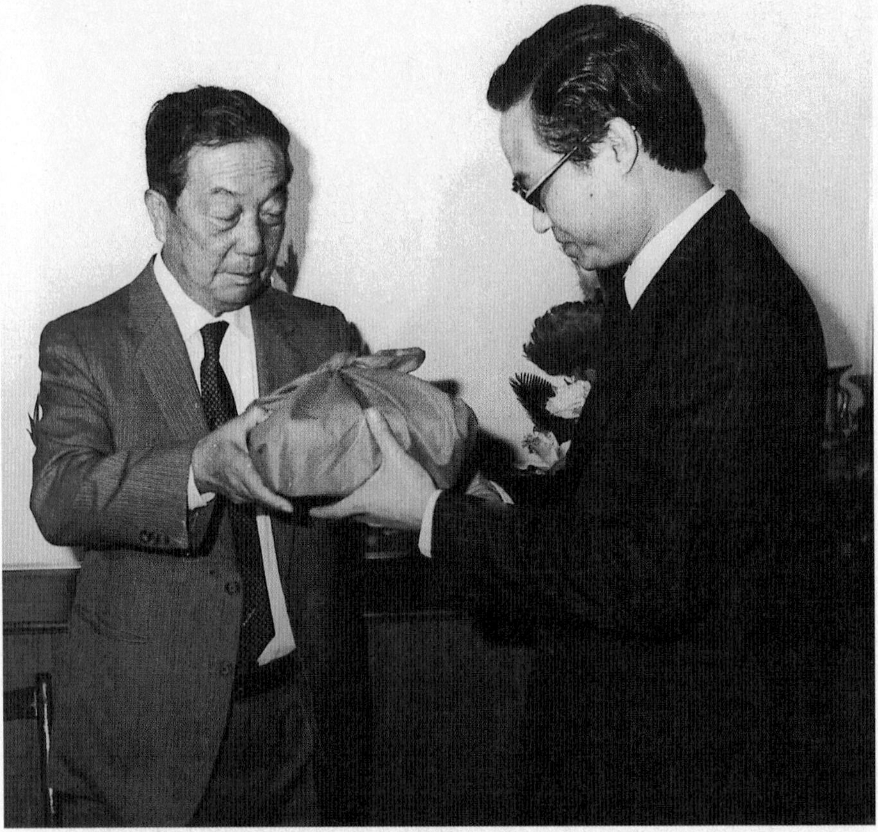

七十年十二月
從許金德董事長手中接受
《自立晚報》社長印信。

七十一年
蘇俄文豪索忍尼辛應「吳三連文藝獎基金會」邀請來台訪問。圖為赴日月潭旅行途中，索氏告訴吳豐山，他決定不再排斥大群記者尾隨採訪。

七十四年
《自立晚報》甄選四位青年，以「走出國家光明的前途」為主題，環球徒步兩年。

七十六年九月十一日
李永得、徐璐突破禁令採訪中國大陸歸來，吳豐山至桃園機場接機。

七十七年一月廿一日
解嚴後第一份創刊的報紙——《自立早報》出爐之夜。

外國訪客參訪《自立晚報》新購印報機，圖右為報社顧問范爭波。

七十七年《自立早報》創刊後向董事會報告社務。圖左一許金德董事長，左二吳三連發行人，右一杜萬全董事，右二葉明勳常務董事。

七十九年參加國是會議。

八十年
國大代表任上任主席團主席，主持會議。

八十七年三月
上任公視董事長，與公視籌備委員會主委孫得雄交接。

八十七年三月
主持公視第一屆第一次董監事聯席會議。

八十七年六月
行政院長蕭萬長於公視開播前夕到公視巡視。右為首任總經理廖蒼松。

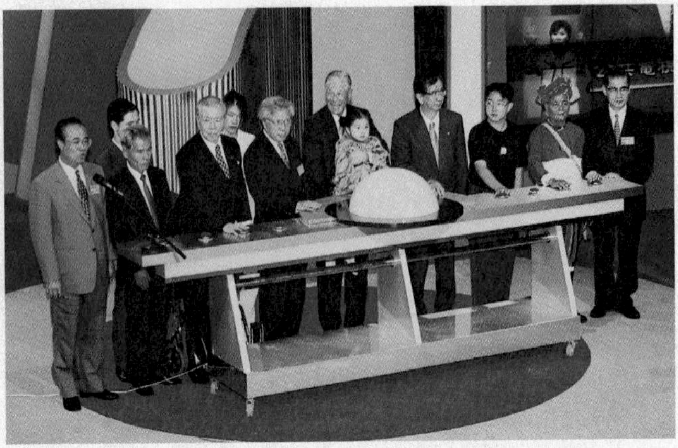

八十七年七月一日
公視由李登輝總統、孫運璿前院長、李遠哲院長、吳豐山、瞿海源等十人按鈕開播。

八十七年
在公共電視台接待證嚴上人。當時慈濟大愛電視台租用公視樓房和攝影棚。

八十八年
主持公視文學大戲「輾轉紅蓮」開鏡。

八十九年
陳水扁總統蒞臨公視參加「蘭嶼週」揭幕式。

八十九年
公共電視以台北縣平溪鎮施放天燈等活動參與世界各國千禧年廿四小時聯播。左起吳豐山、立法院長王金平、台北縣長蘇貞昌。

九十一年
率領公視部分董監事赴日本
參訪NHK，會長海老澤親自
接待。

九十二年
公視董事長任上，受行政院
僑務委員會之託，赴日本向
僑胞演講「台灣民主化與兩
岸和平」。

九十三年
主持總統大選電視辯論會。
左起候選人陳水扁、候選人
連戰、主持人吳豐山。

九十三年
與公視「台灣人民的歷史」
製作委員會全體委員及製作
團隊合影。

政　院
IVE YUAN

九十五年一月廿五日
任蘇貞昌內閣政務委員。圖為蘇閣全員上台照。

九十五年三月一日
主持國家通訊傳播委員會揭牌儀式及主委授信佈達。圖自左至右：交通部長蔡堆、政務委員林逢慶、政務委員吳豐山，首屆主委蘇永欽、立法院副院長鍾榮吉、立法委員洪秀柱。

九十五年
行政院政務委員任上，陪同蘇貞昌院長、李遠哲院長赴綠島巡察生態保育。

九十六年

行政院政務委員任上與蘇貞昌院長、客委會主委李永得赴苗栗探訪國策顧問李喬。

九十六年五月廿一日

內閣改組。前一夜，下台的人在行政院大禮堂接受送別，並分批與同仁合影。前排左起副祕書長陳美伶、政務委員吳豐山、副院長蔡英文、蘇揆伉儷、秘書長劉玉山、政務委員林萬億。

九十七年八月一日
第四屆監委在總統府宣誓就職。

九十八年二月
在雲林縣接受民眾陳情。

一百年
巡查桃園縣，聽取民眾意見。

一百年
桃園縣民在南崁溪畔拉紅布條感謝李復甸委員和作者為民伸張正義。

一百年九月
與內政委員會同仁巡查雪霸國家公園的鉤吻鮭復育情形。

一百年十二月
任監察院內政委員會召集人，帶領全體委員至行政院巡查。

一〇二年七月
參加監察院公職人員財產申報法施行二十周年研討會，建議修法大量減少應申報人數。

一〇二年七月
負責高普考監試工作，與考試院長關中、副院長伍錦霖等巡視考場。

一〇二年八月
與財經委員會同仁巡查中央銀行鑄幣廠。圖左為彭淮南總裁。

一〇三年十月十四日新任監察院長張博雅頒贈「監察獎章」給每一位第四屆監察委員。

後語

附錄

前言

一

民國六十六年，我的老闆——國之大老、《自立晚報》發行人吳三連先生行年七十又九，大病初癒之後，開始要我聽他口述一生經歷，並且負責在他百年之後刊行《吳三連回憶錄》。

有一天，在進行口述錄音的休息空檔，吳先生告訴我：將來你總是要寫自己的回憶錄，那麼應該留意各種相關資料的保存，不要像我今天，有些資料已遍尋不著，有些期日已記憶模糊。

吳先生七十九歲那年，我才三十二歲，當時心想，如果將來有一天我眞的必須寫回憶錄，那也是幾十年後的事情，因此他的話我只聽進去一半。

我中年時期另一個老闆——企業家吳尊賢先生——自己撰寫回憶錄，要我幫他校訂。有一天，尊賢先生告訴我：你將來要寫回憶錄的時候，可以採用我這種寫法，既逼眞又簡便。尊賢先生所說的逼眞又簡便，是把自己的一生經歷像記帳一樣，逐筆記述，因此人生之盈虧，一清二楚。

可是，那時候，我正値盛年，尊賢先生的話也只聽了一半，認爲將來如果眞要寫自己的回憶錄時，再作道理不遲。

我把老闆的話只聽進一半，還有一個原因，那就是我從民國五十七年進入社會做事開始，每一年都使用一本同一格式的小記事本，在那上頭逐日簡記幾時開什麼會、幾時在何地與誰宴會、何日何事出國去哪裡，以及何日歸國。有些比較重要的事情我還會在上頭留下幾行記載。我當時心想，這小記事本應該就管用了。

後來，民國八十六年蕭萬長先生組閣，囑我協助一些事務，我認為茲事體大，所以便開始記備忘錄，但備忘錄未停止於蕭先生行政院長下台，而是迄今不曾中斷。備忘錄使用每張兩百字、每疊一百張的稿紙。至民國一〇三年七月底監察委員任滿，一共累積了二十八本，總共達五十六萬字。

換句話講，事實上我已因為生活和工作上的需要，留存了部分相關資料，也記明了相關期日。

然則，我必須寫回憶錄？

二

我於民國五十七年進入自立晚報社服務，在那裡工作了二十七年，其中十四年併任國大代表。民國八十七年出任公共電視第一任董事長，民國九十年連任，於民國九十三年任滿。民國九十五年到九十六年任行政院政務委員。民國九十七年到一〇三年任監察委員；

這便是我一生的主要經歷。

如果看這些經歷，那麼寫回憶錄好像沒有什麼絕對必要；不必費心費神，我自然樂得輕鬆。

可是我周圍很多朋友卻另有看法。

他們有的人認為我在《自立晚報》後期那十幾年，正值台灣民主運動風起雲湧的大時代，《自立晚報》扮演了重要的時代角色，我應以參與者立場留下紀錄。

他們有的人說，在台灣公共電視制定典章制度的草創階段，我是掌舵者，理當為公視建立檔案。

他們有的人說，擔任行政院政務委員不是一個孤立段落，我有責任把一個無黨籍人士在二、三十年台灣民主轉型過程中所扮演的角色和心路歷程向歷史交代清楚。

他們之中有人還說，六年監察委員是怎麼做的，也必須向社會說明白；尤其是「廢監察院」一直是一種重要論調，我有責任以親身經歷告訴社會，是廢了才對或是留存才對？

說這些話的朋友不是政界菁英就是報界先進；他們把我的寫作說成一種義務。

幾經思慮，那就寫吧！

可是，從何寫起？如何一個寫法？

三

民國三十四年，一九四五年，也就是第二次世界大戰結束那一年，我出生於台灣台南縣將軍鄉一個叫做將軍庄的小村莊。我出生的國曆一月，還是農曆民國三十三年的十二月，因此，我肖猴。上面有三個兄長。

我的父親德成公從我祖父波公繼承了一些田產和一家雜貨店。父親是獨子，他辛苦工作，簡樸生活，爲的是增購田產，店鋪也由一家變成兩家，代價是四十七歲的時候積勞成疾，肝癌去世，留下從二十一歲到三歲的四子四女和寡妻。

我祖父之前的歷代先祖，沒有家譜也沒有任何文字記載。台灣鄉下的芸芸衆生在漫長的農業時代，大概就是在貧瘠的土地上辛苦種植，認命地面對颱風的不斷襲擊，然後拿著剩餘的產出過日子。人的平均壽命大概只有四、五十年。卑微的生命，渺不足道。

我年長懂事以後，從文獻和書本上看到一些文字，說清朝的水師將領施琅消滅鄭成功王朝之後，上書力諫滿清皇帝不要放棄台灣。皇帝感念施琅的忠誠，命他從安平登陸，跑馬三天，所過之處，爲其采地，其餘由他幫皇朝治理。施琅遵照皇帝的命令，從安平上岸，開始跑馬，沒想到只跑了一天，馬腿就跑斷了。馬腿跑斷的地點就是我的祖鄉將軍庄，離將軍庄約一公里處有個村莊叫公館。

地方耆老說，施琅就在將軍庄設立衙門，在公館建官舍。隨同他來台的百姓之中，有一戶姓施，一戶姓吳，在將軍庄落腳。這個姓吳的就是我們的先祖。他有兩個太太，我們整個村莊的吳姓後代就是他和這大小兩房太太的子嗣。

喜歡考據的人寫得煞有介事，我用幾百個字記述在此，只是聊供參考。假如這是史實，其實對我來說，除了知道祖先來自中國大陸之外，也沒有太多意義。

可是拿祖鄉的歲月靜止不動去與廣大外在世界的翻天覆地比對，對我其後的人生來說，意義就大不相同了。

早在十六世紀，歐洲人就已航行大洋，殖民世界各地。葡萄牙、西班牙、英國、荷蘭，這些國家的航海家都已先後來過台灣。十八世紀開始的工業革命把世界連根翻起。滿清中國與列強糾纏不清，百餘年交鋒下來，積弱不振。台灣在中日甲午之戰後割讓日本。孫中山的革命黨人推翻了滿清，軍閥卻仍內戰不斷。希特勒橫掃歐陸，新崛起的軍事大國日本侵略中國，偷襲美國珍珠港，世界陷入大戰。大戰結束後，台灣又歸中國。國民黨和共產黨繼續內戰，只幾年時間，毛澤東像秋風掃落葉一般地席捲中國大陸江山。吃了大敗仗的蔣介石於民國三十九年把國民黨政權搬遷台灣，剛經過二二八摧殘的台灣歷史又生大轉折。

這就是我出生時候的大環境。

四

民國四十年，父親把我送入將軍國民小學「寄讀」，隔年，我才開始讀一年級，民國四十六年小學畢業。六年期間，我在將軍國小留下了很好的成績——六年都第一名，六年都當班長，眞是所謂「小時了了」。民國四十六年至四十九年，我讀省立北門中學。民國四十九年至五十二年我讀省立台南一中新化分部。民國五十二年依照自己的意願考入政治大學政治系。民國五十八年到民國六十年，我半工半讀從政治大學新聞研究所拿到碩士學位。

童年的整體記憶是匱乏。我家在我們那個村莊算是小康之家，可是在物質生活上百分之百克勤克儉。

整個求學過程的記憶是文法科很好，數理科不好。每個階段都有幾位對我付出很大愛心的老師，我至今感念。

在政治大學讀政治系的時候，我一度立志將來要當電影導演，而且還寫了一本叫做《黃炳煌的世界》的劇本。這個劇本因爲我當時住的地方每年夏天會淹水，有一次在大水中損失了。一個政治系學生爲什麼會萌生去當導演的想法？很久之後，才瞭解那是一種與政治改革同樣意涵的理想追求。

我整個求學時期是在政治威權、台灣經濟尙未做出大成績的時代。我自以爲博覽群書，傻兮兮地深信，離開學校後一定可以力爭上游，對台灣做出貢獻。

卷一

良心報人

我在民國五十七年夏天服完預備軍官役。我立志競選省議員已久，可是省議員要到民國六十一年底才改選，那麼從民國五十七年夏天到民國六十一年怎麼度過？

幾經考慮，我決定自薦到鄉前賢吳三連先生經營的《自立晚報》服務；一個理由是，我認為我可以勝任文字工作；另外一個更重要的理由是，三連先生是台南縣籍的國之大老，我認為投效他麾下可以有助未來參與選舉。

自薦信寄出之後不久，當時的《自立晚報》總編輯羅祖光先生約見我，並且立即錄用。我在那一年的八月一日入社，從此陰錯陽差的經歷了從記者、採訪主任、總編輯、社長、董事長到發行人的漫長的二十七年報人生涯。

報社派給我的第一個工作是採訪台北市政府新聞，那時的市長是高玉樹先生，台北市剛改制為院轄市，高玉樹由民選省轄市市長變成官派院轄市市長，幹勁十足。那時的《自立晚報》，社址在保安街，社內只有十個記者，我月薪一千元。採訪市政自然包括採訪市議會新聞，那時的議長是張祥傳先生。

坦白說，我採訪新聞，乏善可陳。有時候，採訪主任還要我額外協助採訪一些街頭新聞。對於不曾受過採訪專業訓練的我，一時之間實在不可能有好的表現。也因此，我再到政大新聞研究所半工半讀，拿了碩士學位。

嚴格說，我不曾眞正當過採訪記者，因爲下面寫的這件事之後，我就不再做第一線採訪工作了。

台灣農村調查報告

民國五十九年十月某日，採訪主任余聯璧先生告訴我，南部很多人來向曾任省議員的吳三連先生訴苦，說農村經濟至爲不堪，政府卻還陶醉在三七五減租、耕者有其田實施成功的往日回憶中，希望我深入農村，做一個全面性的調查報導。

這種事，我興趣就大了。我讀歷史，知道吳三連年輕時寫過反抗日本米穀統制的殺頭文章，知道毛澤東寫過「湖南農民運動考察報告」。我來自農村，知道農村很苦，那麼，做農民同胞的喉舌，不正是我要競選省議員的理由之一嗎？

報社派了一個新進記者賴曉鐘先生協助我。稍早，胞兄和田買了新車子，把舊車子送給我。我與賴曉鐘從台北出發，一路南下，走走停停，回到台北後又越過瑞芳山頭進入蘭陽平原，訪談無數，蒐集的資料堆積如山，也拍了不少相片。再次返回台北後，又逐一訪問農政官員和學人，然後完成包括最後提出多項建議的調查報告全文。報社在民國六十年年初，在二版上半，連續二十二天，逐篇刊出。

調查報告全文刊出時的總刊頭叫做「今天的台灣農村」。下面記載的是其後幾個月的發展：

一、當時擔任國民黨中央黨部祕書長的張寶樹先生是農學博士，他約我去談話，問沒見報的內容可否口頭告訴他。

二、當時擔任行政院副院長的徐慶鐘先生也是農學博士，他約見我，告訴我：政府非常重視我的報導，將會有所回應。

三、美國大使館一位叫做高斯文的祕書找到我，與我幾次接觸後，交給我一封美國國務院邀請我赴美訪問一個半月的邀請函。

四、緊跟著，政府宣布了投入一百八十億元的改善農村經濟方案。

五、各情治單位開始分別約我「喝茶」，顯然是一種監控。

六、我更堅定要競選省議員的決心。

七、報社將《今天的台灣農村》結集發行。

美日官方邀訪

我在民國六十年的八月十六日從台北出發，在美國做了四十五天的訪問旅行。國務院給接待我的美國各方人士的書面資料說我是農業專家，是青年領袖。美國之行，極為愉快，見聞尤其珍貴。結束美國之旅後，我隻身以半自助方式經英國、西班牙、法國、瑞士、義大利、泰國、菲律賓、香港、返回台北，前後七十九天。我的壯遊日記，後來以《環遊世界七十九天》爲名，由晨鐘出版社印行。

訪美歸來不久，日本駐台大使館遣人送來一份邀請函，邀我赴日訪問兩周，邀訪目的和行程安排與美國如出一轍。

像我這種新人競選省議員需花一年時間奔走，所以返國後便向社方請辭，社方很爲難。最後吳三連先生出面告訴我，他看法不一樣；他認爲假如我能夠好好辦報，將來對社會的貢獻會比較大。

現在的我，可以充分瞭解那種苦心。那時的我，衷心不以爲然。折衷辦法是社方勉強同意我去選國民大會代表，算是兼職，本職是升任《自立晚報》採訪主任。

我先做採訪主任，然後在六十一年年底當選國大代表，當選後依約定回社繼續任採訪主任。

參選國大代表不是我的意願，採訪主任實在局面很小，我還是要從政，而且決定競選立法委員，因此三年後辭去採訪主任，可是報社又要我寫專欄。以「吳豐山專欄」爲名的論政文章，每周一篇持續刊出後社會熱烈迴響，更堅定了吳三連先生不認同我競選的心意。越兩年，升任總編輯，辦報生涯於是成了我的不歸路。

吳三連先生年長我半世紀，他歷經風浪。發表《今天的台灣農村》後，他與我密切互動。他兩眼炯炯有神，話語不多，但充滿人生智慧，我對他由衷尊敬。

「吳豐山專欄」

話說這個「吳豐山專欄」，一寫十九年。我離開《自立晚報》後，繼續在社會上服務了二十年，在人群中走動的時候，最常聽到初識者說的一句話是「我是看您的專欄長大的」，起初我以為是禮貌性寒暄，後來仔細一想，現在四、五十歲的人，確實在青年期間閱讀這個專欄，而且因為十九年中有十三年處威權時代，批判時政的文章，自然容易在讀友心中留下比較深刻印象。不過對我來說，這是「無心插柳柳成蔭」；因為寫作的人當年除了滿腔熱血外，並沒有額外的期待。

我特別從幾百篇文章中選出三篇：〈不要被一點兒繁榮沖昏了頭〉、〈刑求——法治之羞〉、〈橫材入灶記〉做為附錄，讓讀友瞭解我當年評論時政的立場、觀點和操持。

也想一記的是，蔣經國總統晚年的辦公室主任王家驊先生，在蔣過世後出任台灣電視公司總經理。有一天，王先生跟我說，蔣晚年眼力不行，他負責每天讀報，有時候蔣會問王「今天有沒有吳豐山專欄？」比對當年宋楚瑜常奉命找我，告訴我哪一個建議照辦、哪一個建議無法辦、哪一個建議以後辦，可謂其來有自。現在想想，蔣去世後多次民調都顯示人民愛戴、蔣得第一，我應該說：做元首的人能傾聽民意，並且認眞以對，那麼蔣受很多國民肯定，良有以也！

也可記述的另一件事是，蔣經國上任總統的民國六十七年，我曾經寫過一篇〈假使我是蔣經國〉的專欄文章，建議他認清世代後浪推前浪的嚴峻局面，要勇於興革，扎根台灣以造福吾土吾民。當時社內部分主管認爲我未免唐突，可是蔣經國有其高度，顯然不以爲忤。

今天，我無意要抬高蔣，事實上他曾經有過猶豫，否則不會有美麗島悲劇，但最後他確實勇往直前，在台灣人民心中，留下正面多於負面的評價。做爲一個評論者，我也因此感到欣慰。

也許，讓我們一起來回憶民國六十年代的台灣，會有助於瞭解吳先生爲什麼希望我跟他一起做報紙。

民國三十九年因爲內戰失敗遷到台灣的國民黨政府，在韓戰爆發、美國協防台灣、局面穩定之後，開始有計畫的發展台灣經濟。基本上威權高壓的政治體制，以反共復國爲號召，延續中央民意代表的任期，壓制了因爲教育普及和經濟發展而勃發的本土參政意識。這種不符自然法則的壓制，到達一個臨界點的時候，必然爆發反抗。民國六十一年，台灣在聯合國的中國代表權由中共取代，台灣社會的裡層已隱隱然騷動。民國六十四年蔣中正總統過世，一個舊時代宣告終止，連繼之而起的蔣經國都能夠體察到不變當中的變動需求。那一年年底爆發中壢火燒警察局事件，直如平地一聲雷，朝野對抗聲聲緊，有識之士開始紛紛投入政治改革的浪潮。

七十年代曾經出任行政院長的李煥先生，在八十年代出版了他的傳記，書中第一二八頁有如下一段文字：民國六十四年五月二十三日，上午十點，蔣經國在行政院約見李煥，詢問他：「有個吳豐山你是否認識？」李喚回說「認識」。原來蔣經國在報紙上看到吳豐山的一篇文章，從一位本省青年的觀點對社會現象提出反省與建議，頗具批判性，但蔣經國認爲吳豐山的論點客觀，囑咐李煥往後「多加注意這位年輕人」。

我到底寫的是一篇什麼文章？

如上所述，蔣中正總統去世了，一個時代的結束意味另一個時代開始，我以〈時局在蛻變中〉爲題，連續三天上、中、下三篇文章，要求國民黨政權全面改選中央民代，改革司法，並且正視世代交替的現實。

生活在百無禁忌的今天的台灣青年不會瞭解那個高壓時代的言論限制，假如不是赤膽忠心，誰願寫這種文章？寫了很多異議文章的我，竟然不曾遭遇苦難，也算是人生異數。

不過，事實上，我從來不曾痛恨過哪一個政黨或哪一個個人，而且我總相信，只要有心，問題一定可以解決；也許是這種平和之心，成了保命符吧。

六十六年我上任總編輯。對於《自立晚報》的編務，我一直有許多批評，自己負責了，當然就只有著手改革一途。

編務改革重點不在形式而在內涵。我深信報業自由，也認爲在高壓體制下，報業自由仍可婉轉呈現。民主運動風起雲湧，民國六十七年中央民代選舉中途台美斷交，暫時中止的中央民代選舉就像焚後餘燼，依然火熱，人心動盪不安。果不其然，民國六十八年十二月十日，史稱「美麗島事件」的不幸事情在高雄爆發了。

美麗島事件之前半年，吳三連先生受當局之託進行朝野溝通。吳先生跟我說，他與黨外新生代，十個有九個不認識，要我協助。溝通一事，後來的歷史發展證明無用。「美麗島事件」爆發後緊跟者是大搜捕，大搜捕之後是大審，大審期間海內外人士透過《自立晚報》進行輕判的訴求。其中，在當時即已公開的是作家陳若曦攜海外學人聯名信回台面見蔣經國總統。

陳若曦是六十七年第一屆吳三連文藝獎小說獎的得主，當時未返台領獎。「美麗島事件」爆發後，她與我聯繫，說希望回來，要我發函邀請。我替她安排的行程包括南下高雄，因為她要去探望已被捕的作家楊青矗的夫人。

陳若曦返國第一天就面見了蔣經國總統。第二天南下，在高雄圓山飯店吃午飯的時候，飯店經理說有電話找我，蔣彥士先生（時任總統府祕書長）在電話中說：總統想明天上午再跟陳小姐見一次面，您們能不能立刻回來？

陳若曦女士後來告訴我，她向蔣經國總統這樣說：我以前以為您是殺人魔王，可是跟您見面了才知道您和藹可親，美麗島事件這些人最多只是不聽話，我建議總統，打打屁股就好，千萬不要關入大牢，損了您的德望。

美麗島事件涉案人後來分成兩批，一批是軍法審判少數人，另一批是司法審判多數人。《自立晚報》不但詳細報導了開庭情形，吳三連先生和我私底下還從事要求善待受刑人以及不沒收財產的各種交涉。為了確保交涉管道暢通，梁肅戎、關中、康寧祥、江春男、吳三老及我等六人還維持了一段時間的定期接觸。

民國六十九年，在一大批人入獄的情況下，選舉恢復了，受刑人的家屬代夫出征，大部分當選。人民認為投票是一種「再審」。國民黨政府是不是做如是觀，我不得而知，但台灣政治已然邁入另一個全新的階段。我照樣競選連任國大代表，可是落選了。為什麼落選？媒體議論甚多，其實眞正的原因只有我知道。

落選當然很難過，可是社方卻不以為意，後來我才知道，他們認為不兼民代正可專心辦報，所以就發表我當《自立晚報》社長了。

我必須稍微回顧一下自立的歷史，讓大家對《自立晚報》的繁複轉折有一個瞭解。《自立晚報》是在民國三十六年十月十日由顧培根和周莊伯兩位先生創辦。民國三十六年的台灣是戰後百業蕭條的時候，可以想像得出，那個時候規模粗陋。報史也記載得很清楚，顧、周兩人只辦了很短的時間就轉手給民俗學家婁子匡先生和鄭邦錕先生。婁先生和鄭先生也是只辦了很短的時間就轉手給李玉階先生。《自立晚報》在李玉階先生的手中辦出了一些名聲，可是財務一直困窘。民國四十六年在國大代表范爭波先生介紹下，李玉階先生與代表台南紡織集團的吳三連先生合作。民國五十四年，李家退出，但國民黨籍的許金德先生加入，成為吳三連先生和許金德先生合作的局面。吳先生任發行人，許先生任董事長。吳許兩人是省議會的同僚，許先生加入並非自願，所以只掛名、開會，一直不曾管事。歷任社長葉明勳先生、李雅樵先生都是國民黨人，歷任總編輯、總主筆也都是國民黨籍，國民黨在社內有黨員小組存在，不過活動很低調，未讓吳先生為難。

很奇怪的是，吳先生和許先生無個人資金投入，投入資金的是他們背後的相關事業體。這些事業體都具規模，但對經營《自立晚報》，卻從來不曾大力以赴。以今天的標準看，《自立晚報》在民國七十年以前一直都是「小本經營」。

社務大革新

當總編輯只管編務，當社長還要管業務、財務、總務、印務。我決心把《自立晚報》辦成一份大報。

民國七十年的台灣報界在報禁的環境下，連同金門、馬祖，澎湖的軍報，還有新店監獄的一份報紙，總共只有三十一張報紙。在台北，晚報有《大華》、《民族》、《自立》三家，各有三萬份發行量。

我早在民國六十七年兼任吳三連文藝基金會的祕書長，基金會的業務有邀訪項目，我決定邀請諾貝爾文學獎得主、蘇俄作家索忍尼辛來台訪問。索氏來訪一周，極爲轟動，《自立》一砲而紅。把客人送走，我在圓山飯店正收拾結案的時候，社長室稽核專員張國峰君來電，說發現重大弊案——一個管出納的人員某君在過去十年中竊取了報社一千餘萬元，要我從速返社處理。某君與我私交甚篤，可是除了公事公辦之外，我別無選擇。我找來某君的兄長，苦口婆心勸動他代還了五百萬，另外，把某君買的兩棟房子扣押，然後將某君移送法辦。

我心想，這是何等荒唐的事體！《自立》本來資本額是兩千七百萬，我當社長之日才要求增資一倍，以還掉民間借貸和過重的銀行借款。某君竟然有那麼大的本事，偷了一千多萬元，而且竟長達十年，沒人知道。

所謂「前事不忘，後事之師」，我通告全社，以後誰貪汙一毛錢，我就開除。

可是，光是不貪汙不能解開經營局面。

我怎麼也不能相信，經過六十八年美麗島事件的新聞表現之後，三家晚報的發行量依然平分秋色。

早報的發行，有一段人們睡醒前的充裕運送時間，晚報運送時間相對急迫，可是依台灣當時的市場條件，晚報如此局面，我一口咬定一定有未被發現的癥結。

眞是所謂「習焉不察」！我出任社長以前，《自立晚報》已經經營了三十四年，台北市的零售據點（通稱「票亭」）一直只有早報的五分之一。《自立晚報》如此，《大華》、《民族》也沒有兩樣。

晚報的「票亭」爲什麼不能擴張？辦事同仁說，因爲派送時間所限。

那麼假使本來分成十條路線，每條路線兩個小時送完，分成二十條路線的話是不是一個小時可以送完？假使分成四十條路線的話，是否加兩倍報紙仍然通通可以在一個小時內送達？

我沒做過發行業務，不知道開拓零售據點有什麼困難。問同仁，同仁坦言，只要打個招呼，對方接受就行了。

我於是要求在短時間內加聘人手，擴增「票亭」；果不其然，發行量應聲倍增。發行量倍增之後的《自立晚報》，影響力開始急速上升。七十年代開始後，解構威權體制的要求逐日高漲，街頭運動一日數起。我從《聯合報》禮聘來的總編輯顏文閂君是編採長才，《自立晚報》的版面表現成爲報界的風向球，很多政治改革由《自立晚報》促成。當時，政府官員和民運人士桌上沒有一份《自立晚報》，會被認爲是很奇怪的事。一份好的報紙不是印報機印出來的，而是一流的記者和編輯製作出來的。

美麗島事件後，不少原來在別家媒體服務的熱血記者和編輯，以投效《自立晚報》爲榮，於是不出半年時間，《自立晚報》加入了很多猛將；這批人在其後幾年，創造了《自立晚報》經營史上的高峰。

今天，國際上大都認定台灣已經成爲一個民主國家。此外，聽說從中國大陸到台灣來旅行的男女，對作爲華人社會之一的台灣竟然也能到達政治民主、言論自由的境地，都大感不可思議。我於民國一〇三年撰寫這本回憶錄，回過頭去看從民國六十六年（美麗島事件的前兩年、我任《自立晚報》總編輯的第一年）到民國八十三年（解嚴後第六年、我結束自立生涯的一年）那十七年間台灣社會風起雲湧、天翻地覆的改革，宛如電影倒帶一般，每一幅景象都清晰在目；而《自立晚報》作爲輿論重鎭，其表現如今已證明站在歷史正確的一方。

大要而言，民國七十七年以前十年，是解構黨國威權體制的重要歷史階段。國民黨政府由於在中國大陸徹底失敗，民國三十九年來台後，又由於統治者都是蔣介石，所以反共復國成爲最高國策，台灣成爲反攻大陸的跳板，國民大會代表和立監委成爲法統延續的象徵，保密防諜成爲統治之要領，至於言論管制，說是爲了避免重蹈大陸失敗覆轍之必要。

民國三十六年發生的二二八事變，造成台灣知識菁英大量折損，當時的統治者濫殺無辜，嚴重戕害了人民的政治心靈。可是從民國三十六年到民國六十四年蔣介石總統過世，相距二十八年，這就表示一個新的世代又已進入社會；對他們而言，二二八已成歷史事件，並非昨日的哀嚎。

更進一步說，台灣青年假如立志從政，只能參加每四年一次的地方省縣議員改選，在中央的國大代表和立監委卻可以一任幾十年，這當然是有志參政的人不能容忍的事。國民黨以戡亂和戒嚴並行，再把戒嚴和萬年國會畫上等號，所以新一代台灣政治菁英自然以解除戒嚴和中止萬年國會做爲政治改革的第一訴求。

有很長一段時間，國民黨政府高唱「民主政治之堅持不可變，非常時期之認知不可無」，上下兩句加起來，意思就是說：在當時台灣，國民黨政府認定，民主政治的理想不可不暫時打折。

其實，這是一種很弔詭的局面。國民黨政府來台不久，韓戰爆發，東西方陣營成形，台灣成為西方陣營對抗蘇聯共產集團的橋頭堡，台灣自然跟著美國老大哥高倡民主價值；假戲真做的結果，民主成為台灣青年信仰的真理。

因此之故，國民黨當局對長期戒嚴和萬年國會其實是心虛的。政治對抗常常殘酷無情，心虛的一方假如掌握話語權，「分歧分子」、「共匪同路人」、「台毒分子」就成為指向要求改革者的利刃。

推動台灣民主化

《自立晚報》有一群充滿民主信念的記者和主筆，同時又延攬了不少學界良心，所以勇敢報導、勇敢評論，十幾年間洛陽紙貴，儼然成為台灣政治改革的橋頭堡。

那段期間，朝野衝突不斷：

——民國六十七年台美斷交，這是繼民國六十一年台灣在聯合國席位被中共取代後的大事。台美斷交同時中斷了正進行中的中央民意代表增額選舉，黨外人士因擔心已有的一丁點進步，可能後退，所以利用余登發父子被捕，赴高雄橋頭鄉舉辦戒嚴時期第一次示威。其後，帶頭的桃園縣長許信良被省政府以「廢弛縣長職務」為由送監察院調查。監察院指他「擅離職守」又「簽署誣衊政府之不當文件」、「參與非法活動，違法助選，證據確鑿，均違法失職」予以彈劾，稍後司法院公務員懲戒委員會給予停職處分。許信良遭受彈劾後，其信衆在中壢鳳仙飯店舉辦「許信良生日晚會」吸引兩萬民衆與會，軍警單位動員封鎖現場。這是戒嚴後首次群衆集會。

——民國六十八年十二月十日，已利用「美麗島雜誌社」串連成全國性組織的黨外人士，在高雄舉辦紀念世界人權日的群衆大會。在此之前，一連串的街頭抗爭已使朝野陣營劍拔弩張。不管政府說是「先暴後鎮」或黨外人士說是「先鎮後暴」，總之，憲警和黨外人士後來發生嚴重衝突。十二月十四日，警總行文立法院，經立法院同意，逮捕黃信介委員，其後展開全台大搜捕。隔年二月二十日經軍事檢察官偵查完畢，其中黃信介、施明德、林義雄、姚嘉文、張俊宏、呂秀蓮、陳菊、林弘宣等人以叛亂罪提出公訴；陳忠信，楊青矗等三十七人移送司法機關偵辦，然後很快地，軍法審判的八人和司法審判的三十七人都判了刑。

審理期間，林義雄家又碰上滅門血案，震驚海內外，這個案件至今未破案，但人民心中自血案發生伊始即自有答案。

——民國六十九年，因台美斷交中止的中央民代選舉恢復舉辦，一批美麗島事件受刑人家屬和辯護律師出來參選，大多高票當選。撰寫美麗島事件的人說：法庭審判了美麗島諸君，選票審判了國民黨政府。

——台灣約有四十餘萬原住民，民國七十三年十二月二十九日，他們串連成立「台灣原住民權利促進會」。其後十年，要求漢人放棄「山胞」的稱謂，要求土地保障權、政治自治權，及成立行政院原住民族委員會。

——八百萬勞工是台灣經濟發展的動力，但勞工權益卻缺乏保障，諸如組織權、協商權、爭議權等多因戒嚴體制而告扭曲。一連串的抗爭，終於使得「勞動基準法」得能在民國七十三年七月十九日通過三讀。其後又經數年抗爭，勞工權益才初步落實。

——黨外人士想要組黨，這是從雷震組黨失敗後一直延續不斷的願望。戒嚴法下，組黨成爲奢求，但黨外人士在民國七十年的地方公職選舉中，首次辦理「黨外候選人推薦會」做出好像政黨提名的舉措。民國七十二年開始有「黨外選舉後援團」、「黨外中央後援會」。民國七十三年有「黨外公職人員公共政策研討會」，這個被簡稱爲「公政會」的團體，到了七十五年開始在各縣市設立「分會」。內政部宣稱將予取締，好似山雨欲來風滿樓，但是黨外組黨已成勢所必然。民國七十五年九月二十八日，「黨外中央後援會」在台北圓山飯店召開候選人推薦會，順勢宣布成立「民主進步黨」，一時之間風聲鶴唳。組黨人士一路往前，於十一月十日召開第一次全國代表大會，通過黨章、黨綱，選出江鵬堅爲首任黨主席。一周之後，蔣經國在國民黨中常會表示「時代在變，環境在變，潮流也在變，因應這些變遷，執政黨必須以新的觀念、新的做法，在民主憲政的基礎上，推動革新措施。」民進黨人說「闖關成功」，國民黨人說「蔣經國英明」。我看黨外人士企圖闖關是有的，蔣經國改弦更張也是事實，但基本上應該是歷史已然走到那個時間點。《自立晚報》對以上這些大事情，都勇敢報導、勇敢評論。那個時段，每有大事，《自立晚報》都見洛陽紙貴，即使每日加印，零售票亭裡的《自立晚報》都早早就銷售一空。

作爲《自立晚報》總編輯以及其後出任社長，在政、媒兩界，我變成動見觀瞻。記得在美麗島事件前不久某日，警備總部邀請各媒體採訪主任、總編輯、社長到警總聽簡報。警備總司令指名道姓，說某某某等是分歧分子、是台毒分子、是共匪同路人。當時的國民黨文工會主任楚崧秋先生兩度走到我身邊，希望我能在簡報後發言。楚先生曾經留美，也是報人，平日對我頗爲體貼，我對他有一份敬意，但要我附和警總說詞，顯係強人所難，所以我未答應。楚先生不死心，第三度走過來請我發言，我於是站了起來，說如果這些人眞是共匪同路人，是要叛亂，那麼警總光在這裡做簡報，便是失職；相反的，如果不是這麼不堪，那麼警總便是毀人名節，是公然犯毀謗罪。簡報會因此草草收場了。與我一同步出警總的《聯合報》採訪主任鍾榮吉告訴我：你很勇敢，但恐怕要小心了！

現在回過頭去看，當時三十幾歲的我，猶如初生之犢。美麗島事件後來還是發生了，一批政治菁英還是入獄了，可是後來歷史的發展，卻又很快證明統治當局羅織罪名壓迫異己，終究人民不容。美麗島事件受刑人、其家屬及辯護律師，很多人後來做到部長、市長、行政院長，甚至於正副總統。事發二十幾年後，政府也正式為美麗島事件人犯平反，撫今追昔，實有不勝唏噓之嘆！

很快地，到了民國七十五年，國大代表又要改選。我的想法很簡單，我落選過，必須再當選，以後才可以不選。我把這個決心呈報吳三連發行人和許金德董事長，他們很體貼地同意了。報社讓我請假半年，當選後，我重返報社，開始為報禁解除後創辦《自立早報》而不眠不休的工作。

創辦《自立早報》

創辦一份早報是《自立晚報》社全體股東一致的心願。他們在較早時候曾經試圖交涉權力當局，讓《自立晚報》改為早報，未獲同意。

在創辦《自立早報》之前，我已經花了七年時間，辛苦經營《自立晚報》。《自立早報》創刊前夕，《自立晚報》發行量十三萬份，登廣告要排隊，每月盈餘五、六百萬元，氣勢銳不可擋，是一片欣欣向榮的局面。

配合創辦《自立早報》，也為了縮短《自立晚報》的發行運輸時程，我在廠務上做了很大的改革。首先是將幾十年來檢字排版系統改為電腦打字排版系統。當時中文電腦打字排版只有日本「寫研社」和日本「森澤社」兩家廠商製造供應。兩家廠商的報價都在台幣六千萬元以上。已先行購置此項設備的同業告訴我，約三千餘萬元可以成交。我不信邪，自己跑去日本，費盡功夫，以一千三百萬元買到。

比省錢更困難的是人手的更替。做了幾十年檢字工作的同仁，只有極少數轉型學會電腦打字，因此優退方案成為必要。我跟這些檢字同仁已經共事近二十年，彼此頗有情誼，處理起來倍感不忍。

完成電腦打字排版工程後，緊跟著，我在新營建設第二處印報廠，稍後又在五股建設第三處印報廠。購地、建廠、買印報機，都要花很大工夫。自立報系不是一家資金充裕的公司，一塊錢必須當作兩塊錢用。不過，這些翻天覆地的改革，終於也在許多幹才的協助下，逐一完成了。

在創辦《自立早報》前，我還做了很多暖身動作，指派李永得、徐璐兩名資深記者突破禁忌採訪中國大陸，便是其中之一。那個暖身動作，全世界報章騰載，我卻為此被迫和新聞局打了一年官司，不過當時、後來和現在，我都無怨無悔。

創辦一份新報紙，籌備工作眞正千頭萬緒。我每個晚上定期和幹部開會，逐一解決問題，時間長達數月。七十七年一月十三日，蔣經國總統去世，國喪一周，各報相約不套紅。一周既過，恢復套紅，《自立早報》在一片喜氣洋洋之中堂堂出刊。

可是，創辦新報的喜悅只有短短不到幾個月，提不上來的廣告業績，造成每月千萬元的虧損，原本盤算以晚報盈餘撥補早報虧損的算盤，在聯合報系和中時報系相繼出刊晚報之後，失去掌握。更嚴重的是報禁解除前夕，報業同業公會對報紙張數和售價的協議一年期滿後，既有大報開始流血增張，報業經營展開你死我活的廝殺，自立報系於是陷入長期虧損的惡劣狀況。股東二度增資後，信心開始動搖。社方的因應措施，得不到工會的諒解。

廣告營收是所有報社共同的衣食父母。要廠商到自立報系的報紙上刊登廣告，卻是一件長期持續折磨我身心的大工作。一般認爲廣告量與發行量成正比，這種說法是正確的，不過決定在某報刊登廣告卻是一樁更爲複雜的事體；這其中有人情考量、有廣告刊登習慣、有政治立場的異同考量、有認不認識報社負責人的面子問題，甚至於還有新聞服務程度的額外要求等等。

與廣告廠商和廣告公司接觸成了我下班以後的一大負擔。很長一段時間，我常常祈禱，希望有朝一日自立報系的廣告客戶要排隊才能登得上廣告，屆時我便能把廣告傭金從三成改爲二成，能夠把付款的票期由六十天改爲三十天……。不過，這一天始終沒有到來。

吳三老在七十七年年底過世，吳先生過世後，吳尊賢先生成爲台南幫掌門人。同一時間，高清愿先生由於統一企業經營成功，在台南幫的分量遽增，不久許金德董事長也過世，高清愿接任董事長，我萌生退意，於是高清愿想請某黨報社長來接任社長。

我與這位社長很有來往，如果是一般事業，我既然倦勤，對有人接手，應該是高興都來不及了，但報紙不是一般事業。我可以想像得到，將出任國民黨中常委的高清愿先生加上原任國民黨黨營報社長一起進入自立報系，自立的聲名可能從此一落千丈。

我對高先生經營事業的成就很佩服，可是我能不講實話？我不講實話雖然可以樂得脫身，可是將來在天上碰到吳三老的時候，我又將如何向他交代？

某日，吳尊賢、高清愿、吳金台（坤慶紡織公司董事長，自立大股東）、顏岫峰（環球水泥公司董事長、自立大股東）四位先生通通到齊的密會上，我把憂慮說了，他們同聲表示沒有考慮到，並且認爲確實不可行。

不可行是一回事，高先生表明他在政治立場上不宜再擔任自立董事長又是一回事，結論是由我暫兼董事長，再謀解決方案。

再謀的方案是由在台中營商成爲富翁的胞兄和田君購買部分台南幫股權，出任董事長。胞兄同意出任董事長後，原任發行人吳樹民先生請辭，不得已由我接任。

吳樹民先生是吳三老的么兒，長我三歲，高雄醫學院畢業後赴美，在堪薩斯州懸壺。吳三老風燭殘年的時候，明白告訴我，必須負起繼承《自立》的使命。於是，我赴美遊說他回來參與《自立》。我的理由是，《自立》雖不是他父親私人投資的事業，但《自立》與吳三老已畫上等號，他們兄弟五人，至少應有一人和我一起承擔，否則不夠意思。吳樹民被我說動了，可是從同意到入社，過程曲折。像許金德董事長就認為我自作主張，逾越本分。最後在吳尊賢先生奔走下，其他主要股東才接納。

吳樹民為人正派，熱愛台灣，我們相處得很融洽，可是有三兩位同仁搬弄是非，加上經營虧損，社內開始出現風雨。後來又有一兩位新進同仁言行無狀。我把他們開除，並且決定引退。兩人在發行人辦公室懇談，兩人淚眼相對，不得要領。後來的發展，過程曲折，也不免遺憾。吳樹民後來獻身提升台灣主體意識的工作，我認為難能可貴。

黯然易主

又過一年，當虧損累積到達兩億五千萬時，掌握多數股權的台南幫決定把他們的股份出售給有意經營的人。吳尊賢先生把出售責任交給我，我很認真地去找尋合適的買主，除了楊天生、黃正一主動前來外，我先後找過王永慶、陳河東、張榮發、蔡萬霖，其中張、蔡兩位以我任董事長為購股條件，我也都允勉為其難，但到最後，都因他們另有政治考量，功敗垂成。

有一天，吳尊賢先生找我。到了他的辦公室，高清愿先生在座，高先生拿出一張五千萬元的即期支票和一紙初簽的買賣合約。高先生說支票是台北市議員陳政忠先生給的，說陳先生很有誠意。合約是別人寫的，寫的人特別交代不可讓我過目。我看字跡，一看就知道是社內某某人的手筆。高先生說，知道就好，他們說不要讓您知道，為了成事，您就當作不知道。

自立報系的工會，是在我的支持下成立的，長年以來，甚為活躍。連年虧損，意味不能加薪；二次裁員，意味可能有第三次；所以他們對自立易主，展開了一連串的訴求。

工會幹部很年輕，年輕很易不自覺地流於輕狂，因此部分言行失之過當。至於工會「編採自主」的主訴求，基本上並無違誤。

我說「基本上並無違誤」是因為編採自主有助於發揮媒體做為社會公器的功能，但自主云云仍需有一定節制，並非可以無限上綱。

何以故？眾所周知，沒有資本就沒有事業。自立報系在決定開辦《自立早報》前擴大增資，於是在吳三連系統與許金德系統資金之外，增加了一些新股東。這些股東即使可以不求分紅，但絕不會接受自己投資的媒體竟然羞辱自己；這是人之常情，社會常理。可是卻先後發生總編輯把某股東大老稿件丟入垃圾桶，某財經版記者白紙黑字嘲笑某股東董事長不學無識，連股東會也不會主持，以及內頁頭版批判某大股東情事。這些不應發生竟然發生的事，其實對主責經營的台南幫決定賣掉股權都有一定關係。

事隔二十年的今天，當年的莽撞青年今天都變成穩健中年人了，我把眞相和盤托出，希望有助於參與其事者對史實有眞確的瞭解，從而得到比較公允的看待。

工會諸般強烈訴求，對我造成很大干擾，可是我同時卻有義務協助新資方順利接手，也有職責保護舊資方的利益，於是我在買賣成立後，留在《自立》辦公室前後達兩個月之久，並且在離開之後又花了將近一年時間，才把新資方拖拖拉拉的購股錢收齊，分配給舊資方。

然後，才在一清二楚、俯仰無愧的情形下，結束了我長達二十七年的《自立晚報》生涯。

寫回憶錄理當盡心忠於事實，因此我要記載一事：在《自立》易主之前兩年，藉著增資作業，我已邀蔡萬霖及好友林明成、張昭泰、陳介元、吳巖加入了可觀的股份。兩年後邀請蔡萬霖購股時，原已敲定每股十一元。蔡萬霖還召集二位公子蔡宏圖、蔡鎭宇和內定社長劉秋德與我開過一次工作餐會，陳政忠「非常有誠意」的購股合約只有每股七．五元。合約生效後以必須負擔員工資遣爲由，又從購股款中要求扣除了七千萬元。

這些因為我的關係而入股的人，包括胞兄，最後都認賠了結，了無怨言。可是，我至今感到無比虧歉。

人世間的現實是，一家公司假如多年賺錢，有毛病也不成問題；如果多年虧錢，不是問題的問題也會變成毛病。所謂「經營顧問」，不明行業不同，認為做麵包和辦報紙，在金流、物流和人流上同一道理，做出的「診斷」和開出的「藥方」，會令人啼笑皆非。但鈔票和股權是活生生的事體，讓別人虧錢的人便就百口莫辯！好友吳伯雄後來喜歡公開說我「辦報成功、賺錢失敗」已算是最溫暖的評語。

這「溫暖」二字怎麼說？其實主導出售案的高清愿先生的統一公司並未投資《自立》。統一公司婉拒參加增資，但好意借給《自立》兩千萬元，「不必計息，但每年回饋兩百萬元廣告就好了」；這與某公司有一次增資，一位新股東原承諾入股五千萬元出任副董事長，後來只入股五分之一，卻說「至於掛名副董事長，如果對公司有好處，我可掛名」；二者言行如出一轍。

有些「商人」的思考方法和精明，其實是很可敬佩的。自立易主後，統一公司拿回全數兩千萬借款，不必認賠。反觀有些「文人」講究一些莫名其妙的信念或教條，其實與「笨拙」何異！

無怨無悔

凡人必有長短處、優缺點，我在《自立》服務時間長久，其中是非功過，合當虛心任人評說。不過，有一件事體，我倒想有所著墨。

就是我如何與同事相處？或者說我如何做一個領導者？因爲它與什麼叫做「自立精神」有關。

我在二十七歲的時候升任採訪主任，手下三十人。三十二歲的時候升任總編輯，手下一百人。三十六歲的時候升任社長，那時全社員工五百人。到了開辦《自立早報》初期，全社員工膨脹到一千人。

首先，我認爲，假如在錢財上，我不能乾乾淨淨的話，我將失去作爲一名領導人的起碼資格。因此，我公私分明到絲毫不苟的地步。一封信，假如是私函，信封上的郵票不會是公司的錢買的。打國際電話，假如不是公務，月底電話帳單送到管理部門，他們會依交代送到我桌上讓我畫出，然後從我薪水中把錢扣掉。

其次，我認爲，我必須勇於承擔。辦報，幾乎每天都會出錯。出了錯，我會糾正，會記過。可是假如碰到不應調職、不應開除，而我的上頭卻氣不過的話，大概我就會一肩承擔；這樣做，一方面是爲了公道，一方面是保持同仁的幹勁。

再其次，也算最重要的是，我認爲我應該做到惜才。辦報不能不講究內容充實，不能不講究管理創新；要內容充實，要管理創新，就必須有好的人才；而通常好的人才都比較喜歡張牙舞爪，比較不會按部就班；因此要惜才就要懂得包容。

我包容與我政治信念不同的同仁，包容與我當面衝撞的同仁，包容一屁股坐到我辦公桌上的同仁，包容業績很好卻老是中午就喝醉酒的同仁……。

至於從來不曾交代同仁對於我的政治活動要如何報導，則爲餘事；因爲那是我政媒兩棲應有的操持。

民國八十三年，我離開《自立》，至今二十年。二十年之間，原來在《自立》的很多故舊，分向各方發展，在傳播界、在文化界、在公務界，屢見突出表現；作爲他們的同事，我深感與有榮焉！此外，同事之間，常保持聯繫，緬懷那段阮囊羞澀卻昂首闊步參與國家進步大業的日子。

《自立》在陳政忠接手後，經營仍未起色，後來再度易主。又後來在張慶忠、陳錦錠夫婦接手階段，好意找我任發行人，並要我推薦社長人選。我推薦胡元輝君任社長，並允任名譽發行人。因大環境已大幅改變，稍後張氏夫婦又退出。頻頻易主的結果，《自立》終在九十二年，熄燈走入歷史。《自立》熄燈之後，接連好幾份具規模的大報也先後停刊，可見大環境已然根本改變。

自我清算一番的話，今天我必須坦然承認，在創辦《自立早報》的第一階段，我不能斷然只以大台北爲發行範圍，以大幅減少支出規模，是一項嚴重錯誤決策。

這話怎麼說？吳三連先生生前好幾次跟我說「每年賠個三兩百萬無所謂，再多不行。」這是吳先生對《自立晚報》資方的洞察（指認知不同，非指是非對錯）。《台灣日報》關門的時候，王永慶公開說他虧了三十五億。林榮三先生有一天告訴我，《自由時報》在已投入八十億的時候還處於虧損狀況。做爲集團大家長的吳三連先生從來不是資本家，雖然《自立晚報》的資方對他畢恭畢敬，但他深知「每年賠個三兩百萬無所謂，再多不行。」我竟然聽不懂這句體貼彼此的話，今天扼腕已經於事無補。

陳政忠接手前後的自立工會抗爭，是台灣新聞史上的大事。《自立》舊屬呂東熹後來去銘傳大學讀碩士學位，並以此爲題材寫了三十萬字的碩士論文，有興趣的人可以找來參閱。我給呂著的評價是客觀公正詳實。

至於我在《自立》二十七年期間寫下的數百萬字具名特稿、隨筆、專欄，以及不具名的短評、社論，有一小部分曾經結集付梓，另一大部分只留在報紙版面上。每一篇文章的寫作背景以及其後效，其實都値得記錄，不過整理工程浩大，大概也就只好讓它隨風而逝了。

倒是，除了民國六十六年曾得「曾虛白新聞獎」外，還有兩個獎，我想記述在此。

旅美王桂榮、王賽美伉儷營商有成後，在美國創立「台美基金會」，每年在美國頒發「台美獎」。民國八十二年，該基金會首次返台在圓山飯店舉辦盛大頒獎典禮，頒給我特別獎「台灣新聞自由貢獻獎」。

民國一〇一年「卓越新聞獎基金會」隆重地在誠品展演廳頒給我「新聞志業終身成就獎」。

說「特別貢獻」，說「終身成就」，我愧不敢當；不過社會給我這種印記，不能不說是很大的榮譽。

卷二

奠基公視

離開自立報系之後，生活頓見清閒。吳尊賢先生好意，要我以吳尊賢基金會爲據點，我在那裡本來就有一個辦公室。吳先生又好意，幫我做了一些生活安排，讓我仍然可以體面行走。此外，我還在尊賢先生協助下與朋友合資在南部經營建築事業。

每一天，大概只花一兩個小時，我就把分內工作做完。整個下午，不是看書，就是打球，或者與友人喝下午茶。我已年近半百，卻從來不知道生活可以如此優雅。

《民衆日報》社長李哲朗先生是我交往二十幾年的朋友。我在《自立》服務的時候，他與我一南一北辦報，在政治新聞和評論上常相呼應。

李哲朗先生在我離開自立報系後，多次找我，基於一片好意，希望我能到《民衆日報》接任社長，他自己專任發行人。我因爲初嘗優雅生活滋味，非常珍惜，迄未應允。後來，他找到了一個理由，說他將赴美進修一年，希望朋友兩肋插刀，我在徵得吳尊賢先生的同意後，只好答應。

在《民衆日報》認眞做了十幾個禮拜的社長之後，發覺李君赴美之說，並非眞實，所以我就跟李君懇談，告訴他，每個人作風不同，如果我堅持自己信念，把他的事業搞亂了，對彼此都無好處。李君後來開闊地同意我請辭，於是我又回到台北，繼續過我的優雅生活。

此期間，台灣舉行首次總統直選，中共還打了兩顆恐嚇啞巴飛彈。李登輝和連戰在六組人馬競逐中獲得壓倒性多數票當選，高層政治一番洗牌後，變動很大，李登輝獨領風騷。兼任行政院長的連戰在民進黨大力杯葛下，有一年半之久進不了立法院。大法官會議釋憲，說副總統兼任行政院長不違法但不合宜。

眞是好日子不長久！八十六年五月，蕭萬長先生找我，說李登輝總統已決定提名他出任行政院長，希望我能幫忙。

我與蕭先生認識已久，不過君子之交淡如水。我向來極爲敬重蕭先生，他開口「要幫忙」，我義不容辭。可是，我已初嘗優雅生活的滋味，且已開始經營營利事業，實在不應改弦易轍，便回覆蕭先生：如果可以不上班、不必到立法院、不拿薪水，那麼我可就力之所及盡力協助。

蕭先生不爲難我，說那就做行政院不支薪顧問，並且開始協助一連串的組閣工作。蕭先生上任後，把他原來擔任立法委員時在仁愛路二段設立的辦公室留給我。我很認眞地去做這個不爲人知的工作。

擔任行政院顧問期間，有一天蕭先生告訴我，他已提名我當公共電視董事。

我國的公共電視事業，萌芽甚早。在老三台時代，行政院新聞局有一個公共電視製播小組，協調三台每個什麼時間播出一些公共性質的電視節目。到了七十年代，孫運璿先生當行政院長的時候，開始決心要成立公共電視台，可是從說到做，過了九年，從做到做成又過了九年。

民國八十七年年初，「行政院新聞局公共電視籌備委員會」改制為「財團法人公共電視文化事業基金會」。

公共電視基金會的董監事，由行政院長提名人選後，尚需經由立法院各黨團推薦評審委員組成小組審查同意。

立法院同意本人為公共電視董事後，社會各方有些關心公共電視未來發展的人以及董事同僚與我接觸，說公視重要，但看董事名單，只有我一人有媒體實務經驗，希望我競選董事長，肩負起發展我國公共電視的使命。

我先請教讀政大新聞研究所時的論文指導教授徐佳士先生，他的回答很簡要，他說「您責無旁貸」。

然後我再請教吳尊賢先生，吳先生問了很多相關問題，然後說「公家事難辦，經費又極其有限，恐怕難爲。不過，假如抱著行善積德的心，那就可以做。」

由於外傳董事長人選已經「內定」，所以最後我請教蕭院長，問有無「內定」這回事？蕭院長說待他查明。過了兩天，蕭院長告訴我，絕無「內定」情事。蕭院長並鼓勵我競選，但同時言明，他不能幫我拉票。

我因爲對公共理念和「公共電視法」甚爲熟稔，所以便回答蕭院長「您不是不能插手，而是千萬不可插手」。

很快地，我拜訪了每一位董事，說明我想競選的理由，獲得六位董事堅定的支持。公視第一屆董事十二人，連我自己的一票，已然過半。

重返媒體職場

八十七年三月二日，行政院祕書長張有惠來主持董監事預備會議，無記名投票下，我以七票當選首屆董事長，開始我第一個三年任期的公共電視服務工作。

我要在這裡先交代清楚，什麼叫做公共電視？也要交代清楚公共電視的主責人員是怎麼產生的。

電視和廣播是了不起的科技發明，在傳播功能上可以說無遠弗屆，因此廣播一出現的時候，有些國家如日本、英國、就認爲這種科技發明不可成爲私人謀利的工具，可是如由官方經營，難免成爲權力者的傳聲筒，因此設計出「爲公衆所有，爲公共服務」的公共機制。日本的NHK（日本放送協會）和英國BBC（英國廣播組合）便是這種思考下的產物。

有些國家，資本主義特別發達，廣播和後來發明的電視都成爲民營事業，等到發展走樣，才想以公共機制補其不足，如美國PBS（公共廣播體系）就是私營氾濫後想出來的體制；基本上，我國步美國的後塵。

我國訂有「公共電視法」，公視法第一條開宗明義言明公視的宗旨和使命：「建立爲公衆服務之大衆傳播制度，彌補商業電視之不足；以多元之設計，維護國民表達自由及知之權利，提高文化及教育水準，促進民主社會發展，增進公共福祉。」

用最淺白的文字來說，公共電視與一般商業電視最大的不同，就是公共電視是全民的電視，不以營利爲目的，而以增進公共福祉、促進國家進步爲目的。

那麼公共電視與官營電視又作何區別？答案是，公共電視是全民的喉舌，不是權力者的傳聲筒。公共電視超乎黨派利益之上。

至於公共電視的經營主體——董監事會——又是如何產生的？公視法第十三條言明公視基金會設董事會，由董事十一至十五人組織之。第二十一條言明公視設監事會，置監事三至五人，並依下列程序產生：

一、由立法院推舉十一至十三名社會公正人士組成公共電視董監事審查委員會。

二、由行政院提名董、監事候選人，提交審查委員會以四分之三以上之多數同意後，送請行政院院長聘任之。

此外還規定，選任董事時應顧及性別及族群之代表性，並考量教育、藝文、學術、傳播及其他專業代表之均衡。董事中屬同一政黨之人數不得逾董事總額四分之一。董事於任期中不得參與政黨活動。

公視第一屆董事會成員的選任，備受社會注目。事實上在籌備期間，社會各方對「公共電視將會落在哪一黨手裡？」就多所議論。最後的結果是沒有哪一個黨敢染指公視。我在競選董事長的過程中，總統府、行政院、新聞局眞正做到不聞不問，被認爲與我「關係深厚」的行政院長蕭萬長更是交代所屬絕對不可插手。我特別在這裡白紙黑字，一方面是向歷史交代，一方面也是希望做爲今後公視漫長發展過程中，對權力各方的警示。

由於公視法第二十條明文「董事長爲專任有給職」，我把行政院顧問一職辭了，把必須每日照顧的其他職務也辭了，開始恭恭謹謹地承擔起我國公共電視第一任董事長的職責。

我當選公視首任董事長，各方送來了很多蘭花，我的辦公室喜氣洋洋，可是還沒等到蘭花凋謝，我就開始進入沒有太多笑容的日子。

千頭萬緒

第一個困難的決斷是，要聘請誰來擔任總經理？

我從來沒有摸過電視事業，因此當然認定這個總經理必須來自電視界。我認為任事用人以人品為最重要，因此我不妥協人品的條件要求。董事會有人建議公開徵求，我認為不失為好辦法，公開徵求的結果是沒有出現過半數董事同意的人選。最後我提名台灣電視公司資深副總經理廖蒼松先生，獲得董事會過半數票的同意。

廖先生對電視實務至為嫻熟，人品操守亦佳，不過因為思考周密，所以決斷較慢，董事中有人頗有微詞，立法院也有一兩位委員不以為然，後來出手杯葛。廖先生是謙謙君子，他後來求去，我甚為難過，但無能挽留。之後我提名副總經理李永得先生接任，獲董事會同意。

李永得先生與我搭檔已久，默契十足。他決斷快速，效率很好。公視法把公視內部的管理行政委諸總經理，李永得先生很肯承擔，我很感謝他。不過，我對廖先生卻一直感到很愧疚，假使我不請他來公視，他還可繼續在台視服務，而且薪酬也比公視好。離開公視後，廖先生希望回台視，我曾從旁協助，卻不得要領。一直到廖先生到銘傳大學高就，我才稍解愧疚之心。

第二個困難的決斷是：要什麼時候開播？

公視已經籌備九年，九年期間除了配置硬體外，也製作了很多節目。公視的建地是國有土地無償撥用，四千坪建地不另計費，公視已花了七十八億公帑，同仁期盼開播，我也認爲「久訓不戰」兵馬會疲於訓。於是決定八十七年七月一日開播，並即公開對外宣布。董事會部分成員對籌備期間的製作方針和水平頗爲保留，很擔心公視七月一日開播會「一炮而黑」，因此便花了很多時間全面檢視庫存節目，果不其然，大約有三分之二的庫存節目被淘汰掉。

籌備與開播不同，爲了開播必須補入加倍人力。公視待遇還好，所以人力很快地補足了，可是要齊一步調，必須講習；講習的初期課程也辦完了。

開播必須宣傳，以廣周知，我找好友長榮航空鄭深池董事長請他捐了五百萬元，連同富邦集團蔡家愛媳、本會陳藹玲董事捐贈的十三部青少年節目做爲題目，廣爲宣傳。還到總統府邀請李登輝屆時前來共同按鈕並致詞。

七月一日，堂堂開播。共同按鈕的還包括兒童代表、原住民代表、公共電視倡始人孫運璿資政、李遠哲院長、大力推動者瞿海源董事等人；這就是公視精神。

我在開播典禮上只講一句話：「現在本人宣布，中華民國公共電視正式開播。」

開播大喜，難免舞龍舞獅，賀客盈庭，可是開播第一天，前來參加的國民黨籍立法院副院長饒穎奇、立法委員洪秀柱小姐兩人，中途氣呼呼的連袂退席了。退席的理由是開播儀式上放映的一部六分鐘的公視籌備經過短片中出現了一句話：「民國八十六年幾月幾日，國民黨中央決定中止公視建台，於是各方支持籌建公視的人士開始走上街頭。」

這是歷史的事實，紀錄片必須根據事實，洪秀柱委員後來在立法院質詢我，我也回答：「這是歷史的事實。」洪委員一直到兩年以後才恢復和我做朋友；其實在國民黨籍立委中，她一直最支持公共電視。不過，這也明白地突顯出超黨派之不易，突顯公視運營之不易。

建立典章制度

董事會開始花費很大的工夫去建立各種典章制度。由於部分董事白天要在大學授課，董事會幾乎固定在晚上召開。六點鐘開始吃便當之後，大約有兩年時間，董事會常常挑燈夜戰到午夜才散會。

這些典章制度包括製播公約、自律公約、節目申訴處理作業流程、員工工作規則、器材設備管理規則、專業倫理規範、採購作業要點、經費財務稽察辦法、諮詢委員會設置辦法等林林總總三十三項。

我要記明，這些董事是賴東明、陶大偉、瞿海源、莊伯和、翁秀琪、蕭新煌、林東泰、林萬億、關尚仁、孔文吉、陳藹玲、孫秀蕙。監事是賀德芬、賴崇慶、洪良浩、楊重信、姜志俊。任期中賴東明、林萬億、孔文吉三人因另有高就請辭。

「收視率」是商業電視節目成效的指標，公共電視卻不能過度重視收視率，以防節目政策流於媚俗，可是各國公共電視最強調的「收視質」，對於絕大部分立法委員來說，形同空談，他們還是要求收視率，並且正式決議以每半年爲一個提升目標，務期達成。

我仔細深入思考後，決定以立法院要求的收視率來鞭策同仁，然後以「觸達率」和「收視質」加上「收視率」去回應立法院。

做爲公視董事長，一年到頭，國內外一大堆開會的邀請函，國內的部分，對公視發展有好處的，我就參加；國外邀請，我一律回絕或請董事、同仁參加。

何以故？只因爲我不喜歡在公視還沒有做出成績以前，立法院有人沒頭沒腦的質疑我「一天到晚出國」。

天底下，所有成績都是累積的，公視的成績在逐日累積中。開播第一年的金鐘獎，公視囊括大半獎項；第二年的金鐘獎，二十六個獎項之中，三分之二獎歸公視。我告訴同仁，公視的經營目標不在得到金鐘獎，希望大家可以高興，但不要得意洋洋。

第三年，一部買來的《人間四月天》連續劇轟動社會，對公視知名度、觸達率、收視率的提升，產生了很大的助益。而且很「弔詭」地，公視存在的價值，竟因而得到社會各方充分的肯定。

說「弔詭」，意即公視的主要使命，不在於製播大衆連續劇，可是，很顯然，就傳播工具的性質而言，「公共電視也是電視」，日本的公共電視ＮＨＫ因此也拍《阿信》，他們一定是經過深沉的考量。至於某些惡意批評，我不在意；因爲我認爲這是經營者與不是經營者之間必然會產生的歧異。

修廢「植物人條款」

由於公視籌備期間，風波不少，社會各方普遍不看好公視；由於事屬起步，一切得從頭開始；由於公視法第二條有「基金會由政府依本法編列預算捐贈之金額應逐年遞減，第一年金額的百分之十，至第六年以後應爲第一年政府編列預算金額之百分之五十以下」的規定；公共電視的經費籌措變成重擔。

打從到公視服務的第一天開始，我就把公視法上的遞減條款稱爲「植物人條款」，而且不間斷抨擊這種設計，並且決定一俟做出一些成績，就要開始訴求修廢遞減條款。

稍後，政府邀我參加全國司法改革會議。有一天，我在會上碰到前立委黃國鐘先生。公視法上的遞減條款被立委稱爲「黃國鐘條款」，因爲這個條文就是他堅持列入的。當天黃委員自己跑過來找我，告訴我說，他當初這樣提案這樣堅持是不對的，他樂見我有朝一日把它修廢。

修廢遞減條款的要求，先在董事會上通過，以齊一步伐，並且決議訴求由行政院提案修廢與訴求由立委提案修廢同時進行。行政院提案部分，很快就落實了。立法委員提案部分，我至今感謝無黨籍的朱惠良委員、民進黨的王拓委員、曹啓鴻委員，國民黨的黃秀孟委員、林炳坤委員、張福興委員、鄭逢時委員；在他們的協助下，得到九十六位委員簽署。親民黨無人簽署，不過多方交涉後，也決議全員投支持票。期間，李慶安委員幫了很多忙。

民國九十年上半年會期快結束的時候，修廢案各黨派已協商簽字，會期最後一天闖關卻功敗垂成，一直到下半年會期審查預算前才終於三讀通過修正。至此，政府對公視的捐贈固定爲每年九億；這個修正，對公視經營而言，至關緊要。

公視文化

打從進入公視開始，我對建立優質公視文化，就念茲在茲，因爲我認爲公視目標遠大，又是使用人民的錢，只有建立優質公視文化，公視才可望有無限生機。淺見以爲，優質的公視文化就是權責分明，不貪汙、不遲到、要敬業樂群、要不卑不亢、要公正客觀，超越黨派。同時我認定建立優質文化，主責在公視董事長身上，而且還不止於以身作則。

長時間以來，我對很多公私機構常生人事糾紛，頗爲反感。因此從第一屆上任開始，我就認爲我應主動與總經理做好分工。公視法明文「董事長對內綜理董事會會務，主持董事會會議，對外代表公視基金會」；卻也有一條文規定「總經理受董事會指揮監督，執行基金會之業務，在執行職務範圍內，對外代表基金會」。當初立法諸公如何思考這個分際，我不瞭解。我只知道假如我與總經理權責不清，那會很糟糕，因此幾經推敲，我與總經理言明：

我董事長主持董監事聯席會議、主持會內對外儀式、負責應對立法院、負責募款，如果想到什麼好意見也會提供您參考。

您總經理負責內部所有事務的指揮調度監督，您認爲應該向我報告的事就主動報告，否則您不請示我不指示，您無請教我無指教！

分工這麼清楚，所以我與總經理之間始終合作無間，大家都勝任愉快。

對於五百名同仁，我認爲一定要嚴格要求不貪汙、不遲到、要敬業樂群、要不卑不亢。

公視用國庫撥出來的錢和熱心人士捐出來的錢，如果出現貪汙醜聞，一定被鬥臭。電視製播分秒必爭，如果不能凡事準時，還會降低效率。這兩項要求，在不斷強調後，同仁都能奉行。

「不卑不亢」很重要，但比較空靈。我認爲應以幾個具體作爲來突顯。我建立公視便當文化，就是說尋常百姓參觀公視，我們招待便當，國家元首到訪公視，我們同樣招待便當；而且百姓吃的便當和元首吃的便當都同一個價錢。

同時，我堅定上下關係必須上不可亢，下不必卑。其具體做法之一是：一群人一起到外面吃飯，職位較高的人付錢；那麼由內而外，由小而大，其中奧妙，讀友自己推敲。

我特別從個人檔案中找出某年某日我給全體同仁的一封公開信，刊在這裏。這封信是以「人間條件」爲題，勉勵公視同仁坦坦蕩蕩、敬業樂群：

「人間的條件」是一個很大的題目，選擇它作為這封互勉信的標題，是因為我希望同仁一起深沉地思索；從思索人間的實際，找到工作愉快和共同成功的要件。

一

首先，我想指出：人間就是很多人共同居住、生活、學習和工作的空間；而我們每一個人都只是其中一員。

其次，我想指出：我們每一個人都無法單獨活存。不少人推崇梭羅，可是，我每一次閱讀《華騰湖畔》（編按：亦譯作《湖濱散記》）這本書，每一次對他與俗事的牽連，都有更多的發現。其實，大家都只強調他離群索居的歲月，忘掉了他最後還是回到人群之中，過實際的生活。

二

在做過這兩個前提性的陳述之後，我要開始進入談論的主題。

公共電視集合了幾百個人手，分別配置在不同的部門，分別承擔不同的責任，卻是共同地在做一件事——辦好公共電視。

現在，我們大家先很謙卑地來共同檢視我們的分工。我們有人寫劇本，有人拿攝影機，有人做導播，有人管收支，有人管帳目，有人管水電，有人管燈光，有人管上鏈，有人在外地轉播站管正常播轉，有人負責開車，有人管募款；也有人什麼都不管，只管打鼓和掌舵。

分工分得這麼細，沒有一個人能夠說他什麼都能做。有的人學習能力較強，經驗累積較多，不過恐怕也只有少數人能夠說，他會做其中兩樣或三樣工作。

於是，這就表示，我們每一個在公共電視服務的人，都必須依靠其他很多人的配合，我們每一個人負責的那一小部分才得以串連，才能展現出最終的成果，並且共同邁向成功。

那麼，問題的重點就出現了：我們每一個人都需要很多來自他人的合作和協助；然則，您不幫助別人，別人為什麼要幫助您？進一步說，假如您不尊重別人，別人為什麼要尊重您？再進一步說，假如您不與人和睦相處，別人為什麼必須和您和睦相處？

長久以來，不斷會有各方人士要我幫忙寫推薦信，假使是謀職或升遷，我用得最多的字眼是「某君平日敬業樂群」。「敬業樂群」這四個字說的就是這個道理，真正能夠敬業樂群的人無往不利；不能夠敬業樂群的人，到哪裡都寸步難行！我在社會上已服務三十三年，沒有看過例外。

三

我到公視服務已經兩年，再過一年就任滿，公視的運營在大家努力下，日見成績，只要大家持之以恆，日日精進，必有可觀。不過，我現在很擔心，過一年後，大家在評論公視時，說吳某人在公視領導三年，卻沒有改掉公視的一些惡習；這些惡習包括內部工作協調不夠暢順，包括有人不以本名表達意見，包括積極度不夠。

從開會遲到就可以看出我們同仁的積極度不夠。會內網站上不具名的意見居多，其中攻訐文字少有人坦蕩蕩地說是他寫的。部門之間在工作配合上常碰到阻礙，有人不把其他部門的配合要求當作最重要事情處理。

這些「毛病」當中，以不拿本名發表意見，最為不好。尤其批評攻訐文字，假使不能署本名負責，試問：鬼鬼祟祟，誰能認同？試問：龜龜縮縮，何來立場？

我向來反對政府鼓勵人民檢舉、反對政府鼓勵敵軍反叛。一個國家要真正富強，必須倡導尚武，鄙視陰柔；一個團體要真正運營成功，其中道理，也是相通的。

其實，不能公開講的話，就是小話。不能負責任講的話，就不應該講。這是一個人在人世間俯仰無愧的最基本操持。很多人只有惡智慧，惡智慧絕對不是好智慧！操弄惡智慧日久，不知不覺間會使自己變得面目可憎！

我平日在會內走動的時候，看到愉快工作的笑容很多，看到額眉緊鎖的也不少。有的同仁告訴我，他們擔心公視被政治力休掉；事實上公視已經站起來了，今天我只擔心公視的盎然生機被少數一些不知敬業樂群為何物、不知坦蕩蕩為何物的同仁糟蹋掉！

四

人在世間，不過數十寒暑，扣掉前頭就學，真正在社會上工作的時間更短，愉快是一天，哀愁也是一天；樂於助人是一天，與人相斥也是一天；人人歡迎是一天，人人討厭也是一天；可見，只要一念之差，這每一個一天卻都可以是截然不同的一天！

我理想中的公視是人人開朗、人人積極、人人敬業、人人樂群，所以節目精良，社會稱讚，所以公視人走到哪裡，都得到尊重和歡迎！即使有朝一日離開公視，也因為他曾在公視這塊金字招牌下服務過而海闊天空！

同仁們，且讓我們大家互勉！

說同仁互勉，其實公視有不少幹才，當年為了投效公視而特意先出國學習公共廣電理論與實務。這批可敬同仁學有專長，對型塑公視文化與我共同努力。一直到今天，他們都還是公視的骨幹。

全票連任

很快的，三年過了。

公視第一屆董監事會成立於八十七年三月二日，依法，任期於九十年三月一日屆滿，第二屆董監事應該即時接手，可是事與願違，其中故事說來話長。

本來，在八十九年底，新聞局長還是鍾琴女士的時候，我就提醒她，要及早辦理改選作業，俾如期交接，以免物議。蘇正平局長接任後，我又立即提醒一次，不知道什麼緣故，總之，提出候選人名單已是九十年三月下旬。立法院各黨派在二月提出審查委員人選，但因新黨推薦謝啓大委員，無黨籍的趙永清委員認爲委員本身不可擔任審查委員，於是審查委員名單未能確定，審查工作又擱置了三個月之久。

立法院的審查委員會組不成，新任董監事不能產生，公視怎麼辦？監事會決定三月二日爲止，不多任一天。董事會決定勉強同意看守，但書是不能遙無止期。

監事會不多任一天，八十九年度決算怎麼辦？行文主管官署，主管官署同意俟第二屆董監事產生後補辦。董事會未能交接，未來一年的預算與節目方針怎麼辦？看守董事會共識不可越俎代庖；好在，六月份立法院的審查會在謝啓大委員退出改推接替人選後組成了。可是，六月十七日的審查會議卻把行政院提名的二十七個候選人否決掉二十三個，一波三折，我頓生退意，連董事我都不願接受，遑論競選連任？好在幾經折衝，最後出爐的名單，除翁秀琪、莊伯和、林東泰、陳藹玲及本人續任外，新任董事吳清友、嚴長壽、陳淑麗、白光勝、劉克襄、周陽山、蘇芊玲都獲肯定。監事會林筠、陳世敏、羊憶蓉、王如玄也都被認同。

事實上，對競選連任，我頗有遲疑，很多朋友建議我「見好就收」。有一天我去看我的碩士論文指導教授徐佳士先生，請教他的高見，他思考了很長一陣子後告訴我：「如果有人比你更能抵擋政治壓力，如果有人比你更能貫徹公視理想，我贊成你任滿為止。」我最後的決定是，俟新董事選出，我逐一拜訪，如果有人願意承擔，足以承擔，我就讓賢。

七月十五日，第二屆董監事終於產生，其後一周，我逐一拜訪，沒想到無一人有意願。不只無意願，而且還向我說了很多勉勵的話。七月卅一日，他們全票推選我連任董事長，開始第二個三年任期。

第二屆上任不久，我向參加擴大主管會報的同仁說：第二個三年，除了繼續做好內部管理和節目品質之外，我想做四件事：

一是前三年已做到「乾淨的公視」、「服務的公視」，第二個三年希望再做到「文化藝術的公視」；

二是，當前社會混亂與媒體不扮正面角色有關，希望有嚴謹專業規範的公視能當仁不讓，協助其他媒體學得要領；

三是，我希望在未來三年幫公視培養至少兩個總經理儲備人選，二十個經理儲備人選；

四是，完成我三年前拍製《台灣開拓史》的夙願。

拍製台灣人民的歷史

拍製一部經典之作的《台灣開拓史》是我的夙願，並且正式徵得董監事聯席會議通過。我的看法是假如能夠以四十集連續劇，將貫穿四百年的台灣人民辛苦奮鬥歷史完整有力呈現，將有助於台灣人民鑑往知來，惜福惜緣，以開展更光明未來。可是兩億元拍製費，不是小數目，以募款方式取得資金，又無充分把握，所以一直延宕。

有一天，我忽然福至心靈，想到如果與大愛電視台合作，由證嚴法師登高一呼，每人捐一百元，應可成事；如果有所不足，兩台平均分攤即無困難。

九十年八月下旬某日，我與李永得總經理搭機前往花蓮。在靜思精舍，上人找來了大愛台董事長杜俊元先生、總監姚仁祿先生、顧問楊憲宏先生，聽取我的報告。瞭解大要後，上人心喜，當下同意合作。我在中午時分，帶著愉快的心情返回台北，並隨即請李總經理和姚總監兩人展開第一步落實工作──會商拍製計畫。可惜，後來的磋商過程中，大愛和公視之間，對本節目所應涵蓋的主要內容，在分類的比重上未能獲致共識。我向證嚴上人做了說明，徵得諒解，然後退而求其次，向董事會改提拍製八集《台灣人民的歷史》的紀錄片方案，獲得大家一致通過。

我為什麼一定要公視拍製台灣史？

這是身為台灣知識分子一種極為深沉的心願，也是自我設定的嚴肅使命。

台灣自盤古開天就存在那裡，十七世紀初葉，開始浮現世界舞台，四百年來，命運多舛，如今兩千三百萬人聚居，經建成就可觀，民主政治成型，但是一直未被國際社會公平對待。我認爲我們這一代人假如不能建立台灣的主體性，並且在國際社會找到公道，那麼，百分之一百愧對列祖列宗。

然而，國際大環境至爲惡劣，台灣要建立主體性、要找到國際社會的公道，都不是一件簡單的工程，必須許多人群策群力，孜孜矻矻，鍥而不捨！

那麼做爲一個媒體人，我能做些什麼？

毫無疑問的，忠實呈現先民艱困奮鬥的歷史，以鼓勵來茲，絕對是非常重要的事體。

我決定親自操盤，因爲我深知史實認定和史觀的解析，因人而異：我自己操盤才能夠完全負責，遇到爭議時才能夠有效折衝。

中央研究院院士曹永和老先生是公認的台灣史權威，我敦請他出任製作委員會的總顧問。張炎憲、吳密察、翁佳音、溫振華、戴寶村、李筱峰等六位台灣史學者同意擔任委員。以上這些先生每人都有忙碌的本職，而且笑話又說「七個學者會有八個意見」，因此我利用大家下班後的時間，在民國九十一年和九十二年的上半年一共主持了二十一次冗長的製作委員會議，終於完成《台灣人民的歷史》的史稿。

完成史稿之後，緊跟著就是找尋編劇和導演。只幾個禮拜，編導團隊不幹了，理由是他們不能認同史稿，認爲製作委員會提供的史稿，過度割離兩岸關係。我出面與編導團隊溝通，不得要領，只好忍痛割愛。

新編導團隊產生後，拍製工作也一波三折。整部八集的片子，一直到我離開公視兩年後才完成製作全程，堂堂播出。

我曾告訴周圍的朋友，將來百年之後，我希望我的墓碑上只寫我是《今天的台灣農村》作者、《台灣人民的歷史》製作委員會召集人。雖然是自我調侃的話語，亦可見我是如何看重這件工作。

二〇〇四年總統改選，各方要求總統候選人辯論政見之聲四起，多年來公視在處理政治議題方面已建立公正客觀、超越黨派的優良形象，因此國民黨與民進黨雙方陣營都認爲由公視主辦，最是允當，公視同仁也自覺責無旁貸，於是開始縝密籌備。

總統候選人的政見辯論會由誰來主持？看似容易的事情，卻見雙方各有堅持。我們提出了一些很不錯的人選，不是藍營反對就是綠營否決，不得已，李總經理建議由我主持。徵詢藍綠二營，雙方皆表欣然接受。

說不得已，一半是李總經理的不得已，另一半則是我自己的不得已。我深知過度曝光，一定會影響日常生活，但事已臨頭，只好上陣。辯論會前後兩場，辯論會之後有很長一段時間，不管走到那裡，都有人指指點點。

指指點點也不完全是壞事，可是知道有人隨時看著你，生活難免拘束。我向來同情公衆人物必須生活在十手所指、十目所視之中。演藝界人士也許樂此不疲，一般人應該都不會喜歡被監視、被窺視或者被斜視。

珍惜公視 呵護公視

公視經費大部分來自政府「捐贈」，少部分來自「自籌」。

如何「自籌」？

一、公視當初蓋得太大了，所以三棟大樓只有第二棟全部自用，第三棟全部出租，第一棟一半出租，八個攝影棚大部分可以出租，遍布台灣各地的轉播站發射設備亦可出租。

二、公視的節目可以出售，節目帶也可以出售。

三、公視歡迎小額捐款，並且設計了「公視之友會」讓捐款人變成各種不同優遇的會員。

四、向政府機關標案。

五、募款。

募款是我最吃重的工作，被回絕的多，募得到的少。不過全部「自籌」工作，成績不惡，平均而言，前三年公視每天開門「自籌」一百萬元。第二屆董事長任上每年公視「自籌」五、六億元，否則不足以應付起碼的運作，也因此，我至今對慷慨捐款給公視的各方朋友，心懷無限感激。

說募款，眞是說來話長。到公視服務之前我長時間服務吳尊賢基金會，該基金會專做捐款；募款是要從別人口袋裡拿錢，是與捐款完全相反方向的兩回事。

爲了幫公視募款，我先找相關募款學的書來看，發現在美國，募款是一種專業，而且所得不錯。我爲公視募款當然不可有個人所得，不過美國募款學所強調的募款準則，對我很有幫助。這些準則主要是說：募款機構要有公信力、募來的錢要用途明確，募款單位事後要有清楚的收支報告。

公視設有公共服務部，該單位把公共服務與自籌經費連結。我特別商請自立報系廣告業績長年保持第一名的余懷英女士前來屈就該部團體服務組組長；說屈就，是因爲她本來收入高出很多。余小姐後來任行銷部經理。

募款學學問大，不過依我淺見，在東方社會，募款的第一道關口是你要走得進企業體總經理或董事長的辦公室，也就是說高層人際關係綿密，是募款成功的第一條件。

不過，同爲企業體老闆，每個人對公益和錢財的看法並不一樣，我們拿同一個計畫向不同的老闆訴求的時候，有的人大方、溫暖、體貼，有的人小氣、冷漠、只想到利己。也因此，我至今對許多人感念在心，對被冷漠拒絕的困窘記憶猶新。

應該是看我募款募得很辛苦吧，李永得總經理也主動參與。公視最大一筆捐款一億元，是美國花旗銀行台北分行分十年認捐的；該分行總經理陳聖德先生是李永得的同學。公視募款不限對象，客屬作家李喬的《寒夜》拍攝成連續劇，就是我們向行政院客家委員會提案各出兩千萬元拍製的。李永得是美濃客家，他去跟客委會主委陳郁秀談商，事半功倍；可見人際關係是募款成功的最大助力。進一步講，公視內部凡是參與募款前置作業和後續服務的同仁，其實在募款工作上都有勞績。

此外，我在初入公視第一年即建立「公視之友」會員組織，希望社會上很多人支持公視。「公視之友」會員以捐錢贊助公視做爲入會條件。捐錢多少，主隨客便，歡喜就好。其中第一級爲一次捐獻十萬元的永久會員。我率先捐出十萬元，其後鼓勵親友加入。後來又成立「公視之友永久會員聯誼會」。彭康雄、黃竹順、徐龍、蔡國安、周吳添等熱心朋友每人一年一任出任會長，運作至爲順暢。透過《公視之友月刊》，幾年下來，公視之友會員已成公視寶貴的資產。

另一方面，我對政府不知重視公視頗有微詞。我在離開公視那一年的七月一日感恩茶會的實況轉播致詞時，說了這樣一段重話：以前國民黨執政的時候常常說要把中華民國建設成為文化大國，可是從中央政府年度預算分配上看，根本是胡說八道。後來民進黨執政，說要成立文化部為第一部，可是從中央政府年度預算編列上看，同樣是胡說八道。

日本的公視ＮＨＫ，長年來年度經費都逼近新台幣兩千億。英國的公視ＢＢＣ，長年來年度經費都在兩千億上下。連我們不看在眼裡的韓國，他們公共電視經費也有新台幣三、四百億。我批評政府的話是重了一點，講的卻是百分之一百的事實。

回首我在公視服務的六年又八個月，公視「不貪汙、不遲到、不卑不亢、敬業樂群」的優良的企業文化已然建立，許多優質節目得到社會各方的肯定，連最難剃頭的立法院，對擴大公共廣電，使成為一個多頻道的集團，也有共識，我因此在董監事會組成「擴大廣電服務對應小組」妥為因應；凡此種種，都讓我感到至為安慰。

很可惜的，我離開公視後，公視糾紛不少，而且騰載報章，社會嘲笑。我因在監察委員職位上，各方先後前來陳情，我也多次立案調查，調查中發現：

——連身為新聞局長的人都對公共電視為何物，所知有限，令人不解；

——政黨的手常毫無節制的伸進公視，其中意氣成分居多；

——各立院黨團推選的公視董監事評審委員會委員，常見偏激成員。

坦白說，在現實社會中，無知、成見、意氣都難免。我在公視董事長任上，想輕薄公視的人並非絕無僅有，假如要在這裡一一和盤托出，勢必傷人，因此，我只想在此指出，力抗干擾是擔任公視董事長隨時要自勉的操持。

全世界有二百五十幾個國家和政治實體，設有公共電視的卻少之又少，可見公共電視的存在，是進步國家的指標之一；殷盼朝野各方，珍惜公視，呵護公視，讓公視永續經營，讓公視對台灣的發展進步做出貢獻。

我因為在民國六十七年參選了一半，民國六十九年恢復選舉的時候，沒有理由不參加。我自信滿滿，非但到了臨選舉時段還同意參加國建會，並且還答應在選前到中南美洲一個月，為行政院長孫運璿訪問中南美洲之行鋪路，同時沒有填報半個監票員。

我的選區台南縣應選國大代表名額已由兩人增為三人。這件事情，我必須在這裡稍有著墨。

我在民國六十四年發表國會改選的言論，獲得社會廣大的迴響，不過國民黨似乎不為所動，於是我退而求其次，在民國六十七年國民大會舉行六年一次大會的時候，正式提案要求擴大增額選舉。

提案當時，內心其實只是想到盡其在我而已。未料國民黨內部體察新的社會要求後，決定有限度妥協。記得我的提案臨要表決的時候，當時任國民黨團書記的葉金鳳代表滿場穿梭，指示國民黨籍代表投贊成票。國民黨籍代表投贊成票，當然我的提案就通過了。通過之後不久，政府發布增加名額辦法，社會上認為也算一種進步。

台南縣的三個當選名額，國民黨提名兩人，參選人多達七個。我周圍的長官親友都認為我篤定當選，我個人也作如是觀，自然整個競選團隊就減低了努力度。

很快地投開票日到了，我等待當選。沒想到一個名叫林丙丁的年輕人在很多鄉鎮的得票數都比我多。這個年輕人以窮苦人家出頭天為號召。在十五天公辦政見會期間，他的人馬常會在吃飯時與我碰在一起，我常交代助手幫他付錢，以表體貼之心意。

林先生由於勤快奔走，票比我高，但我仍一直維持第三高票。開票到十二時，大部分的票開出來了，依然如此，我有點洩氣，但仍認爲當選沒有問題。其後開票中斷了兩個小時，等到軍眷票集中的仁德、永康二鄉鎮全部開票完畢，已經熄燈關門接受落選事實的第四名王姓候選人票數驟增，晉升爲第三高票，結果我落選了。

我至今不願一口咬定有人作票。我沒塡報監票員的原因是認爲沒有人有理由做掉我的票。國民黨省黨部主委宋時選一大早跑到我家來，可能要表達慰問之意，不過，天還未亮時我已趕往山區某鎮，去參加原先允諾到場的一場公祭。

落選對我來說，打擊不小，有些報章大作文章，說「連吳豐山這種溫和改革派也落選，意義不尋常。」

應該一記的是：選舉期間警備總部發言人公開宣稱：如有候選人批判政府處理美麗島事件方法，將視同叛亂。我認爲天底下豈有此理，所以便把批判音調拉高八度。

落選後，自我檢討，如果因爲努力不夠，所以落敗，那麼自作自受；如果因爲有人手腳不乾淨，那麼丟臉的不是我；如果因爲我的政治語言不恭順，所以不能當選，那麼也算求仁得仁。

我巡繞全縣謝完了票，收假返回報社繼續我的報人生涯，並且面對逐日升高的政治改革聲浪。黨外在選舉大勝後，開始認眞商議組黨，要組黨的人多會找我，甚至要我帶頭。我的老闆吳三連先生對政黨政治一直有其堅持，可是對於我參與組黨卻又另有一番看法；那個看法很簡單明瞭：他還是希望我以無黨無派立場繼續辦報。

民國七十年，我升任《自立晚報》社長，落選的洩氣一下子就忘掉了。《自立晚報》以改革社會、促進民主爲宗旨，碰上風起雲湧的改革浪潮，自然當仁不讓，在不斷產生的改革議題上，勇作先鋒。不少學人也都把他們的論政文章寄給《自立晚報》，《自立晚報》一時成爲改革的大本營。研究台灣發展的人在八十年代開始對《自立晚報》所扮演的角色有所探討和肯定。

民國七十三年十月，新任副總統李登輝先生派人找我，說想請我吃飯談談，飯吃半桌，另四個人由我開名單。吃飯是十月十五日晚間在圓山飯店，一開始李先生就說，上面交代要他了解我的政治意向。我說我個人希望台灣政治民主、經濟發達、社會公道，現在認眞在辦報。

民國七十四年，縣市長改選，時任國民黨文工會主任宋楚瑜先生幾度找我，說上面希望我競選台南縣長。我說剛答應吳三老幫他好好經營《自立晚報》，不宜言而無信；更何況我無黨，不會也不能代表國民黨參選。如果國民黨擔心台南縣沒有好的縣長人選，何妨提名我的前任社長李雅樵先生競選。

後來眞的同意李雅樵先生「報備參選」，而且當選了。其中過程曲折，但不應在此贅述。

民國七十五年，國大代表又要改選了。我六年前跌倒，自然想要原地爬起，以後可以不選。又因爲六年前草率參選，這一次當然要全力以赴。

七十五年的競選部署與六十九年大抵相同，不過由於六年之間地方人事結構已有變化，因此在各鄉鎮找尋當地協助人士的時候，做了一些更換。許多親友大概也認爲我非當選不可，所以出力出錢很多。我絕不買票，但物價上漲，幣值與六十一年首次參選時不能等量齊觀，結帳的時候發現，各方來的捐款一千八百萬元，恰好花得光光。

競選期間有一件事讓我震驚。有一天，我到某鎮去找一個長期支持我的友人，之前，我已找過幾次，都未碰上。那一天友人的太太和顏悅色的突然冒出一句：「吳先生，您爲什麼不去找個頭路？」「頭路」是「工作」或「職業」的台灣話。這位夫人的意思是說我們每個人都應該有個頭路，有人種田、有人教書、有人在鎮公所服務，或者像他夫婦開印刷廠；您吳某正人君子，爲什麼不找個頭路，只要競選？

這是有生以來第一次，我深刻體察到一般民衆對於選舉人物的觀感。是不是因爲太多選舉人士不事生產，且常圖謀不當利得，日久造成民衆的輕蔑？我一輩子不貪不取，心安理得；不過「原來我也被認爲不務正業」的這種覺悟，對我以後的人生觀產生很大的衝擊。

國是會議籌備委員

民國七十九年，總統改選，李登輝先生搭配李元簇先生競選，國民黨人林洋港先生搭配蔣緯國先生也要參加競選。假如是現在，稀鬆平常，那時卻激起萬丈波浪，前後幾個月暗潮洶湧。我與林洋港先生有些交往，宋楚瑜先生託我傳話勸退。李元簇先生有一天跑到我辦公室問我，假如他引退如何？現在回想，競爭情勢激烈到撼動李元簇先生的心智。後來出現了八大老勸退一幕，化解了競爭局面，卻已爲日後的政治發展埋下火線。

總統選過之後，大學生靜坐中正紀念堂，提出多項政治改革主張，政府允開國是會議，我被徵召擔任國是會議籌備委員。在此之前，我被探詢有無出任行政院政務委員的意願。那時吳三老已過世，我至淡水吳家別墅請教吳尊賢先生，回程轉到榮民總醫院請教已鋸掉一條腿的許金德先生，他們兩人都明白反對；反對的理由是：報社誰來經營？

國是會議在歷經數月籌備後正式開議，開議之前民主進步黨四位籌備委員一度退出，並委由我全權代表他們辦理與國民黨的交涉，終見轉圜。

國是會議的第一大議題是總統改爲民選。反對與贊成各持理由，但贊成的占多數。定奪之日，輪由我擔任會議主席，我逕行拍板，引起不少波動，不過終究木已成舟。

當年自以為乾坤一槌，頗具劃時代意義，可是經過五次總統民選之後的今天，仔細檢視選民素質、選舉結果，以及選舉政治所衍生的金權掛勾，坦白說，我內心有不少迷惘。我現在希望這些毛病只是初階民主難以避免的缺憾，希望有朝一日台灣的選舉政治能夠提升到理想水準，否則我的心虛，將難以解脫。

關於國是會議，有一件事很有意義。

國是會議請誰來參加？幾度討論之後決議：每個籌備委員可以推薦兩人。推薦名單上的第一人，不可討論，只要被推薦就算定案。

我左思右想，認為政府之所以召開國是會議，應該是認為困難局面必須打開，既然如此，海外異議人士被列入黑名單不得歸國的情況，應該利用這個新情勢，予以化解。於是，我把陳唐山先生寫在名單上第一個被推薦人的位置。

我與陳唐山先生認識是在民國七十二年的時候。那一年陳唐山先生以台灣人公共事務協會（ＦＡＰＡ）會長的身分在美國馬里蘭州舉辦「台灣前途研考會」，來電邀請素不相識的我參加。

對於陳先生的邀請，我頗有遲疑。遲疑原因有二：一是，我雖然主張台灣是台灣人的台灣，但我同時主張兩岸和平；因為主張兩岸和平，所以我便主張台灣必須以不與中國敵對的方法達成最終獨立自主的目標；二是、當時一黨專政，扣人罪名的事司空見慣，我要是去得了回不來，人生的道路便會失去掌握。

大概是電話被監聽吧，當時的國民黨中央祕書長蔣彥士先生找我，說他知道陳唐山先生邀我參加研討會，我不想去。他說，您不必擔心去得了回不來，他願意擔保我來去自如，並說他早就知道我的政治主張，但兩岸和平是同樣重要的事體，他認爲假如我實話實說，對研討會一定有參考價値，便也就算對台灣政治發展有好處。

我在思考後決定，如果讓陳唐山先生知道我在研討會上想要講什麼，他仍然邀請，便前去參加。果不其然，陳唐山先生說研討會本來就是百家爭鳴。

民國七十九年，陳唐山先生在我推薦之下回台了，提個簡單行李住在我家。國是會議開幕前夕，陳先生在未事先知會我的情況下舉行記者會，宣布退出國是會議。理由是，黑名單一長串，他不同意自己一人解脫，所以拒絕參加。開完記者會後，陳先生才找我，說不讓我爲難，所以才未先知會，實在抱歉。

我告訴陳先生，大家各有立場，說抱歉，言重了，根本可以不必介意。

事後，陳先生到處去跟人說我氣度很好。

有第一次就會有第二次，其後陳先生台美之間來去自如，彼此交往很多。後來他回來選立委、選縣長，都順利當選，政黨輪替後他官至外交部長、總統府祕書長，國安會祕書長。

我想，同一個人怎麼可能一時大惡不赦，一時卻身居廟堂？同一個人，前後同一個心思，人沒變，是環境改變；那麼這個前後不同的環境，豈是「弔詭」二字可以輕輕解說！

行政院顧問

民國八十三年自立報系易主，我決定從此投入營利事業，不問公共事務，便同時決定把我對國家建設的意見一次表達，於是花了兩年時間，寫了《台灣跨世紀建設論》一書。沒想到出書不到幾個月，蕭萬長先生內定出任行政院長，要我協助，於是再度介入政治。

我與蕭院長很早就認識。大約在蕭先生擔任國貿局局長的時候，吳三連先生有一次跟我說「我們台灣人在中央政府做官的不多，我看大部分人品能力都不錯，我們《自立晚報》在報導評論上對這些人應該特別體貼。」當時吳三老提到的名字包括蕭萬長局長。

蕭先生是嘉義人，也是我政治大學的學長。我看他做事認眞，待人和氣，特別是沒有官氣，很可尊敬，所以自然就有一些來往。

蕭先生要組閣，要我幫忙，我當然義不容辭。可是要幫什麼忙？要怎樣幫忙？這就必須好好思量。

最後，我告訴蕭先生，我一定幫忙，但是最好不做官、不必讓立委質詢、不領薪水、不必每天上班。蕭先生告訴我，「那就只好作無給職的行政院顧問」。我接受了這個不像職位的職位。第一個月，蕭先生派人送來他私下給的車馬費，我把它退回，後來蕭先生也就不再提車馬費的事。

我幫蕭院長的忙這件事，在前一段時間，除了蕭院長的近身幕僚和我周圍的一二知交以及情治單位之外，社會上少有人知道。不過後來發生了一件大事。

民國八十八年二月過農曆春節的時候，蕭院長邀我和他一起回嘉義過年，晚上住在東洋球場。在球場的木屋裡，蕭院長告訴我，他想辭官，因爲李總統對他不願調降證交稅，頗不諒解。調降證交稅是工商業界的主張，蕭院長根據過往幾次調降的經驗，認爲於事無補，反而少了稅收。業界後來直接找李總統，李總統答允照辦，所以加壓力給蕭院長。我聽完詳情之後，告訴蕭院長：做爲一國最高行政首長，假如是自己堅信正確的決斷，就必須勇敢的堅持，並且承擔一時責難，至於是非功過，留給歷史評價可也，蕭院長接受了我的見解。

可是返回台北後，國民黨黨營事業管理委員會主任委員劉泰英先生和總統祕書室主任蘇志誠先生卻開始不斷公開譏評蕭院長。劉、蘇兩位先生是李總統最貼身的人，事情很不尋常。我心想，行政院長由總統任命，總統身邊的人卻公開譏評，這種事情必須制止。

八十八年二月二十二日下午，我帶了兩份文稿面見蕭萬長，一份是請辭聲明，一份是接受慰留聲明。請辭聲明講清楚為什麼要辭職明志。接受慰留聲明是因為我判斷請辭一定辭不掉，那麼也必須向社會交代為什麼接受慰留。

在行政院院長室，蕭院長告訴我，我離開後他就去請辭。隔天蕭院長告訴我，李總統說了他幾句後，勉勵蕭再接再厲。不過蕭院長並沒有發布請辭聲明，那是他的溫和個性使然。當然在被慰留後，他也沒有發表接受慰留聲明。

事情兩天就過去了，劉、蘇兩先生也不再發表不當言詞了。不過，蘇志誠先生知道請辭一事與我有關，在報上罵了我幾句，有些週刊追究內情，大幅報導，從此大約政界人士就都知道我在幫忙蕭院長。

政黨輪替後，先是陳水扁總統邀他代表出席APEC領袖會議，後來並未成行。之後又邀他出任中華經濟研究院董事長。再其後又請他擔任總統府經濟顧問小組召集人。對這些事情，蕭先生都很用心考量。不恥下問的時候，我的說詞前後一貫。我說，您是經貿專才，這是因為國家培植，今天政黨輪替，但台灣人民還是台灣人民，台灣經濟還是台灣經濟，不管哪一個人或哪一個黨，有請教，您就指教可也。

卸任首相在國際社會有一定的地位，蕭先生向來喜歡旅行，因此對這類開會邀請，他都願意儘量參加。我看他生活得很扎實愉快，自然也就爲他感到欣慰。

民國九十七年，蕭先生在野八年之後，又出任第十二屆副總統。民國一〇一年五月任期屆滿，蕭先生結束公職生涯，我以《據實側寫蕭萬長》爲題撰記了他五十年服務國家的成績，其中有一附錄〈蕭萬長與我〉，是抄引我與蕭先生互動備忘錄的部分可公表文字，讀友若有興趣可買由遠流出版公司發行的這本書一讀。我想說的是，在蕭先生擔任行政院長期間，有些人事上下我曾參與，有些政策定奪我曾提供了淺見，不少重要的文稿出於我的手筆。蕭院長忠誠謀國，政績卓著，我因爲小有協助，也就等於爲國家做了服務。

跨黨派兩岸小組委員

二〇〇〇年政黨輪替後，陳水扁依照競選政見，成立總統府跨黨派兩岸小組，討論兩岸關係，希望做成決議，供總統作爲處理兩岸關係之跨黨派共識。小組由中央研究院李遠哲院長任召集人。

我向來關切兩岸互動，在八十五年寫作《台灣跨世紀建設論》一書中，即曾專章探討兩岸關係，並且向國人提出「只要能夠確保台灣的獨立自主，爲了兩岸和平，希望同胞不要反對兩岸之間的某種連結」。

我認爲兩岸現狀是歷史發展的結果，硬要統而爲一，不切實際。可是兩岸之間，大小懸殊，如果一直敵對，是台灣子子孫孫永遠的悲哀，因此不妨以不脫離大中華家族爲要領，在兩國之上新設一個架構，以做爲如兄如弟、互利互惠、共存共榮之根本。換句話，對兩岸關係，我已有一定見解。

先是李遠哲院長來電請我擔任小組委員。又過不久，總統府副祕書長陳哲男先生親自送來了載明任期兩年的總統府聘書。

跨黨派小組於八十九年九月一日開議。開到第五次會議，同仁推我擔任「一中問題專案小組」召集人，第七次會議上，幾經折衝，通過了我主稿的「三個認知、四個建議」後，同仁認爲可告一段落而中止運作。

跨黨派小組中止運作後，李遠哲院長開始找我一起見了陳水扁總統很多次，討論兩岸關係。有時陳總統單獨找我。不管兩人見面或三人見面，我都誠摯的發言。八十九年十二月十三日，陳總統找我去總統府與他吃午飯，告訴我他想在跨世紀的除夕談話中公開發表兩岸和平發展的主張，請我依據我先前向他表白的見解協助寫演講稿。我允照辦，但只寫兩岸關係一段，其餘仍請他交代平日助手撰寫。

除夕談話發表後，陸委會做了一個民調，支持陳總統兩岸新論的民意近七成，不過我事後得悉，因爲陳總統未與黨政各方事先討論，在民進黨內引起不小騷動。

兩岸和平發展是我對解決兩岸問題的重大主張，也是我一生之中著力最深的政治見解，有必要在這裡更詳細記述，以向人民和歷史負責。

我是一個台灣主義者。我深信「台灣是台灣人的台灣」。前半生一直處於國民黨一黨專政體制之下和中共併吞威脅之下的我，用了三十年時間去苦思解決兩岸糾葛、同時達成建立一個獨立、民主、法治的台灣的方略。

由於歷史的發展推進，台灣自一九四九年起以中華民國的國名和中華人民共和國嚴重對立；由於國際霸權的運作，台灣成為美國長時間的保護國；由於與中國大陸有不可割離的歷史、文化、血緣牽連，台灣內部一直有統獨爭論。

然則，在錯綜複雜的環境中，台灣內部以及美中兩國，卻又各有愛惡：

——主張台灣應該獨立建國的人，其實也擔心萬一中共武力相向；

——主張台灣應該與中國統一的人，其實並不眞正喜歡專制高壓的中共政權；

——中共雖然聲言統一，其實自己知道一時並無過海占領的軍事經濟實力；

——美國雖然採行「一個中國政策」，但因為在台灣擁有巨大利益，所以雖然希望兩岸對話以避免衝突，但並不希望兩岸眞正談出統一的結果。

統一或獨立都是相當激情的事體，都足以讓信仰者生死以之。可是上述百般弔詭的局面卻必須仰賴更大的智慧，方足以找到超越性的方略。

面對以上所述百般弔詭的局面，邏輯的必然思考方向就變成：有沒有一種方略足以讓主張台灣獨立的人認定已得到獨立又能不擔心中共武力相向；讓主張統一的人認為未見割裂，且不必擔心生活在專制高壓之下；讓中共認為已然貫徹了民族主義所以不必引發戰爭；讓美國覺得不減損其國家利益又能維持世界均勢？

更重要的是，在滿足了各方需求之後，台灣必須能夠永遠安穩的存在，台灣人民能夠從此進入太平盛世。

如前文所記述，早在民國六十年，美國國務院邀請本人訪美。直截了當地說，這種邀請有一個精心設計的目的，就是希望被邀人日後變成親美派，可是長時間以來，我一直認定美國是另一種形式的帝國主義者，認為台灣作為美國的保護國並不高貴，也非立國之道。

至於中國，情感上遠在天邊，血緣、地緣卻近在眼前。我常常跟周圍的朋友說：台灣人從北到南，蓋了兩萬多間廟，除了八里的廖添丁廟和嘉義的水牛廟，其餘拜的神都是「外省人」。這樣子的血緣、地緣關係，即使是最強烈的台灣主義者，也無可否認。

在我的血液裡，還有更深一層的質素。我長時間以來強烈反戰，甚至於對拿百姓的血汗錢向外高價購買武器都會生出極端反感。我不忍「田園潦落干戈後，骨肉流離道路中」；我對運去一百船紡織品卻換不回一架戰機，心中會生出很多不滿。

我的「兩岸和平發展論」於是便在這種對整體弔詭局面的認知下、在一己強烈反戰的思維下、在有效追求台灣自立自主長治久安的要求下，逐漸浮現出輪廓。

質言之：「兩岸和平發展論」就是台灣不可不堅持主權獨立；基於實質利害考量，台灣應以不脫離以華語圈為定義的大中華家族來追求與中國和睦相處；一旦與中國建立和睦關係，那麼台灣也就可以在美、中等距關係安排下得到均勢保障。

就具體步驟而言，台灣應該不斷展現和平心意，並且經由文化經貿交流，與中共逐步累積善意和條件，最終互商在中華民國與中華人民共和國之上，架構一個具象徵意義的機制以終結爭執，走向共存共榮的新局。

各方讀友也許想要問我一個問題：中共會接受這樣的建議？

中共當然不會輕易接受這樣的建議。尤其在中共擁有核武，太空事業發展有成，且已崛起為世界第二大經濟體的今天。

可是，我認為，中共不會輕易接受，並非意謂我們不能堅持。

在世界兩百個國家中，台灣的國家綜合實力排行在前頭十分之一。台灣必須周旋中共，是因為彼此近在咫尺，不是因為台灣沒有自立自主的條件。

更進一步說，中國大一統思想的價值其實禁不起嚴格深入的檢驗。在中國歷史上，統

—其實意謂者腐化高壓和文明靜止的開始。中國歷史上朝氣蓬勃、百花齊放的燦爛景象都是出現在多元政權並存的時代。坐在京城裡的皇帝，他們受了三流歷史觀的影響，腦子裡只想者「擴大版圖」和「丟掉版圖」的簡單事體。

更進一步說，中國的版圖其實也是有時擴大，有時縮小。現在獨立建國的外蒙古、越南、寮國、緬甸、南北韓，其實也都曾經是中國的版圖或藩屬。民國三十六年二二八事變後，中共中央曾經在軍報上專文支持台灣獨立；要「解放台灣」是以後才出現的政策。

我沒有能力預見一百年或兩百年以後的事情；如就可預見的未來二、三十年而言，強行武力統一絕對是兩岸人民的災難。

我把這樣的見解，初次寫在民國八十五年出版的《台灣跨世紀建設論》上。當時曾提出「統合」二字，可惜這個名詞後來被惡用、惡解。

民國八十九年十一月二十六日，總統府跨黨派小組第七次會議通過了我主稿的「三個認知、四個建議」。這個重要文件，全文如下：

跨黨派小組認為：

一、兩岸現狀是歷史推展演變的結果。

二、中華民國與中華人民共和國互不隸屬、互不代表。中華民國已經建立民主體制，改變現狀必須經由民主程序取得人民的同意。

三、人民是國家的主體，國家的目的在保障人民的安全與福祉；兩岸地緣近便，語文近同，兩岸人民應可享有長遠共同的利益。

基於以上認知，跨黨派小組建議總統：

一、依據中華民國憲法增進兩岸關係，處理兩岸爭議及回應對岸「一個中國」的主張。

二、建立新機制或調整現有機制以持續整合國內各政黨及社會各方對國家發展與兩岸關係之意見。

三、呼籲中華人民共和國政府，尊重中華民國國際尊嚴與生存空間，放棄武力威脅，共商和平協議，以爭取台灣人民信心，從而創造兩岸雙贏。

四、昭告世界，中華民國政府與人民堅持和平、民主、繁榮的信念，貢獻國際社會；並基於同一信念，以最大誠意與耐心建構兩岸新關係。

這「三個認知、四個建議」與「兩岸和平發展論」是相同的一個思想內涵。

二〇〇四年選舉時，陳水扁總統提出選後將成立「兩岸和平發展委員會」的政見。選舉後，也曾經召開過一次會商，到會的有正副總統、國安會祕書長康寧祥、陸委會主委蔡英文、海基會董事長辜振甫，此外還有李遠哲、張忠謀、陳博志和本人。後來沒有下文。

民國一〇三年五月，施明德、洪奇昌、陳明通、程建人、焦仁和、蘇起、張五岳七位先生聯名發表《處理兩岸關係五原則》，主張「兩岸分治、大中華整合」。論者或謂新見解，其實，我知道他們之中，多人早就成竹在胸。

這就不禁讓我感慨，理性占上風的時候，國民黨人和民進黨人的兩岸觀其實大同小異，可是從事政治爭奪的時候，便見南轅北轍。

容我直白說一句話：蔣介石總統當年敗退台灣，正是兩岸分治的開始。蔣經國總統當年高倡「不談判、不接觸、不妥協」，更強化了兩岸分治。

我不知道馬英九的「不統、不獨、不武」與李登輝的「兩國論」以及陳水扁的「一邊一國」眞實差異何在？如果各方都以捍衛中華民國主權獨立爲主軸，誠不知相互之間還有多少值得爭吵的內涵？

我不自己定位爲政客，我以辦報爲專業，所以把兩岸見解誠實表白後，自認責任已了。這就是爲什麼除了民國九十三年曾在《中國時報》發表「中共必須正視中華民國存在的事實」一文，以及民國九十八年在新著《論臺灣及臺灣人》一書上把我的兩岸見解再說一次外，不曾對推廣落實此一見解生死以之的原因。

人世間萬事變幻很快。一如我當年在國是會議一槌敲定總統民選後，二十年來因為總統民選產生很多不良後遺症，令我不禁心虛一般，這個「兩岸和平發展論」，近六年來由於中共節節進逼，同樣使本人內心感到不安。

馬政府上台後兩岸和解有如雲霄飛車，速度之快令人驚奇。馬政府以兩岸和平發展作為主要政績，可是中共在倡言兩岸和平發展的同時，卻如入無人之境，甚且公開倡言「入島、入戶、入心」。從來不諱言「完成祖國統一大業」的北京當局，按著既定步調，步步進逼，而我方顯然招架乏力。

面對這種發展，洞察國際大勢的新加坡李光耀在新著《李光耀觀天下》一書中斷言：美國不可能為了台灣的生存和中共開戰，因此雖然中共不急於統一，但依目前情勢發展下去，統一是歷史必然的結局。

我讀台灣歷史，看一大群前賢為台灣獨立生存所做的奮鬥和犧牲，可歌可泣，心中常翻騰不已。可是今天的國際政治經濟大勢和國內政治社會結構已生巨大變化，令人思考台灣前途，掌握台灣命運面對的是遠較往昔更為錯綜複雜的內在和外在環境。本人的兩岸和平發展論，堅持「台灣是台灣人的台灣」，但提出的奮鬥要領迥異。

兩岸和平發展如果對方以最終統一為目的，那麼我方就必須萬般審慎以對。也正因此，本人除了呼籲台灣同胞團結奮鬥堅定追求兩岸分立外，也願意無比虛心的接受同胞的批評和指教。

兩任中央選舉委員會委員

民國八十九年春天，蕭萬長先生還擔任行政院長的時候，中央選舉委員兩名出缺，蕭院長在沒有徵詢意願的情況下，發表王清峰女士和我遞補，蕭先生大概認爲這個委員職位和我那「不是做官、不必上班、沒有薪水，不必接受質詢」的條件符合吧！

中央選舉委員會是內閣部會之一，委員會不定期召開。選舉的時候，會議比較密集。委員分屬不同黨籍，無黨籍委員占多數。中央選舉委員會經過多年運作後，具一定公信力，因此個別委員也就享有一定的清譽。

中選會委員一任三年，二〇〇〇年政黨輪替後改選的時候，要我續任。

很快的，二〇〇四年又屆總統改選之期，民進黨主張在總統選舉的時候併辦公民投票。在野的國民黨和親民黨聯合推舉連戰先生和宋楚瑜先生搭配競選正副總統，他們認爲「公投綁大選」，用心可議，因此強烈反對。

公民投票是民主國家的普世價值，公民投票沒有什麼可以反對的，何況已有立法。至於公投在總統選舉的時候併辦，其利弊得失，見仁見智，反對或贊成都可以說得頭頭是道。重要的是，可不可以併辦？權在中選會；如何辦？權也在中選會。
我信仰民主政治，認爲民主政治雖然缺失多多，但畢竟還沒有發明更好的制度。我既然信仰民主政治，當然也會信仰公民投票。
至於併辦可與不可，我認爲法律既無明文禁止，爲了節省民脂民膏，併辦可也。可是怎麼併辦？我認爲重點在於不可妨害選舉的公正、公平和公開。
中央選舉委員會對以上兩種命題，多次召開委員會議討論，我贊成可以併辦，最後決議也是可以併辦。我主張分開領票、分開投票、分開計票，最後決議也是如此。我不贊成公投票同意的用綠色，反對的用藍色，最後的決議是公投票都是白色。
開會期間，媒體報導很多。至今不知道什麼原因，陳水扁總統一度找我到總統府，要我不反對併辦公投，我請總統去調開會錄音帶，就知道我從未反對；我反對的是公投票加顏色——因爲公投法上頭對公投票可以有什麼，寫得清清楚楚。
雖然只是兼職，我自勉既然應允擔任委員，就必須盡心盡力，因此，每次開會之前，我都會花時間仔細研究議題，翻查法規，撰寫發言大要，希望自己的發言都能言之有物，一針見血。
選舉委員會是在社會普遍要求選舉公平、公正、公開之下成立的機構，然則，在制度設計上，仍不免因陋就簡。最顯著的一個缺失就是，除中央選舉委員會之外，各級地方政府的選舉委員會主任委員都由各級政府首長兼任。這些首長都是民選的，他們一到選舉不是自己要選，就是幫人輔選；不管自己要選或幫人輔選，依法就不能兼任主委一職，其結果是這些兼任選委會主委的首長都只在沒有選舉時兼任主委，一到選舉時，就紛紛請辭，等到選舉過後再紛紛回兼。

我認爲這是很荒唐的事，因此在委員會議正式提案，要求研究解決之道。委員會通過了我的建議，可惜一直到我離開，都沒有解決這個問題。

我對台灣選舉太頻繁，也認爲不妥。年年選舉，社會成本很高。因此我也建議設法減少次數，例如中央的總統、立委每四年一次，地方的縣市長、縣市議員每四年一次。如果認爲四年一選，選舉種類太多，那麼一次中央、一次地方，即每兩年一選，也有改善效果。幾乎每個委員都認同這樣的構思，而且也認爲只要下定決心，用延長一段任期的作法，四年工夫就可完全調整。很高興這個建議已經落實。

第二度擔任委員的時候，我明顯的感覺到部分新委員的議事態度有很大不同，有些委員不知心平氣和，不太重視說理。

第二度任期結束要改組的時候，我不同意續任。當時的行政院祕書長、副院長、院長，一天之內先後來電力邀，我因心意已決，堅不接受。

卷四

客卿政委

民國九十五年一月，行政院改組，院長由謝長廷先生換成蘇貞昌先生。

我與蘇先生相識已久。蘇先生很喜歡跟朋友講一個「故事」，說他競選連任屏東縣長失敗的時候，收到一封信，信上只有一行字：「據知：日本政壇有一句大家都相信的名言，說培養一個政治家的話，至少要讓他落選一次」；寫信人是他的朋友吳豐山。

這是一樁事實。由於我也落選過，所以我認爲蘇先生不會誤會我寫慰問信還說風涼話。同時我相信這句名言有其道理；因爲只有落選這種因緣，一個政治人物才有機會重新評估外在，才有機會調整步伐，然後才能走得更穩健踏實。

事實上，比這更早，在民國七十六年，我因爲派李永得、徐璐二人採訪中國大陸被政府控告的時候，蘇貞昌先生就是律師團四位義務律師之一。

蘇貞昌先生榮任行政院長之前，李遠哲院長曾主動去向陳水扁力薦；因爲他認爲蘇先生是民進黨內難得的廉能之士。新閣揆發表後，李院長問我會不會幫蘇院長忙？我說如果我能做的事，只要蘇院長交代，我一定私下盡力。李院長說私下盡力不算，於是便給蘇院長打了推薦電話。稍後，蘇院長跟我聯繫時，我請他千萬不要勉強。過了一天，蘇院長又來電話，說敲定我出任主責教育、體育、文化、新聞、觀光政務協調的政務委員。

新閣在總統府宣誓就職是九十五年一月二十五日，下台是九十六年五月二十一日，總共一年又四個月不到。

依照習慣，我留下一份備忘錄，記述任上種種事情，總共十六萬字，厚厚八百張稿紙。把備忘錄從頭看過一次，各事歷歷在目。

銜大權小事繁

先說我負責什麼事。

我負責對教育部、新聞局、文化建設委員會、客家委員會、體育委員會和交通部觀光局的服務。所謂服務是我的用詞，官方用語是負責這些部門的業務協調及法案審查。因爲這個業務劃分，我還兼任文化建設委員會委員、故宮指導委員會委員、國立中正文化中心董事、九二一震災重建基金會董事以及好幾項專案會議的成員。

也因爲這些業務劃分，我還分配負責從前留下來的各種專案的進度督導，例如故宮南分院籌建、大鵬灣國家風景區計畫、高雄衛武營文化園區計畫等等十幾項專案。

陪同蘇院長訪視地方的時候，蘇院長答應的事，假如與我有關，我要列管或協調會商，像花蓮理想大地融資案、綠島生態保護案、綠島人權紀念園區改造案、澎湖天后宮整修案等等。

還有，行政院原來有六十幾個任務編組，大多由院長、副院長擔任召集人，蘇院長認爲不切實際，所以大半改由政務委員負擔，我分配到行政院觀光發展推動委員會、行政院二〇二〇年中奧小組、發行運動彩券籌備小組、二〇〇九世大運暨聽障奧運會協調小組。

此外，蘇院長還要我協助一些重要文稿的撰寫。

行政院政務委員位高權不重；位高是因爲憲法上位階如此，權不重是因爲不主管部會，所以沒有人事權和經費權。不過既然位高，我不免記起我以前的老闆吳尊賢先生的話，他說做官要本著行善積德的心情去做，否則就不是官，而是「狗屎干」。且讓我從備忘錄中抄出一小部分不會傷人、不算機密的記述，讓大家看我做的是「官」，還是「狗屎干」。

九五．一．二六　周四

上班首日。

下午四時，蘇揆急找，要我與林錫耀政委、吳祥榮主任成立三人小組，撰寫首次向立法院提出的施政報告。蘇只交代「不喊口號、不堆砌辭藻」。

九五．二．一六　周四

下午四時半院長室來電說六時十分院長要開施政報告會稿會議。稿子是已多人一改再改的第十一稿，院長批評很多，說繁瑣、重複。我告訴院長，是他自己不對，既然滿意第一稿的架構於先，其後凡有增補，理應由原始撰稿人主責。如今改了十一次，自然面目全非，條理紊亂。院長笑說：那眞是不對了，不過我也是第一次當院長啊！

我勉爲其難，重新處理。回家後工作到半夜。

九五．三．七　周二

整日列席立法院院會，聽立法委員質詢，有的表現不俗，多數荒腔走板。中午蕭同茲基金會開董事會未能參加，晚上顏ＸＸ請吃飯也未能參加。

九五．三．八　周三

九時院會，院長追蹤整頓治安的工作進度。

近日來，ＥＴＣ事、卡債卡奴事、航發會被法院判決不可投資高鐵事、終統廢統事交相壓迫，新閣已陷不易開展之泥淖，我心想，此時，蘇揆應有突破作爲。

下午三時將「建議取消全國公路橋樑收費」之見解寫成書面祕呈。

下午四時半，新聞局爲在新莊設立「國家電影文化中心」一案開會。我建議務實考量，改在華山文化園區。決議是依原計畫，只在北縣府不願無償提供建地時才改在華山。

一如當年在故宮指導委員會議上反對興建故宮南分院，我是怕又多了一個「蚊子院」，所以言所當言。

九五．三．一二　周日

上午十時依約定至院，與林錫耀政委、吳釗燮主委三人檢討兩岸有何可突破之施政。最後結論是（下略），唯皆待吳主委完成上頭討論程序再拍板，以求府院同步。

九五．三．一六　周四

一早剛步入辦公室，蘇院長隨後進來，我把門關起來。蘇說了一些很洩氣的事（下略）。我再度建言：媒體關係重要、遠見領導重要、人脈重要、智囊團重要。

九五．三．二〇　周一

昨日下午與友人去林口球場打球，只打到第二洞，蘇院長來電，說他在辦公室，我卻打球，笑問可否不打？回來一起受苦，幫他寫一篇稿子。

只打九洞，回院寫稿。下午四時把稿子給院長。至六時半猶未定稿，至院長室，看院長正逐字修改，甚感驚訝。院長可能求全，然則一國首相哪可事必躬親？

九五．五．一　周一

昨日陪同院長訪視台南縣市，七時半起飛，八時半抵水上機場，先到後壁看蘭花生物園區，轉學甲看將軍溪河堤和雙春抽水站，拜南鯤鯓廟，中午在將軍午餐。午餐後轉鹿耳門廟，看鹿耳門溪抽水站，然後由台南機場北返，三時半返抵松山機場。

沿途看到院長很受人民愛戴。

九五．六．五　周一

第九次行政院觀光發展推動委員會曾決議成立MICE專案小組，由經濟部次長領軍研議鼓勵來台舉辦國際會議以作為發展觀光之策略。該部已擬妥落實辦法，希望我核可後，逕行報院。我認為並無不可，乃同意來人簡報後批示。

九五．六．二八　周三

上午九時院會，蘇揆針對立法院臨時會期只剩三天，預算案卻仍大部分凍結，呼籲立法院儘速審查。

會後，林炳坤委員來晤，說二事：一是張博雅主席任滿，希望我接任無黨團結聯盟主席；二是建議蘇謝合。

對第一事，我說，新主席非林委員莫屬。對第二事，我覆，會忠實向蘇轉達。

九五・七・七　周五

上午十時，蘇揆邀同往中華經濟研究院聽蕭萬長董事長演講二〇一五年經濟發展研究報告。此係五大智庫共同結論，將是七月下旬行政院經濟永續發展會議中心議題，大要是台灣朝加值服務中心發展的遠景設計，希望到二〇一五年時GDP達三萬美元。

九五・七・一一　周二

七時半起飛，八時半抵台東機場後改乘直升機，九時抵綠島，同行者還有李遠哲院長、林錫耀政委、內政部長、交通部長、環保署長、觀光局長等二十餘人。一番訪視後在鄉公所聽取簡報，最後院長裁示：一、林嘉文鄉長要六百萬修碼頭，照給；二、我負責協調整修人權紀念園區；三、我與林錫耀政委負責召集研議設立專責機構以有效保育綠島自然生態。

後一事乃李院長之盼望。中研院人員近年對綠島海域自然生態保護，著力很多。

九五・八・一　周二

下午二時半主持發行運動彩券協調會。此事在行政院已走了三年，因人事更迭，進度時斷時續。

下午五時半來了三個公文，一個是觀光發展推動委員會的新委員名單，此事已花了四個月時間。二是公視的公股釋出案。我上周三開會，院內幕僚今天才簽報會議記錄。三是陳其邁當政務委員時協調中央廣播電台整併案，陳不做政委去代理高雄市長，然後又下台了，院內竟到現在才重提要不要依決議辦理。

「爾俸爾祿、民脂民膏」；如果大家都能夠養成「當日事，當日畢」的習慣該有多好。

盡心盡力

九五．八．三〇　周三

上午十時院會，教育部報告海外華語文教學一案。此案係上任伊始，國安會林錦昌委員銜命來要我組成跨部會專案小組，以與中共在海外作華語文教學對抗，當時我即不以為然，曾去函建請三思，後來教育部業務改由林萬億政委接手主導，此案自然同時轉手。

我發言表示，院會向來少有不同聲音，但對本案我有異見，以兩岸國力及學以致用之必然原理做為考量，我們拿四億去對抗中共的六十四億，以二千三百萬市場去對抗十四億市場，勝敗未判可知，因此敬請再作考量。我還指出，如果著眼於台灣的國際能見度或與中共文化競爭，不妨以我國因爲自由開放所形成的遠較中共優異的藝文表現爲強項。

蘇揆最後裁示：本案應多推敲，不必凡事與中共對抗。蘇揆能勇於裁示，很不簡單。（二〇三年六月九日，媒體報導，迄二〇二年止，中共已在世界各國設了四四〇所「孔子學院」、六四六所「孔子課堂」，資金、師資、教材全由中共提供。稍後幾天，報紙報導「美國教授協會」呼籲美國各大學中止與「孔子學院」合作，理由是中共藉「孔子學院」搞思想統制。）

會後，客委會李永得主委來晤，談及十月將在台舉辦世界客屬大會之相關（下略）。

九五・九・一四　周四

晨八時參加院長召集的會商，討論時局。

會後參加蔡副院長召集的二〇一五年願景三年經濟衝刺計畫討論會。

十二時半參加蔡副院長召集的「大溫暖、大投資」項下人力發展方案討論會。

下午三時參加蘇院長主持的「大溫暖、大投資」計畫簡報會。我建議增加對外勞和外來新娘照顧方案。

下午五時半參加蘇院長主持的三年經建衝刺計畫「產業發展」方案簡報會。我發言指出二〇〇九年來台旅客目標不切實際。

會議至六時半，問黃姮娥顧問還要不要開會，黃顧問說蘇院長生氣走了。

七時半幫忙看過吳祥榮主任送來的治安施政廣告稿才離開辦公室。

九五·一〇·四　周三

上午院會。

下午二時半召開一級古蹟澎湖天后宮屋頂漏水整修會議。此事是蘇揆九月二十四日訪視澎湖時當場允諾。最後我裁示分兩階段處理：一、屋頂漏水及換新電線是燃眉之急，可以即辦，天后宮負擔一萬元，其餘文建會補助；二、其他部分提出整建計畫，天后宮管委會應切結依法自籌百分之四十，並補足第一階段應該自籌之差額。

九五·一〇·一八　周三

上午九時院會，農委會運來一大堆香蕉，蘇揆要大家在電視鏡頭前大吃特吃，據知是台糖加入種植以致過剩也。

十一時半接著參加蔡副院長的財經小組會，聽取故宮南分院進度報告，本案進度緩慢，我負責進度控管，同意暫停列管，俟重新提報時程。

下午四時主持左營國家運動園區使用國防部營區土地協調會。會末我裁示：一、五營區併入運動園區，國防部於兩個月內提出配套需求；二、體委會盡速提出園區規畫；三、其中日新營區正興建中之軍法建物停工，相關賠償由體委會負擔。

內閣一體，但部會之間本位很重。本案我在八月份曾召集開會作成併入之決議，但其後體委會交涉軍方不得要領，要等到總統出面，國防部才照辦，可是後續細節是否又會生變，仍未可知。

九五·一〇·二五　周三

九時院會。院會前環保署張國龍署長告訴我，說上周在「大投資、大溫暖」五大套案之一的公共建設案討論會上，我建議美化國土一事，他認為很好，乃積極與國防部李傑部長交涉，獲同意調用兵力投入，現在正在規畫落實辦法。聞之甚喜。

（按：美化國土是我多年來的一貫主張。我認為如果能夠調用一萬兵力，分成北中南東及外島五分隊，逐村逐里清掃汙穢、栽種花木，做完一處，交予當地社區委員會，再做另一處，不出幾年工夫，全台變成一個大公園；由於目之所及，心曠神怡，對發展觀光有好處；由於環境乾淨，人心也會比較乾淨；更且軍民一家，好處多多，何樂不為？

二〇〇一年，我曾把這個想法向陳水扁總統提及，陳總統在官邸餐會上當場認可，後來卻無下文。上周我在行政院提出時，蘇院長未有反應。張署長誠有心人也。可惜後來也無下文。）

貪腐風暴

九五．一一．二七　周一

國務機要費及首長特別費風波越演越烈，蘇揆決定本周三院會時，由法務部長和主計長先後對此作一解說，然後由蘇揆作一裁示。

陳美伶副祕書長負責寫院長裁示稿，爲用字遣詞之拿捏傷透腦筋。上周六多人在院長室已有會商，當時我建議站上歷史高度，蘇揆認同，但如何措詞，陳副祕書絞盡腦汁，一大早跑下來討論，我建議她使用「共業」、「分別心」等佛家語言，陳副祕書長採納。

（寫到這裡，是蘇揆上任的第十個月。

備忘錄上，從一開始就充滿政壇擾攘不安的記載。先是扁蘇磨合頗費周章，然後是總統夫人吳淑珍、總統親家趙玉柱、總統女婿趙建銘涉嫌貪汙的事情。再接著罷扁、挺扁、倒扁、倒閣，波濤洶湧，最後紅衫軍起，聲勢很大。此期間，李遠哲院長曾於十一月八日晚間自法國巴黎來電說，他幾經思考，決定發表聲明，請陳總統「知所去留」。隔天又來電詢問我與聞此事會不會影響仕途？我說我也在考慮自己去留，請他不必多慮。

總統府是風暴中心，行政院當然也不得安寧。要換閣揆的新聞從未間斷，政壇合縱連橫一日數聞，政黨之間的鬥爭赤裸裸上演，一黨之內也猜忌傾軋鑿痕斑斑！

蘇院長身為首相，一人之下萬人之上，言行舉止動見觀瞻，他又是二〇〇八年的可能總統候選人，受風面大，不能不如履薄冰。因此，蘇院長與親近幕僚會商頻頻，我的備忘錄上記了一大堆這類文字。

到了九十五年十一月中，馬英九主席的特別費風暴出現，藍綠打成一團。馬乘機宣布辭主席、選總統。

越過新年，民進黨的總統候選人黨內初選排上了時程，政局紛亂依舊，政務必須照常推動，初選是多出來的事體。我不是民進黨人，幫忙不了什麼黨內初選，但參與內部會商難免。基本上我也認為蘇院長是難得的廉能之士，樂見他勝出。此期間，政務委員的職責，我依然盡心盡力。)

九六．四．一七　周二

昨夜八時，黃姮娥顧問來電，說總統辦公室主任林德訓來電提及有人向總統府檢舉綠島人權紀念碑正在被拆除，要求從速查明並有效制止。

我一聽就知道誤會。此事係蘇揆去年訪視綠島時，因看到人權紀念碑的石板開始剝蝕，認爲係對人權鬥士不敬，要我負責協調文建會修復。

經電邱坤良主委，證實正在進行修復工程，且工地亦有圍籬及工程說明。乃據覆黃顧問，並請轉覆總統府。

下午二時半主持體委會發行運動彩券協調會。有關徵求發行機構與受委託機構，仍裁示採兩階段辦理。至於運動彩券收益專款專用問題，裁示循立法或修法途徑解決。

九六．四．二三　周一

昨上午，帶領行政院觀光發展推動委員會一行由行政院出發，中午抵水里蛇窯，下午考察東埔溫泉景觀改善，夜宿東埔勝華飯店。今上午轉日月潭召開第十七次委員會議，午餐後轉烏日搭乘高鐵返北。

我在委員會議中提出一個想法，責成交通部研究。我認爲似乎可以把諸多服務性質的電話號碼，歸結爲一個號碼，民衆凡遇需要協助時，只要記住打這個號碼，電信局的服務中心就可分別轉接。如依現在這種安排，人民要背很多專線號碼，不符管理原理。

九六．五．三　周四

《自由時報》劉姓記者從交通部聽到這個消息，來電採訪，我鼓勵他協助鼓吹。

佳里友人陳添丁昨日一早來電問我，說蘇院長預定訪視佳里，他已收到參加座談的邀請，如果他把領不到農委會營造補償費的事當場向蘇陳情，好不好？

此事惱人，政府自己訂了辦法要補償商人承包政府工程因建材漲價的損失，卻不付錢，且一延再延。我人在行政院，替他奔走，公共工程委員會也決議農委會應發放，竟也不得要領。民怨就是這樣累積的！我告訴陳添丁，大聲呼喊無妨！

下午二時半主持第八次會議，審查「文化創意產業發展法」至五時終於審完。此法在我之前已有四位政務委員經手，卻因人事頻頻更替，虛耗時光。台灣社會開放，創意產業的發展，大有空間。奈何立法之事，行政院拖它幾年，立法院再拖它幾年，上天要幫台灣也難。

九六．五．一〇　周四

下午二時召開「影視事業購置設備或技術適用投資抵減辦法」修正草案審查會。此辦法新聞局與財政部爭論一年多，事到不能再拖交我協調。我裁示：一、抵減率依財政部意見訂為百分之七；二、適用範圍依新聞局意見擴大到影視放映業、出版事業、廣播事業，同時機上盒也列入；三、新聞局兩周內依「稅式支出評估作業應注意事項」補送資料給財政部。

下午五時蔡副院長找我到她辦公室。財政部部長、次長向我表示「文化創意產業發展法」最後一次審查會新增兩條文，「每人每年可有一萬二千元文化消費扣除額」及「營利事業每年可捐三百萬元給文創社團」，皆表不能接受。理由是影響稅收。

不得已，我允刪除，但建議由院對加稅減稅做成一個處理原則，以為政務委員審查法案之南針。

何部長同時告訴我，今下午我裁示數位機上盒也列入投資抵減一節，財經小組已於九十六年三月第三十七次會議上作成不可之共識。我請六組陳組長依本人條示知會新聞局修改裁示，不必再開會。

九六．五．一一　周五

上午九時找五組夏組長研究可否不必再開會處理昨日我答應蔡副院長和何部長之事？夏組長說可由她寫一簽報，我批可後知會經濟部和法規會。乃請她照辦。

十一時，何部長來晤，為昨日事致歉。何部長是謙謙君子，我請他不必介意。

（一個禮拜前的五月六日星期日，民進黨初選投開票，晚間結果揭曉，謝長廷勝出。）

五日京兆

九六．五．二〇　周六

一早，吳祥榮來電通知：上午十一時至院長室。稍後又接陳美伶副祕書長電話，說十一時半到第一會議室。

上午十一時到院長室，到有（下略）等。院長說已蒙總統點頭下台，對過去協助表示感謝，對自己不足表示歉意，今後大家再繼續努力云云。我當場表示陪同下台。

十一時半，閣員齊集，蘇院長說「放下工作，未放下台灣」，未來「將走遍國內外，傾聽人民聲音」，下台理由是「為配合總統開展新局」。之後，蔡副院長代表內閣說了一些稱讚蘇院長的話，然後蘇院長在門口與大家逐一握手。

回辦公室後，我交代助手開始打包。

其他閣員如何考量，我不知道。我的考量是，本來因為蘇院長的關係才加入民進黨政府，如今蘇院長走人，不管上頭意下如何，我當然要一起離開。

回首這段日子，自覺已經盡力。我經手的事，也都把它辦好。只有一個遺憾，就是我原已說動蘇院長大力推動影視工業，一百億發展基金和三百五十公頃的銅鑼電影工業園區也初步有了著落。我一走，人去政息，實在可惜！

九六・五・二一　周一

上午十一時在大禮堂，新舊閣揆交接，呂副總統監交。蘇揆隨便說了幾句話。回鍋院長張俊雄演說得煞有介事。院內同仁七年來已看過六場這種同樣的戲碼。

與政務委員相關之記載到此爲止。

一個多月之後某日，行政院派人送來一枚「一等功績獎章」。獎章附有一張由新院長署名的證書，說吳某人「擔任本院政務委員期間，負責審查重大法案，研議重要政策，對本院政務之推動，著有特殊功績……」云云。

我看舊時代的照片，國內外文武大員在拍正式玉照的時候，身上都掛著這類獎章；奇怪的是，我獲頒這個獎章，竟沒有一丁點感覺。

耿耿於懷

不只沒有感覺，任上有幾件事，我至今耿耿於懷。

一件是：有一天陪同蘇院長赴花蓮巡察。在開座談會的時候，理想大地企業負責人發言，說十幾年前政府核定他的開發案爲國家重大建設，並決議貸款六十億元，後來黃牛，只貸二十億。因爲財務失去掌握，所以至今硬撐。蘇揆當場裁示，由我專案處理協助。

回台北後，我馬不停蹄專程拜訪相關單位，也連開兩次協商會議，做成可行方案，大家簽字，按期程落實。殊不知進行半途，我鞠躬下台，事情又回到原點。

我耿耿於懷的是：政府核定的國家重大建設何以也可失信於民？已經簽認的解決辦法何以人去政息？

另一件是：任上某日，胡佛、朱雲漢兩位教授代表蔣經國基金會來找我，說教育部以不核備該基金會的會議紀錄爲要挾，要求將擔任董事的連戰、宋楚瑜除名。

我一聽就不以爲然。事實上政黨輪替後，該基金會董事長李亦園就曾晉見陳總統，說明基金會現狀並要求民進黨政權推薦幾名董監事，陳總統也推薦了邱義仁等人加入，如今有人另生異想。殊不知連、宋有其代表性，硬要強基金會所難，令人費解。我把事情向蘇院長詳細報告，蘇也認爲不可這樣做，但蘇交代還是無用，其後又催了兩次，教育部才放棄堅持。

我耿耿於懷的是：很多人說國民黨人鴨霸，其實民進黨也有一些人嘴巴民主，行爲無狀。

第三件是：蘇揆任上花了很大力氣制定「大投資、大溫暖」套案。蘇揆下台後還是民進黨人當院長，但這個套案一夕消失。

我看國民黨人執政時，此類事情也屢見不鮮。李登輝當省主席時高唱「十萬農業大軍」，邱創煥接任後改唱「精緻農業」，到頭來，十萬大軍不見，精緻農業也成口號。做為一個無黨籍人士，幾十年來不斷看到兩黨兒戲一齣齣上演，國家政策的形成程序和文官體系的責任承擔，事關重大，卻漫無章法；您說我怎麼不為國家長遠發展耿耿於懷？

卷五

白髮御史

民國九十七年，改選總統，國民黨推馬英九、蕭萬長搭配，民進黨推謝長廷、蘇貞昌聯手。我與馬英九、謝長廷不熟，可是與蕭萬長亦師亦友三十年，與蘇貞昌是閣揆與閣員關係，雖係無黨自由之身，人情上卻兩邊爲難，動彈不得，只能在徵得雙方諒解後，閉門讀書，靜待開票。開票結果，馬蕭配以大勝兩百二十一萬票當選中華民國第十二任正副總統。

如卷三起頭所述，民國九十三年底，陳水扁總統提名我爲監察委員，可是由於政黨惡鬥，立法院不行使對監察委員的同意權，因此監察院無監察委員達三年半之久。其後大法官六三二號解釋，判爲違憲。馬蕭配勝選同時，國民黨也在立院掌握了四分之三席次，重新提名監察委員成爲必然之事。

很多朋友鼓勵我，說監察院本來就必須跨黨派組成，我的年紀還可做事，應請人依章推薦，爭取一席，爲民服務。

我請新聞界大老葉明勳蓋章推薦。由蕭副總統擔任召集人的監察委員提名審薦小組有錢復、胡佛二位先生。據蕭副總統事後告訴我，錢、胡二位先生在審薦會議上大力推薦。立法院有一一三位委員，五十七票過半。在在野委員全數支持的情況下，我卻只得七十五票。據事後瞭解，有一素不相識的國民黨籍委員串連杯葛我，眞正的原因是要拿我這個無黨人士作他們權力鬥爭的代罪羔羊。還好，在蕭副總統與時任國民黨主席吳伯雄及時主動協助下，他們未能得逞。

風霜之任

九十七年八月一日，獲過半同意票的院長和另二十四名委員在總統府宣誓就職。其後補足副院長及委員三人於十二月一日上任。

監察權歷史久遠，所謂柏台、所謂御史大夫，就是歷史留下來的名詞。孫中山先生革命時把歐西行政、立法、司法三權加上監察、考試二權，創立了五權憲法。事實上，監察制度非中國獨有，國際上有一個叫 IOI（國際監察使協會 International Ombudsman Institute）的組織，成員國逾百。也就是說，各國監察制度的設計雖然各有不同，但目前有多個國家有監察制度的存在和運作。

依照現行憲法，監察委員「需超出黨派以外，依據法律獨立行使職權」。權力包括調查、糾正、彈劾、糾舉，或者簡要地說，監察委員對中央及地方政府的施政或設施經由調查行使糾正權，對違法失職的公務員經由調查行使彈劾權和糾舉權。其實監察委員工作負荷不輕，另有兩個工作也必須花掉一些時間，其一是每年必須做中央政府和地方政府的巡察；其二是依監試法，監察委員必須擔任國家各類考試的監試委員。

我意願擔任監察委員，自然有一番想法。我給自己開了一張清單，要求自己在六年任期中必須逐一立案，把我認爲阻礙國家進步的諸多現象一件件查清楚，以促成改革。

我立案調查的第一個案件是食品衛生管理。長時間以來，我對報章上不斷出現問題食品，相當不以爲然。我的假定是，政府對食品衛生管理投入的人力和經費不足，而且罪與罰之間有問題。

我邀請來自民間消基會的程仁宏委員和來自行政院消保會的楊美鈴委員共同調查。結果發現我的假定是正確的；衛生署當時一年只花不到一億新台幣的經費在作食品衛生管理，這是先進國家的幾十分之一乃至幾百分之一；至於人力，同樣嚴重不足。此外，對爲非作歹的商人，大多不起訴，起訴的大多判無罪，判有罪的大多可易科罰金。最後我們提出糾正案，司法部分則請司法院參酌。其後政府成立食品藥物管理署，可是經費和人力仍未能大幅增加，至於對奸商的重罰，過了很久立法院才完成修法。政府對飲食安全的輕鬆態度，我至今不解。

楊美鈴和程仁宏二位委員其後持續對食品衛生個案進行調查，我很敬佩他們二位的專注。曾有一位衛生署長對諸多糾正不以爲然，其實不同公職各有所司，我相信換成那位署長自己來當監察委員，面對不斷出事的食品衛生施政，恐怕還是會咬牙切齒吧！

我立案調查的第二個案件是政府對藥物的管理。據我所知，長時間以來，僞藥、劣藥、禁藥充斥市面，我認爲政府假如不能善盡把關職責，無異拿人民的健康和生命開玩笑。

我邀請有醫療背景的尹祚芊委員和錢林慧君委員共同調查。結果發現政府在藥物管理上，經費和人力與食品管理同樣嚴重不足。更糟糕的是監管流程拖泥帶水曠時費日，一件僞劣藥案件從發現到裁罰拖個半年司空見慣。更可笑的是，不法商人最後大多罰錢了事，那些罰款通常只是他們不當得利的幾百分之一甚或幾萬分之一。

我堅信，根絕僞劣藥的最有效辦法是：讓不法商人認定製造販賣僞劣藥所受到的懲罰讓他們「不划算」，因此我們最後提出的糾正案，除了要求增加經費人力、改善管理流程外，還包括要求檢討法制。

如前所述，「食品藥物管理署」成立後，經費和人力並未大幅增加。先進國家容許的僞劣藥市占率是百分之一，我們的情形距離甚遠；行政部門敷衍監察權不難，但需知「衙門好修行」，任令不法商人肆無忌憚地不斷傷害國民健康，上天不容！

我立案調查的第三個案子是攤販管理。

「取締攤販」是政府管理攤販政策的基調，我不以爲然。

我對政府以取締作爲攤販管理的基調不以爲然是因爲我來自民間，我認爲攤販如果不符衛生條件應該輔導；如果攤販流竄妨礙交通應該有效管理；但攤販是小市民謀生管道，攤販是庶民文化，應該讓它合理存在，甚至可因勢利導，成為觀光事業之一環。

我邀請出身警界的余騰芳委員和來自行政院消保會的楊美鈴委員共同調查。

攤販種類有三：一是在傳統市場有固定攤位的攤商，二是定期半自動在某一固定地點集市的攤商，第三種是使用一輛機動車或手推車，乃至於肩挑兩籃，自行在街上流動的攤販。依據政府統計，民國九十七年八月底，攤商和攤販加起來，其從業員工人數多達四十七萬三千人。民國九十一年，經濟不景氣，就業不易，一年之間就有八萬攤販出現；從另一個角度看，這些人是以經營攤販自己解決了就業問題。

監察委員查案，在必要時可辦諮詢會議，請各該問題的學者專家前來指教。我很高興地發現，這些研究攤販的專家學者對管理攤販的見解，與我大抵相同。

三人小組最後作成四點結論與建議：

一、中央主管機關允宜迅即訂定專法，明訂輔導管理通則，以為各縣市訂立自治條例之南針與地方攤販管理之準據，且在立法完成後，即應嚴格執行，以貫徹輔導管理攤販之立法意旨。

二、對既成攤商集中市場，應積極輔導，使其符合衛生環保標準；同時強化攤販自治會之功能，並與政府共同協力，取代政府行政機關之部分功能，以便借力使力，作爲攤販管理之民間單位。

三、有鑑於攤商乃國民就業和國民消費生活的一部分，經濟部及各直轄市、縣、市政府應放棄以取締爲導向之政策，並在不妨害交通、市容之條件下，積極輔導流動攤商的生存發展。

四、在政府大力輔導與投入設置攤販集中市場同時，基於國民平等原則，攤販之課稅基礎，應採行目前設籍課稅及核定課稅之方式，交互運用，且財政部財稅機關應基於同業利潤標準，予以審慎觀察及核定稅額，以維社會賦稅公平正義之原則。

經濟部對本項調查和建議的態度，令人欣慰，他們派了中部辦公室沈世津主任（此君後來榮升工業局長、經濟部次長）每隔一段時間來告訴我執行進度。各縣市政府先後制訂了攤商管理自治條例。令我更感欣慰的是，近年來政府大力推動觀光事業，各大城市攤商集中的「夜市」成爲外來遊客的最愛之一。其實，人世間的道理並不複雜，台灣就是台灣，台灣自有她的美麗容顏。

我立案調查的第四個案子是政府徵收民地的合理補償問題。

理論上，國土爲國家所有，即使實施私有財產制，一旦政府需要，民地仍可依法徵收。徵收民地如何計價？各國制度不一。我們按公告地價加四成徵收的計價方法，造成很大民怨。

淺見以爲，就國家治理而言，民怨太多表示治理失敗。就徵收民地計價而言，如果甲、乙二戶相鄰土地，一戶因被徵收便見荷包失血，一戶因未被徵收又蒙鄰地公共建設之利而荷包飽滿，便是明顯的不公。如果取飽滿荷包的一部分錢來彌補失血荷包之不足，在施政上並無困難。

我邀土地專家劉玉山委員和來自消基會的程仁宏委員一起立案調查。

其實，人民對政府徵收土地計價方法不滿久矣，因此司法院大法官有第四〇〇號、第四二五號、第五一六號三次解釋，三次皆明言：國家因公用或其他公益目的之必要，得依法徵收人民之財產，對被徵收財產之權利人而言，係爲公共利益所受之特別犧牲，國家應給予合理之補償，且補償與損失必須相當。

然則何謂「合理之補償」？「補償與損失必須相當」又該如何認定？「土地徵收條例」第三十條有「依公告現值補償」及「必要時給加成補償」之明文。大法官釋字第四〇〇號、第四二五號、第五一六號的「合理之補償」有人解讀爲「非完全補償」，這中間就呈現出模糊的形容詞和精確的數目字之間的歧異，留下很多爭論空間。

東鄰日本，在徵收民地時採市價加成計價，因此人民不但不抵抗徵收，反而是歡迎徵收，可見萬事一念間。其後我很高興地看到立法院已決議自一〇四年起，徵收民地一律依市價徵收。

台灣與中國大陸，一水之隔，論人口與土地面積，大小懸殊。中共改革開放三十年，國力大增，而且從來不隱藏併吞台灣以「完成祖國統一大業」的強烈意圖。

長時間以來，我主張「兩岸分立」，以確保台灣人民千辛萬苦掙來的政治民主和經濟發達。但爲了兩岸人民的福祉，我贊同和平發展；甚至於公開主張，爲了後代萬世和平，「兩岸分立」之餘，建立某種形式的聯結，讓北京覺得有面子、可接受，是可行方略。

和平有有尊嚴的和平和無尊嚴的和平兩種。本人深信，不論爲了力保自立自主或追求有尊嚴的和平，都必須保有一定的防衛武力。

因此之故，我對兩岸關係正常發展和台灣的國防戰略，著力殊深，不過這些調查報告都依規定列爲機密。依國家檔案法，將來解密之時，這些調查報告才可見天日。我現在只能說，作爲一個台灣人、作爲一名監察委員，我已盡力。

寫到這裡，我想轉個方向，談監察委員的輪派調查案件。

監察院每天由一位委員輪值在院接受人民陳情。監察委員前往各縣市巡查時，也必須安排時段，接受當地人民陳情。有些人把陳情書狀直接郵寄到院。以上三種陳情書狀加起來，每年都有兩三萬件。這當中大部分由院方函請各相關機關調查答覆，小部分輪派委員調查。監察委員只有二十九名，院長和副院長原則上不查案，因此每位委員手上大概同一時段都會有一、二十個調查中案件。

淺見以爲，一個國家難免每天都有「狀況」，這些「狀況」依照政府權力劃分，逐一調整、補救、改正，便算國政正常運轉；監察委員職司風憲，如能爲其所當爲，便算善盡職責。

話雖如此，仍有許多調查案件令我萬分痛心。

比如說，我們都認爲「錯誤的決策比貪汙更可怕」，偏偏，各級政府常見錯誤決策，以至於幾億、幾十億、幾百億的民脂民膏，化爲烏有。

隨便舉幾個例子：

某年某人竟然做了「一鄉鎮一停車場」的決策。台灣雖然不大，但城鄉自有差距，有些大鎮作十個停車場都不夠用，比如中和、永和；有的小鄉比如我的家鄉台南縣將軍鄉，半個停車場也不需要。政府大員在冷氣辦公室內做糊塗決策，還言明各鄉鎮要儘量使用公地，所以有些鄉鎮把停車場建在公墓邊，請問：這是要停車還是停鬼？

某年某人做了「一縣市一垃圾焚化爐」的決策，我在民國一〇一年三月上旬赴台東縣巡察，發現台東縣的焚化爐用ＢＯＯ方式興建，民國九十三年竣工後，因垃圾量不足，迄未使用。官民糾纏經年，到了民國九十八年，台東縣政府賠商人二十億了事。台東縣政府財政向來困窘，當然是環保署撥款；環保署自己哪有錢，還不就是人民繳納的稅金？台東縣的焚化爐荒廢是否絕無僅有？不是，雲林縣如出一轍，政府賠了二十九億。

再舉一例：

台灣是個海島國家，如果四周海面上風帆點點或遊艇如織，必是一幅國泰民安景象。可是偏偏整個西海岸是沒有景觀的黃沙海岸，而且東北季風強勁。東海岸頗見秀麗，但每年會有好幾個颱風從東台灣登陸。再加上父兄「水火無情」的耳提面命，國人同胞習性上並不親海，原有四個遊艇港，遊艇空空如也。可是民國九十八年，政府說還要再建八處，我與劉玉山委員、洪德旋委員被指派共同調查，用數字告訴政府不要再建，政府卻說，展望將來還是有此需要，而且說只是在漁港增建遊艇碼頭，令人頗生無力之感！

我相信「與人爲善」這個訓詁，但還是禁不住要在這裡記明：官方說我國目前有四千多艘遊艇，事實是其中四千艘在澎湖，是島嶼與島嶼之間的個人交通工具，是那種在塑膠小舟後面加個推動馬達的小東西，是因爲不能歸類爲漁船，所以便歸類爲遊艇的玩意兒。

淚濕青衫

我從前讀古書，讀到「江州司馬，淚濕青衫」不禁掩卷嘆息。我當監察委員，不是當江州司馬，卻也常常不禁淚濕青衫。

我們常感嘆奸商，感嘆刁民，感嘆僚官；當監察委員常會碰到奸商、刁民和僚官。

民國九十九年我赴桃園縣巡察，一群人來陳情，說政府整治南崁溪，他們的房子都被拆了，有一家工廠也應該被拆的一個小角落卻屹立不動。

我和共同巡察桃園縣的李復甸委員共同立案調查，發現政府給予這家工廠五千多萬元的土地和廠房補償金早就領走了，可是二十年間這家工廠不斷找民代關說，不斷訴願，不斷打官司，直到訴願駁回、官司敗訴，廠房還是在那裡。更令人痛心的是，這家工廠占地廣大，要把那部分幾百坪設施挪移一下易如反掌，卻抵死不從，還誣指某鄉長向他募不到競選獻金，挾怨報復。

桃園縣政府在我們糾正後，終於把它拆了，陳情民眾在河邊拉紅布條感謝某某監委伸張公義。那家工廠的主人卻逢人便說被某某監委欺侮了。

六年柏台生涯最令我難過的，其實還不是僚官、刁民或奸商，而是不憑良心的一干偉大政治家們！

民主政治就是選舉政治，選舉是一種高難度的工程；因為參與選舉的人必須短時間內密集人力、密集物力、密集腦力，以圖魚躍龍門；所以能夠通過試煉的人，基本上都是人群中的佼佼者。

本來，民主制度的設計是要讓這些菁英變成國家的治理者或立法者，可是如果菁英們突生惡智慧，便常見為了選票，惡用權力，弄出一大堆狗皮倒灶的事情。

民國一〇一年三月，我與幾位委員巡察位於屏東內埔鄉的「六堆客家文化園區」。這個園區占地三十公頃，是民國九十三年作成建設的決策後，從台糖公司撥用土地。民國一百年才開園。同樣規模的園區還有一個，在苗栗銅鑼，還在建設中。此外全國各縣市還有十五個客家文化中心之類的建設。

如所周知，台灣有五大族群，即福佬、客家、外省人、原住民及外來配偶。我完全認同講究族群和諧，也完全認同對少數族群文化語文的保存應格外用心。

然則客家是少數族群嗎？曾任行政院客委會的某主委告訴我，狹義客家有二百餘萬人，廣義客家達八百萬人；客家在台灣怎麼會是少數族群？

假如不是選票考量而是族群和諧考量，那麼在行政院設立「族群事務部」才是正辦。

「六堆客家文化園區」有一展示——忠義公，說是當朱一貴起事反清，客家人先圖鄉勇自保，後來協助清兵打敗朱一貴，所以清廷褒揚忠勇。這就明顯記述了閩客之間的政治衝突，於族群和諧何補？十七處客家中心，應該會有助於爭取大選的客家票，但這樣子花用公帑，大家心照不宣，應該意在圖利自己的選情吧！

再舉一例，民國九十二年，政府決定要建「故宮南院」，最後選址嘉義縣一塊台糖所有的七十公頃甘蔗田。從民國九十二年到民國一〇二年，這個「故宮南院」只挖了兩個大池塘，還被國外設計公司索賠了四億元。

台灣就是這個幅員，故宮就是在外雙溪，我不曾聽說羅浮宮有分院，要看羅浮宮的人就搭飛機去巴黎，要看故宮的人就去外雙溪，花個七十億在嘉義作分院，這是所為何來？

政府決定要做「故宮南院」時，我忝為故宮指導委員會委員，曾在會上明白質疑。過幾年當行政院政務委員，曾絞盡腦汁，提出原址花七億元興建「嘉義大花園」的替代案，未獲採納。

「故宮南院」連故宮內部都有人不以為然，所以後來要做成「亞洲藝術館」。不管是「故宮南院」也好，不管是「亞洲藝術館」也好，如果一定要建，七十億追加多少，只有天曉得；將來會有多少人去參觀，只有天曉得；不過在嘉義選票的爭奪上可以大有斬獲，卻是已經實證的事！民國一〇三年五月，我看到報紙上登了一張「故宮南院」主館上樑的照片，我現在只能祈禱這個「故宮南院」不要成爲超大蚊子館。

姚瑞中先生曾於民國九十九年領導一個叫做ＬＳＤ（Lost Society Document，失落社會檔案室）的組織，對全國一百處「蚊子館」進行實況調查，前後出版了四巨冊《海市蜃樓——台灣閒置公共設施抽樣踏查》。其中所稱蚊子館包括交通建設、工商園區、文教設施、體育場館、社福設施暨活動中心、產業展售場暨直銷中心、辦公廳舍、市場、工程設施、觀光遊憩設施，還有，軍事設施。

一張張實地拍攝的蚊子建設照片，令人怵目驚心。「海市蜃樓」也可解釋爲奇景，蚊子建設卻是不堪聞問的不良政治怪胎。

何以會造成這一大堆不良政治怪胎？

說破了，不值三文錢。

參加選舉的人需要獻金和政績，地方首長和民意代表聯手，以三寸不爛之舌向有錢單位軟硬兼施，常能得心應手。一旦爭取到某一建設，承作廠商會自動將百分之十到百分之十五的回扣送上門去，政客還可以向選民自誇多麼有夠力！

其實，長年以來因爲收取回扣而吃官司進監獄的政客，爲數不少，可是利慾薰心之餘，逐利者還是前仆後繼。

我成長於威權專制時代，當年對民主政治懷抱無限憧憬，現在我對台灣的選票政治心生很多疑惑。有人用宗教語言告訴我：政客多做不義必自斃，也有人用哲學思考告訴我：民主政治並不能完全免除遺憾；可是，對於辛苦繳稅的基層勞苦大衆必須讓某些面善心惡的政客騎在頭上這件事體，我始終無法釋懷。

監察法第九十七條：「監察院經各該委員會之審查及決議，得提出糾正案，移送行政院及其有關部會，促其注意改善。」

相關單位被糾正後如果逾兩個月仍未改善？監察法第二十五條：「監察院得質問之。」如果「質問」仍然無效？依據憲法第九十七條可以提出糾舉案或彈劾案。

可是行政機構不知從什麼時候開始，對各類糾正案，大多輕鬆以對。他們不會不回應，但態度之輕佻，躍然紙面。反而認眞看待，成爲例外。

制止新聞置入性行銷

陳水扁執政後期，爲了鼓吹入聯公投，曾由新聞局帶頭向各部會爭得一些經費進行置入性行銷式的媒體文宣。當時監察院曾推派委員調查，並提出糾正案。

二〇〇八年總統改選時，傳播學界認爲「新聞置入性行銷」之風不可長，所以曾發動要求總統候選人承諾當選後不做「新聞置入性行銷」，馬英九當時作出承諾。

「置入性行銷」是外來語，這種宣傳手法由來已久。譬如說，我們看好萊塢電影，一對俊男美女開著一輛紅色敞篷車，在海岸公路飛馳，鏡頭拉近，拍到法拉利字樣，那便是「置入性行銷」。通常，那輛法拉利跑車是廠商免費提供的，電影公司還會與法拉利車廠談商收取幾百萬或幾千萬的廣告費；社會上認爲這是商業行爲，是無所謂的事。

「新聞置入性行銷」之所以不被允許，是因爲政府拿人民的錢作對政府片面有利的宣傳，又因爲一般分不清楚什麼是新聞，什麼是廣告，所以是魚目混珠，是欺騙，又罪加一等。

不曉得是不是因爲政府各部門食髓知味，馬英九就任後，報章版面上，充斥「新聞置入性行銷」。同一時間，因爲高唱兩岸和平發展，中國大陸各省市在台灣媒體上也大作「新聞置入性行銷」，各大報版面上全版或兩全版的圖文並茂文宣廣告隨時可見。

我決定立案調查。調查中，有位在媒體工作的朋友主動跑來，給我他們掌握的資料。其中包括某報在北京設立的辦事處與中國大陸某市所簽置入性合約以及寫明版面每一個字、每一個標點的合約附件。

因爲證據確鑿，因爲國際評比新聞自由的機構「自由之家」（The Freedom House）已連續兩年降低台灣新聞自由評等，因爲此風不可長，我決定提出糾正案。糾正案必須經委員會討論，有一兩位委員對我頂撞總統不認同，最後我不得已同意只糾正行政院大陸工作委員會，其餘單位則要求其改善。

令人欣慰的是馬英九總統正面反應。我公布調查報告只幾天，馬總統公開談話表示「新聞置入性行銷」必須立即遏止。吳敦義院長接著在行政院院會指示新聞局研擬辦法改善。新聞局立即訂出「政府各機關辦理宣傳應行注意事項」。立法院兩黨立委接受我的建議，參考美國聯邦撥款法，修改預算法，各提出不同文字意見，並且很快地達成修改預算法第六十二條之一「基於行政中立、維護新聞自由及人民權益，政府各機關暨公營事業、政府捐助基金百分之五十以上成立之財團法人及政府轉投資資本百分之五十以上事業，編列預算辦理政策宣導，應明確標示其為廣告且揭示辦理或贊助機關、單位名稱，並不得以置入性行銷方式進行。」

至於陸委會也很快覆函將修改「大陸地區來台刊登廣告審查辦法」，頗見改革誠意。

糾正復徵證所稅

民國一〇一年，政府決意要復徵證券交易所得稅。所謂「復徵」就是以前徵過，後來取消，現在要恢復徵收。主責者是財政部長劉憶如，以前要徵收證券交易所得稅的是財政部長郭婉容，郭劉二人母女，似乎是歷史微妙的巧合。

證券交易所得稅簡稱證所稅。我們一直在徵收證券交易稅，簡稱證交稅。

每一筆證券交易，不論賺賠，都已被扣繳了千分之三的證交稅，如果再徵證所稅，多數人認爲一隻牛剝兩次皮，所以大多反對。偏偏股市又極爲敏感，於是引起很大騷動。

當此之時，立法院好幾位委員提出修正案，證券界一片反彈之聲，劉憶如亟力爲政策辯護，馬英九總統也說要帶個鋼盔往前衝，股市交易量急速不斷萎縮，與郭婉容當年要徵證所稅造成一連十九天無量下跌情況，如出一轍。

我有兩個認知：一、經濟是台灣生存發展的命脈，股市動態與經濟發展其實一體，不可等閒視之；二、如果政府高官錯誤決策，那就是憲法第九十七條所講的失職，監察委員理當過問。

我請熟悉經濟政務的劉玉山委員共同立案調查。我們發現證所稅爭議期間，股市市值已蒸發了二・三八兆，證交稅因交易量萎縮，已比往年同期短徵了五百六十億。

作爲監委，最困難的是調查工作告一段落後應做出怎麼樣的論斷才算公允。

我與劉玉山委員再三推敲，我們最後論斷：

——「有所得就可課稅」，這是租稅正義原則，不可否定。

——證券交易已課證交稅，再課證所稅，應可商榷。

——我國曾經有課徵證所稅的慘敗經驗，卻仍恣意復徵，未計後果，且不良後果又已產生，應視爲決策粗魯，等同失職。

——劉憶如雖身為財政部長，但顯非復徵證所稅之發動者，且已下台，不應成為代罪羔羊，且沒有證據顯示行政院長不是奉命行事。

——復徵證所稅的發動者顯然是馬總統，但依現行憲法，對總統的彈劾權不在監察院。我們最後對行政院和財政部提出糾正案，並且告訴新聞界「決策錯誤比貪汙更可怕」。

幾番折騰，復徵證所稅一事可說回到原點，股市又逐步回到常軌。復徵證所稅成了政府決策的負面教材，輿論界和證券界對本項調查迭有好評。

彈劾檢察總長

一〇二年九月，馬總統根據檢察總長黃世銘的報告，出面公開指責立法院長王金平涉及司法關說，不再適任國會議長，社會震驚，其後馬王互有攻防，一連串發展被稱為「九月政爭」。

有一天，洪德旋委員找我一起立案調查此案所涉監聽、洩密、關說各情。我建議洪委員，他最好是從院內七位法界出身的委員中找人共同調查；我一因法學素養有限，二因不欲捲入政爭，所以礙難答允。

洪委員後來自己立案，但要求院方輪派一人共同調查。依輪序，第一、二、三順位都婉拒。我是第四順位。不得已，我與洪委員取得「快馬加鞭」、「絕對公正」兩個共識後，同意共同調查。

大規模約詢中，與黃世銘兩次會面。我對他有問必答、不卑不亢，印象很好。我還從多方面瞭解，黃不貪汙，更堪肯定。可是「通訊保障監察法」規定甚爲明確，就監聽實務和守密明文觀之，他違法了。

長時間以來，我認爲台灣各方面一直往進步的大方向發展，可是司法公正廉明一項，迄未能在人民心目中建立形象。所謂司法改革，朝野高唱入雲，然則如何下手？淺見以爲如果貴爲檢察總長因爲違法也被彈劾，必對一千多名檢察官產生高度警戒效果，這是可能有效的改革。

也就是說，彈劾黃世銘，洪德旋委員和我是忍痛提案。彈劾案兩度投票，皆反對贊成呈現平手，這是彈劾權的制度設計，我們只能尊重。倒是我想在這裏引述彈劾案文中的一段話，也許可以讓黃世銘總長稍感寬慰。

這段話是這樣寫的：

「雖則黃世銘『任官廉潔』、『朝乾夕惕』、『躬身劬勞』，殊可肯認。惟法者，天下之平也，一傾而天下用法皆爲輕重，安所措其手足乎。本院職司風憲，縱萬般艱難，亦不得僅就操守良窳，棄法於不顧，法之所在，即爲職責之所在，是以，就被付彈劾人違法失職之事實與證據，臚列如前，依法提案彈劾，用肅綱紀。」

監察院的彈劾案兩次審查未成立後不久，台北地方法院判決黃世銘有罪，處刑一年二個月。稍後黃世銘依其稍早「如果被彈劾或一審被判決有罪即下台」的承諾，請辭檢察總長一職。我要指出：台北地方法院的判決理由與監察院的彈劾理由如出一轍。

社會上有人質疑監察院何以對王金平院長和柯建銘委員涉案部分未置一詞？我也要在此記明：一、我們在調查報告中曾闡明王、柯二人既提及個案，難謂沒有關說之意涵；二、依現行憲法，監察權不及於民意代表。

至於一〇三年五月份總統府公布第五屆監察委員提名名單時，以及一〇三年七月份被提名人接受立法院審查時，彈劾黃世銘案又成爲焦點，雖然意外，想來也是理所必然。

催促政府還地於民

長時間以來，我有一個看法，就是說多數國民應該都是愛國的，只有少數人也許由於個人境遇，對國家心生怨懟；如果對國家不滿的人超過一個比率，那麼這個國家必定舉步維艱。

很糟糕的是，我發現在台灣，對國家有所不滿的人，爲數過多。比如說，人民土地被依都市計畫法劃爲公共設施保留地後，政府卻逾三、四十年迄不徵收，人民怨氣沖天。

我在一〇一年請曾任經建會副主委的劉玉山委員和曾在台大教三民主義的李炳南委員

共同立案調查。案由是「全國各市縣都市計畫劃定之公共設施保留地，經劃定後歷數十年迄未徵收使用之個案甚多，致積累民怨已深，事涉憲法保障之人民生存權與財產權，究實情如何？認有深入瞭解之必要。」

所謂「個案甚多」，多到什麼程度？據內政部統計，截至民國一〇〇年，都市計畫公共設施保留地迄未徵收面積達兩萬五千七百十四公頃。預估徵收費用達七兆元。

七兆是天文數字，政府兩手一攤說「沒辦法」是很自然的反應。

我青壯年時期的老闆吳尊賢先生有句名言，他說「通常講『沒辦法』，其實是『還沒有想出辦法』」。

我們諮詢好幾位土地專家與都市計畫學者，他們說了很多「辦法」。事實上都市計畫法明文，都市計畫要每五年檢討一次。大法官會議也多次對政府徵收義務做出明確解釋。

然後，我們約詢內政部長李鴻源，告訴他：台灣人口不斷減少中，如果三、四十年未徵收，是否意味以前並無徵收的迫切需要，以後更無徵收必要，那麼就解編，不花一毛錢不就把民怨化解了。

李部長答覆得爽快，他說他家也是受害者，他願立即朝解編的方向規畫。

第二次約詢時，李部長拿了一份規畫書，預訂分期於民國一〇六年前完成解編工作，並且已算出協助各縣市把四百多個都市計畫全面檢討要編一億九千萬元的作業預算。

立法院有幾位委員也關心這個問題，所以李部長把他對我們的承諾在立法院又公開說了一回；李部長的說詞，報紙登的很大。

政治上常常「人去政息」，信誓旦旦的李部長不久就因故黯然下台，解編之事尚未正式成爲政府政策。很希望立委和下屆監委之中有人願意再去追蹤這件事。我只能說，劉、李二位委員與我，已經盡力。

民國一〇一年，我與尹祚芊委員負責巡察台南市，當年十二月某日進行第二次巡察時，當地近百名漁民前來陳情，慷慨激昂地說，他們從祖先開始賴以謀生的海埔新生地，政府對新生地所有權的歸屬，政策反覆，相關主管單位推諉塞責。我與尹委員當場允諾立案。返院後，我們再邀出身台南的劉玉山委員和錢林慧君委員並肩。

我是台南人，深知雲嘉南濱海地區土地浮現的歷史。這些濱海地區浮現土地是逐步形成的，因此土地的逐步開發和逐步利用，當地農夫和漁民有其貢獻。

經營養殖漁業的漁民認爲假如使用權和所有權能夠合併，才符合公平正義。這種認知對或不對？我注意到美國開發大西部的時候，有一些州只要有人願意冒險前去，都還免費劃給一定面積的荒地。所謂「有土斯有財」，我認爲台南漁民的願望合情合理！

調查案子的第一個工作是從政府調卷。很快地，我們發現台灣省政府早在民國四十四年就公告開發區圖並訂頒「台灣省海埔新生地開發辦法」作爲人民取得所有權之依循。可是，民國四十八年，這個「辦法」無預警地廢止了。

應該是漁民鍥而不捨吧，民國八十九年，省政府又頒訂了「台灣省雲嘉南三縣市海埔新生地所有權取得作業要點」。

我們接受陳情是一〇一年，也就是說雖然有了新的「作業要點」，但十二年間，因循敷衍，徒積民怨。

台南市長賴清德告訴我，他關切漁民權益，但認爲此事必須由立委制定特別法才能有效處理，並說他已責成府內專家幫立委草擬特別法草案。

我聽了很高興，因此特別設宴請求台南市和嘉義縣共七名立法委員共同協助漁民，他們都當場欣表同意。

我們在一〇二年四月提案糾正內政部，責成內政部積極處理，以化解民怨。

我在民國一〇三年七月底卸任，在此之前，內政部針對糾正案做了多次答覆。簡單地說，內政部和立法院一直沒有什麼進展；除了感嘆之外，還能說些什麼？「把人民的東西還給人民」是天經地義，卻爲什麼我們的政府認爲那麼困難？

監察委員糾正違法失職，可是有些現象既不違法，也非失職，只是明顯不合時宜，我認爲監察委員應該也可以講話；講了有沒有功效是一回事，該不該講是另一回事。

我從蔣中正總統時代開始當國民大會代表，其後四十年間，由於各種不同職位，都會收到參加總統府動員月會的通知。

這個月會，四十年間形式一成不便，就是三、四百名文武公務人員各乘一車於指定時間前到達總統府，進入大禮堂就座。時間一到，幾乎分毫不差的，崇戎樂響起，總統在祕書長和參軍長的尾隨下步入禮堂，然後奏樂、三鞠躬、然後總統致詞或某人專題報告。大約三十分鐘後，奏樂，禮成，總統在祕書長和參軍長尾隨下離去，然後司儀高唱散會，三、四百名文武人員各自再分乘一車離開總統府。

我聽說這是蔣介石在中國大陸時創立的大中國領袖赫赫威儀。我認爲現在民主台灣不需要這種赫赫威儀，同時人民的汽油應該節用，大家的時間應該節省，所以便在報上發表專文建議改革。

很快地，我接到一張問卷，問目前的月會形式應該改進還是恰到好處？我猜一定是認爲「恰到好處」的意見占絕大多數，這個事情後來當然不了了之。不過，我認爲馬總統願意發出那張問卷，也可算是一種進步。

除了建議檢討總統府月會形式外，我也曾撰文建議政府進行大革新，以革除積弊。行政大革新一如家戶的年度大掃除，是一種必要，我還列舉了很多應該革除的弊端，可惜，政府並不採納。

再舉第三例。我對我國財政惡化極為憂心，而且財政捉襟見肘已影響國家基礎建設的投入。民國一〇一年，我寫了一封信給馬總統，建議在行政院設立由副院長領軍的財政健全任務編組，以三年為期做到收支平衡並有效減少國家負債；其要領為將諸多廢棄的、未善用的公有土地，包括老舊日式官舍、廢棄的軍營、公有學校臨街空地、台糖鄰近都會的農地等，都應有效利用。

馬總統遣人來告訴我，他對此項建言極為重視，且已交代行政院長研究落實，但很久沒有下文。大約三個月後，行政院長給我寫了一封信，大意是說財政部早有財政健全小組，我看了心裡難過。該小組是九十七年成立，說要用五年時間做到收支平衡，可是我在巡察財政部時知道，這個層級偏低的小組成立後的第一、二、三年原來說要每年減少兩千億短絀，卻每年反而擴大兩千億缺口，是無效的小組。於我而言，此事我已盡言責，當然不再過問。

一〇三年七月十七日，我在報上看到行政院由副院長毛治國領軍的「財政健全專案小組」研究軍公教月退要由半年一發放改為按月發放。這個專案小組何時成立？成立後已做何事？他們當然可以不必告訴我，不過按照政治良善運作原理，我們政府這些偉大政治家的處事態度，實在令人不解。

陽光法案立法粗糙

我國有所謂「陽光四法」，即「利益衝突迴避法」、「政治獻金法」、「公職人員財產申報法」及「遊說法」。其中前三法由監察院負責監察。監察院內因此設了「廉政委員會」，負責違法案件的審查。廉政委員會委員由委員互選，我多次參加該會。

我當然知道陽光法案是進步的象徵，可是由於立法粗糙，我在審查相關違法案件時，常常備感痛苦。

且舉一例：

依「利益衝突迴避法」，行政首長不可任用親人。某鄉，弟弟當選鄉長之前，他的哥哥早在鄉公所任垃圾車司機多年，考績連年甲等。弟弟當選鄉長後不能再批哥哥的雇用令，否則罰款一百萬，所以哥哥必須黯然離開。殊不知兄弟早已各立門戶，您叫哥哥去哪裡吃飯？

在院內每次開會審到類似案件時，我都說如果這樣立法，那麼蔣中正任命蔣經國爲行政院長，是不是要罰一百億？

再舉第二例：

依照「政治獻金法」，連選個鄉民代表都要依法申請帳戶、申報獻金。有個在鄉公所當工友的青年參選鄉民代表，沒有人給他獻金，也沒有當選，他甚至於窮到居無定所，收不到監察院催促申報的公函，結果他也違法了。試問：您要鄉民代表候選人申報獻金幹什麼用？

再舉第三例：

全國有七、八萬人現在必須依「公務人員財產申報法」每年申報財產。監察院因此設了「財產申報處」，三、四十名公務員哪能處理那麼龐大的申報業務，所以便就申報歸申報、抽查歸抽查；被抽查到漏報、虛報會被處罰。有些違法案子一看就知道無心之過，卻必須罰錢。其實，假如要整飭官箴，應申報財產的人限於地方鄉鎮縣市正副首長和中央部會局署正副首長以及正副總統，也就夠了；爲政之道，提綱挈領，抓大放小，何必勞師動眾、勞官傷財到此地步！

我在開會時多次表達這種看法，同僚幾乎都表認同，可是立委不修法，事情能夠怎麼辦？

萬般嚴謹處理彈劾案

監察委員最大的權力就是「糾彈百官」，其中彈字講的就是彈劾權。

依監察法，監察委員經調查認定某位公務人員有違法失職事實後，可由兩位委員以上提案，交由十三位委員組成的彈劾案審查會審查。審查會至少必須有九人出席。同一案件第一次未過半，提案人可再提一次。

監察院通過彈劾案後，依法送交司法院公務員懲戒委員會審查，這是權力制衡的設計。公務員懲戒委員會可以作成撤職、停職、降職、罰鍰、記過、申誡的不同決定，如果被彈劾人是政務官，則只就撤職、申誡二者擇一。

長年間，公務員懲戒委員會對彈劾案的決定，監察院常有微詞，認為公務員懲戒委員會總是把監察院高高舉起的事輕輕放下；這是另一個課題，此處不多說。

我要說的是，我認為一個公務員只要被彈劾，便見汙點，因此我必須以最嚴謹的態度處理經手的彈劾案件。

六年任期中，我主動提案彈劾和被動配合其他委員提案彈劾，案件不少。

至於我參加審查的彈劾案更不可計數。

我的作爲是，審查會三天前收到彈劾案資料後，我一定花時間把彈劾案文、調查報告，以及厚重的相關附件詳細看完，然後作成贊成或反對的決定。如果反對的話，我會把反對的理由條列，以作開會時發言之用。

我只想在這裡說：我投反對票的案子，大概得票數都不過半；可見多數委員論法衡情酌理，所見略同。

且舉一案例。

陳水扁執政時的總統府祕書長陳唐山被委員同仁提案彈劾，理由是陳水扁濫用國務機要費一事，陳唐山過無可諉。證據是報銷國務機要費的單據，陳唐山都有蓋章。

我第一個發言，先訴說民國八十二年陳唐山當選台南縣長隔天，我打電話問陳，參選有無負債？陳說相關廠商可能認為他不會當選，所以把帳都提前結收了，他欠債三百二十萬元。我因為認為當縣長的人負債不好，便與某長輩商量，某長輩認同我見，要我告訴陳唐山，說隔天會有人送去三百二十萬元，請他收了拿去還債，然後好好做縣長。

未料，隔天陳唐山卻拒收，我去電詢問何以故？陳說，我打電話後，另有一好友也問同樣問題，他做同樣的答覆，那個朋友早一步幫他解決了問題。陳說，既已無欠債，再收第二份協助款，便是貪婪，所以才未領受第二個好意。

說完這段話後，我列舉反對理由如下：

一、總統府祕書長是總統府首長，而非祕書。機關首長在某些卷證上用印是行事要件，用印人不會是祕書長。我個人擔任過好幾個單位首長，就從來沒有管過自己的印章。

二、總統國務機要費爲總統所專有專用，任何人當總統不會讓下屬管他的機要費怎麼用，任何人當祕書長也不會三八到去管總統的機要費應如何用。

最後我強調，有權彈劾的人在該使用彈劾權的時候去使用它，這沒什麼了不起；只有在不應該使用它的時候，能夠勇敢地不用，這才見難能可貴。

當天係陳案第二次審查。第一次五比五未過半，第二次二比八不成立。

我未向陳唐山提及此事。過了很久，陳唐山不知道從那裡瞭解內情，跑來道謝。我告訴我這個朋友，監察院有迴避條款，朋友不在必須迴避之列，所以才有出席反對之事，否則監委自律辦法明定即使同僚也不可關說，這是他的造化，我只是盡忠職守。

古人說「人在衙門好修行」，應該包括勸人切莫傷及無辜、切莫殘害忠良。因此我認爲彈劾案必須情理法三者綜合考量。

一〇三年某日，有一彈劾案，指東部某大學校長成立公司營商，違反公務員服務法。我仔細閱讀調查報告及附件，知道這位校長之所以成立該公司是因爲該校「教職員住宅籌建委員會」要向銀行貸款時，銀行以只借錢給公司爲條件，校方不得已把籌委會改爲公司，籌備委員改爲董事，貸到錢後再無其他營業。而爲教職員籌建住宅是因爲招募教授碰到困難的情況下，不得已提供福利，是認眞辦學，是應該發獎狀的事，怎會變成打屁股？

違反公務員服務法是因爲法律不完備，衡情論理，豈可彈劾？

我把淺見詳細說了，應該是部分同仁認同或者本來就見解相同吧，總之，這位校長六比七，彈劾不成立，可是另位幹部卻七比六彈劾成立；我至今納悶，不解何以會生此種歧異？

本人淺見，違法失職的公務員既被彈劾，且已移送司法院公務員懲戒委員會議處，事情便應告一段落。我假如在寫回憶錄的時候再指名道姓記述一番，便形同一罪二罰，因此讀友如有興趣，可自行去調閱相關監察院檔案，我不再細說。

事實上，我曾在院內主張，審慎處理彈劾案，應審慎到舉行彈劾案審查會時，可讓被彈劾人列席答辯。因爲牽連很多考量，未成共識，這裡就不再著墨了。

監察委員除了在院內行使監察權之外，還有兩項權責必須走出院外行使，其一是監試，其二是巡察。

先談監試。

依監試法，國家考試權由考試院行使，但監察工作由監察委員執行，目的是「以昭公信」。

考試院一年到頭舉辦各類國家考試。每一類考試由一位考試委員擔任典試委員長，由一位監察委員擔任監試委員。這位考試委員必須參與由典試委員長召開的每一次會議，做「監軍」狀。考試舉行之日，監試委員必須巡視考場。假如一項考試分成好幾個考區，監察院必須同時出動好幾個委員，分別前往責任考區監試。

立法院有一種聲音，認爲應該修改監試法，取消監察委員的監試權責；其他委員的看法如何，我不清楚，我個人樂觀其成。

次談巡察。

巡察分爲中央巡察與地方巡察。中央巡察由監察院七個常設委員會辦理。其要領是由各該委員會召集人針對各該委員會所涉中央部會及所屬機關分別安排巡查項目及巡察時程，帶隊前去聽取簡報和現場履勘。當此之時，各部會首長會率同一級主管接待。簡報或履勘後，要接受委員提問並做回答。

至於地方巡察，是每年一輪由各委員自行選擇巡察縣市，通常二人一組。委員必須一年三次由院內指派巡察祕書陪同前往責任區，除聽取簡報、現場履勘外，還必須排定時段，接受民衆陳情。

一般國民對監察委員的職權，不一定完全瞭解，可是監察委員應該接受國民陳情倒是大家都清楚的事。

人民向監察院陳情，並非都理直氣壯。國際監察使聯合組織對所謂「非理性陳情」做過深入研究。我看，「人之不同，各如其面」，假如陳情中有一些非理性陳情，乃事所必然。

不知道是不是由於受古裝劇影響，委員出巡有時會碰到民眾下跪陳情。嘉義縣阿里山奮起湖車站在民國九十三年發生火災，燒掉十三戶店家。民國九十七年，我負責巡察嘉義縣，上山時便碰到災民下跪陳情。我在瞭解重建事已歷四年不得解決之後，便與共同巡察的程仁宏委員立案調查。此案看似簡單，其實複雜，重建事牽涉到縣政府、觀光局、林務局、國有財產局四個單位，每一單位皆以「依法行政」爲由，造成推拖拉的後果，把相關官員一次全部請來院內，每人都信誓旦旦，回去後又推拖拉一番。其後每年負責巡察的委員上山，照樣碰到下跪陳情，迄本屆六年任滿，也就是說事情過了十年，問題依然不得解決，您說怎麼不會有民怨？

不過，如果說陳情無用，當然也非事實。本卷前頭提及民國九十九年，我與李復甸委員巡察桃園縣。當地民眾數人前來陳情，說縣政府治理南崁溪，把所有民房都拆了，唯獨一家食品公司占用部分河川地不拆，我與李復甸委員立案調查，還了人民一個公道，便是陳情成功的案例。

關於民衆陳情，最令人難過的是，有人貪汙必須坐牢，向我陳情，他們的麻煩，我大多束手無策。

這些麻煩事，清一色是訴訟敗訴。我詳閱判決書，法官認事用法並無違誤，我就算要依職權請求司法考量提起非常上訴，自己先就違背良知，因此除了讓它成爲友誼遺憾外，沒有更好選擇。

我的助理幫我保存了監察委員任上的全部工作紀錄。在寫這部回憶文字時，我檢視參與或主責辦理的一七四件調查案，發現成果多多：

——國中小學向學生收取的代收代辦費，因爲被糾正，所以取消了一部分，每年爲學生家長節省了數十億元。

——台電向民營電廠購電，所簽合約的購電價格部分明顯不符台電利益，經糾正、彈劾後，已做了部分改善。民營電廠違反公平交易法，也被行政院公平交易委員會裁罰鉅款。

——行政院經建會經管上百億價值的公地，卻未妥善使用，經糾正後已積極處理中。

——台南市政府經管占地數百公頃的鹽田生態文化村，卻效益不彰，經糾正後，已積極改善中。

——南台科大與台南科大校名爭議已久，教育部政策反覆，經要求教育部積極處理，我還未寫調查報告，他們就把問題解決了。

——國防部出版《建軍史話》漫畫書，把陳水扁當三軍統帥的八年故意遺漏，我認爲嚴重違反國軍中立，經糾正後國防部也改正了。

以上只是信手拈來，如擴大去檢視二十幾名同僚的整體成績，就可知道「廢監察院」其實是衆口鑠金；做官的人如果討厭監察院可以理解，做老百姓的如果也跟著起鬨，是很奇怪的事！

台灣黑暗面令人憂心

接著，我要在這裡記述，我擔任六年監察委員，對於台灣黑暗面的忡忡憂心。首先，我要提出我對於台灣現階段劣質民主的批判。

民主政治是我年輕時期的一大嚮往，可是我現在看到的台灣民主圖像，卻跟當年的憧憬很不一樣。

如果要簡要地說，那就是「選賢與能」這個理想，近乎空話。沒有足夠民主素養的選民，不選賢，而是選錢、選會作秀、選會說偏激話。這些當選的政客，去做民意代表的，有人不斷擴權、不斷自肥；去做地方首長的，有人極盡爭取經費之能事，他們不在乎做出多少閒置公共建設，只在乎自己能收多少工程回扣。有些更惡劣的，還會利用地方自治之名，大搞舉債，以至於債台高築。他任期滿了，拍拍屁股下台，一大堆債務留給後人背負。

幾乎每一位監察委員都調查過閒置公共工程，這些蚊子館、蚊子路、蚊子港，加總起來以數千億計，每一分錢都是人民的血汗錢。

我仔細推敲，這些浪費人民血汗錢做成的閒置工程，大多無法活化。更令人難過的是，民主政治的品質假如不能有效提升，我們今後還會有更多蚊子工程。

第二，我要指出，中華民國雖然已經建國百餘年，但是國家的典章制度還很不嚴整。隨意舉個例子：國家分官設職，各安其分、各有所司，庶幾乎條理井然。我們的部會首長被規定分配的公務車，汽缸三千以下，售價不可超過百萬。可是市縣政府只要和市縣議會聯手，便見買的是賓士、寶馬、凌志。鄉鎮代表會主席依規定不配公務車，「有辦法」的人照樣用公帑買高檔車子。如把鏡頭轉向官舍，情況之混亂只有過之而無不及。中央部會首長大都集中住在信義路一棟大樓裡，每戶五十坪的宿舍。部會次長可以在承德路巷內一棟大樓裏申請到二十九坪一戶的宿舍。可是縣市首長的官邸動輒三、五百坪，裡頭有做游泳池的也不見怪。報章喜歡把市縣首長稱為「諸侯」；試問這是什麼時代了，還諸個什麼侯？

其三，我要指出，既弱智又不承擔社會責任的部分台灣媒體，已成爲國家進步的阻礙、社會分裂的禍首。

作爲大衆傳播工具的媒體，不管是雜誌、報紙、廣播或電視甚或網路，是民主政治重要的一環。因此被拿來與行政、立法、司法併列，稱爲「第四權」；參與「第四權」的運作，事實上即是參與國家政治，是很嚴肅的事體。

歐美先進國家對媒體的運作，經由幾百年實驗之後，媒體之爲「社會公器」和「享用新聞自由必須同時承擔社會責任」已成爲民主國家之共識。

民國七十七年解嚴之後，台灣的媒體生態是百無禁忌和競爭激烈。

如果「百無禁忌」是指不畏權威，那是進步；如果「百無禁忌」是表示愛毀謗誰就毀謗誰、愛誣蔑誰就誣蔑誰、愛怎麼分裂社會就怎麼分裂社會，那是退步。

至於競爭激烈，如果因爲競爭帶來不斷向上提升，那是好事。如果激烈競爭帶來的是粗製濫造，競走偏鋒、捕風捉影，那就是壞事。

很不幸的，台灣的媒體生態便是以上負面的描述。

在傳播行爲上有一定論，就是一般大衆，喜歡看與自己論調相同的報章或節目，藉以得到一己政治正確的慰藉。入流的傳播工作者會以提供多元資訊為榮，不入流的傳播工作者反其道而行，他們肆無忌憚地以散布一偏之見為樂。

每當我看到一個事件發生，不同色彩的電視台在螢幕上做的立即電話 CALL IN 民調，偏藍色台呈現的是十比一，偏綠色台呈現的是一比十；當此之時，節目主持人洋洋得意，我卻為國家痛如刀割。

我希望大家瞭解，台灣社會分裂的情況繼續加劇之中；我更希望尚未心存善念的某些媒體工作者，有朝一日，惡夢乍醒，放下屠刀，立地成佛。

俯仰無愧

時光飛逝，很快地到了二〇一四，新一屆監委提名排上了政治日程。在此之前，我已決定一俟任滿就鞠躬下台。在某一次院會，我針對監察院糾正案過於浮濫以致造成「糾正疲乏」一事發表改進意見時，曾順便告訴同僚，我將於任滿後告老還鄉。

可是不少師長和友好對我告老還鄉的心願並不認同，其中以蕭前副總統最不以為然。過農曆年的時候，蕭先生與我一起在台中打球三天，一再追問理由安在？我說，理由有三：古人說「朝中無人莫為官」，此其一；行年六十有九，雅不欲在此年紀謀事被拒，此其二；第三是，六年任期中有一些調查案易被當局誤以為存心對立，我評估被再提名的可能性偏低。

此時，蕭副總統說：服務國家是一種榮譽，你健康還很好，社會對你的工作表現也多表肯定；而且如果能夠續任，對監察院和政府用人形象都有加分作用。

蕭副總統因此表示他要破例具名推薦。稍後並口述推薦文如下：

基於以下理由，本人推薦吳豐山君續任監察院第五屆監察委員。

一、吳君畢業於政治大學政治系暨政治大學新聞研究所，青壯年時期投身新聞事業，時值我國從威權體制過渡自由民主階段。吳君長時間主持《自立晚報》社務，一貫堅持中正公允立場，對應興應革各端知無不言，諸多獻替常被當道採納，形成國家政策，也贏得朝野之敬重。

二、其後，吳君出任公共電視第一、二屆董事長，以極其有限之經費，躬身劬勞，披荊斬棘，建立典章制度，為我國公共電視發展奠立可長可久之丕基，至為難能可貴。

再其後，吳君出任行政院政務委員與監察院第四屆監察委員，凡有決斷皆能以國家利益為唯一考量。監察委員任上對諸多結構性缺失提案糾正，進退之間，是非嚴謹；其表現禁得起社會各方最嚴格的檢驗。

三、監察制度歷史悠久，就建制之宗旨而言，重在作為政府之防腐劑，就職責本身而言，實乃風霜之任。吳君為人處事不黨不私，不盲不偏，一士諤諤，忠愛國家，可謂數十年一路走來，始終如一。本人一因為國舉才，二因關切監察權之發揚，特破例推薦；如獲接納，非僅國家得人，兼可彰顯我政府用人廓然大公，襟懷開闊。

五月八日，總統府公布名單。公布前一天，刻在地中海旅行的蕭先生來電告訴我：總統府祕書長楊進添越洋電話找到他，說馬總統交代一定要報告蕭：礙於年齡限制，未能提名云云。

我因爲原就決定結束公職生涯，所以對未被提名，處之淡然。其後部分媒體就新名單對府方大肆抨擊，我並不意外。有些評論指名道姓也讓我深感「一字之褒榮於華袞」。

我向被提名續任的七位同僚以及被提名的幾位院外朋友，逐一申賀，然後加快腳步，把我正調查中的幾個案子加速進行。其中有兩個案子是我主動立案調查的；一個是調查政府對政黨的管理情形，一個是要探究精省後省政府和省諮議會的預算編列、員額編列、工作內涵，到底如何？

與我立案前的假定完全相符，內政部對政黨管理，態度消極，令出不行，台灣竟有二四七個政黨，而且品類複雜，誠屬民主笑話。精省後的省政府和省諮議會，在乏人關注的情況下，荒腔走板，一大堆人無政可施、無公可辦、無事可議，卻浪費公帑，不以為意，實在令人不解。

處理完這兩個調查案，原以為可以準備打包了，未料卸任前的最後十天，狀況連連。先是七月廿一日監察委員紀律委員會開會，最後決議推派我調查一件有關委員間爭執不休的案子。任期剩下十天，要我調查一案，實在非常勉強。後來接到院方核定的派查函已是七月二十五日，我只好陳報無法在僅剩四個半工作天完成工作。

接著七月廿五、廿六、廿七連續三天，王院長舉行三場記者會，第一天指有些監委發瘋、中邪。第二天指有些監委是家奴或椿腳，第三天指有些監委關說，接受招待飲宴和旅遊，並說「監院關門，國家大吉」，還說希望立法院通過三、五名委員就夠了，將來廢院後把他們併入審計部。對王院長言行，院內同僚面面相覷，不明所以。

七月廿八日立法院召開第二次臨時會。廿九日行使同意權投票，刷下十一名被提名人。亂哄哄之中，走到七月卅一日。有道是「鐵打的衙門流水的官」。《紅樓夢》說「您方唱罷我登場」。我看到院內職工正為隔天新舊交接安排會場，心中感受深刻。

當天下午，我清空了辦公室，交出車輛，乾乾淨淨、俯仰無愧地下台一鞠躬。距離五十七年八月一日初入社會，整整四十六年。

回顧六年監委生涯，其實感觸殊多。通常一般談論柏台風範，常會提到中國唐朝的魏徵。說唐太宗因爲朝中有魏徵這個監察委員不斷冒死直諫，而唐太宗也能開闊襟懷，察納忠言，所以才有史家稱頌的貞觀盛世。

我讀魏徵的歷史，覺得他確實常批皇上逆鱗。貞觀元年，有人奏告魏徵內舉不避親，唐太宗派人調查，結果查無實據，純屬誣告。但唐太宗仍派人轉告魏徵「今後要遠避嫌疑，不要再惹出類似麻煩。」沒想到魏徵卻啓奏皇上：「我聽說君臣之間，相互協助，義同一體，如果不講秉公辦事，只講遠避嫌疑，那麼國家興亡，或未可知。」話說到這裡已令人不悅，沒想到魏徵加碼，要唐太宗分別「良臣」與「忠臣」。唐太宗問二者有何區別？魏徵答覆：「使自己身獲美名，使君主成爲明君，子孫相繼，福祿無疆，是爲良臣；使自己身受殺戮，使君主淪爲暴君，家國並喪，空有其名，是爲忠臣。」唐太宗聽後也吞下去了。

隔一年，有一位官員的十七歲女兒才貌出衆，皇后建議唐太宗納入後宮。古時代皇帝後宮嬪妃如雲，見怪不怪，可是，魏徵卻連皇上的女人也要管。他入宮進諫，要唐太宗「嬪妃滿院，也要想到百姓有室家之歡」何況該女子原已許配他人。唐太宗於是改變了原詔。

史書上記載，魏徵犯顏直諫的時候，唐太宗常怒髮衝冠，但是都能忍耐承受。可是魏徵死後不久，一些佞臣構陷魏徵好名，將直諫唐太宗的奏疏交給史官，而且還與人謀反，唐太宗一怒之下把自己給魏徵寫的墓誌銘毀了。

忠臣不得好死的，比比皆是。

我初任監委時，朝野朋友都勉勵我效法陶百川。我在解嚴之前民主運動風起雲湧的那幾年，與陶百川先生往來密切。陶先生醉心民主制度的建立，不只寫文章，也做動作，社會上很多人敬重他，可是也有人懷恨在心。

民國七十六年，政府某單位發動一批無恥文人圍剿陶百川，情勢異常險峻。有一天《中國時報》老闆余紀忠先生打電話給我，說他想與吳三連先生和我三人見個面。我們約好在自立晚報社吃便當。我們的結論是如果《中國時報》和《自立晚報》聯手也救不了陶百川，則國家危矣！

陶百川後來度過了難關，不過陶監察委員當年的屈辱，我至今記憶猶新。

我書房裡有一本三民書局在民國六十一年出版的《回國前後》，該書記述陶百川因為監察院長于右任過世，認定監察院已無可為，所以意態闌珊，於民國五十三年乘船赴美，打算就此罷休；後來輿情催逼，友朋敦促，一年半後不得已又返台重作馮婦。

陶百川是萬年監委。他彈劾行政院長俞鴻鈞，調查孫立人案、雷震案，所以民間聲望極高。

然則，陶百川為什麼在于右任院長過世後，就判斷監委已難有作為？這是因為陶百川的作為常受到上頭威權的關切，幸好有于右任院長的德望作為保護傘；于院長已過世，陶百川認為要再找一位「為民眾所信仰、為輿論所支持、為官吏所誠服、能樹立監察之權威、能促進院務之革新」的新院長，已幾無可能，所以便「意志消沉」大嘆不如歸去。

雖然永遠也不會有答案，我倒是很喜歡推敲：陶百川假如也六年一任，當時的總統會不會再提名他續任？

家國　家國

在本卷結尾，我想留下以下文字：

——任滿前夕，台灣發生反服貿學運，憤怒的學生和學者占領立法院議場達二十四天之久，引起國內外很大關注。對學運，各方評價不同。我很清楚看到的是，台灣正在醞釀新一波蛻變。把它放在歷史的軸線看，這是台灣政治發展史上近同二二八事變、美麗島事變、野百合學運的大事；官民朝野如何互動，將決定未來台灣的禍福。

——馬英九總統執政，迄不順遂，聲望異常低落。二〇一四年十一月廿九日的九合一選舉，國民黨慘敗。二〇一六年的政權爭奪必然激烈。當前台灣社會流行相互否定。國家沒有短、中、長程願景。經濟發展舉步維艱。中共謀台策略按部就班執行。希望台灣主權獨立以永保政治民主、經濟繁榮的人群，心生迷惘。

——監察院的存廢，一直存有爭議。我願以曾任六年監委的經驗作證：監察權要不要位列五院可以討論，但監察權的存在對人民權益的保障有大好處。事實上世界已有一百六十幾個國家設置監察機構，而且組成國際監察使協會（International Ombudsman Institution，簡稱IOI）台灣是會員國。聯合國人權公約也建議各成員國設立常設機構，編列年度經費，以維護人權；我們如果竟然割捨監察權，是反其道而行，絕對不智。淺見以爲，考試與監察二權在建制上可以不必與行政、立法、司法三權等量齊觀，但考試、監察一如選舉，都必須超越黨派運營，那麼在總統府下設中央選舉委員會，中央考試委員會、中央監察委員會，應該是最好辦法。本人二十年前即做此論，現在檢視，依然清朗！

——不過，總統提名監察院長、副院長和監委一定要因才器使，尤其要以憲法增修條文明文「監察委員須超出黨派以外，依據法律獨立行使職權」爲提名之判準，否則監察院必不能在人民心目中樹立崇高地位。更進一步說，掌國柄者如果不能嚴謹遴選，無異自己減損國家進步的動力，而接受斯職的人，必然畏懼權勢，錯亂是非，甚或尸位素餐，爲天下笑。

——從大歷史的角度看，近半世紀以來，台灣在政治、經濟、社會、文化各層面，基本上都是往進步的大方向發展。發展過程中有逆流、有頓挫、有邪惡，勿寧是人類社會的常態；但潮流不可違逆、邪惡終將退場，也是歷史發展的必然。

台灣走到今天，能夠在世界多達兩百五十幾個國家和政治實體中，排列在前段班，是無數人犧牲奉獻奮鬥的結果，這也證明台灣人的素質相對優秀。放眼未來，我對台灣永保主權獨立的國際大環境之惡劣感到憂心，卻又對新一代青年的思辨力和行動力充滿信心。

台灣山川壯麗，物產豐隆，這個海島以及四周的小嶼和開闊海洋，是我們子孫永遠的家園；誠盼後起之秀，群策群力，樂觀進取，持續奮鬥，庶幾乎不愧對列祖列宗和上天恩寵。

卷六

世界之大

早在求學時代，我對歷史和地理就有濃厚的興趣；因爲喜歡歷史，所以看了不少歷史書，尤其對人類文明開發過程，有過不少閱讀；因爲喜歡地理，所以也就喜歡世界地圖、喜歡遊歷各國。

鴻爪雪泥　萬里遊蹤

民國五十九年，我第一次出國旅行，一個人飛東京、轉大阪，去看在那裡舉辦的萬國博覽會。第一次出國，自然興奮莫名。

我在大阪停留了好幾天，每一天一早出門，前往萬博會場，一個館看過另一個館。日本人舉國以主辦萬博會爲榮，趾高氣昂，令我印象深刻。各國展館也極盡炫耀之能事。這是我第一次接觸世界之大。

往返東京大阪，都搭乘新幹線高鐵。沿路看到的日本農戶，家家門口都擺著汽車，記得當時不禁心想：我的國家何時才能發展到那般模樣？

民國六十年，我第二次出國，原因是美國國務院邀訪。國務院邀訪的緣由是我做了大規模的台灣農村田野調查，他們認爲深具意義。當時美國依據他們的「國際交流方案」每年從台灣邀請兩位他們認爲合宜的人選去美國做深度訪問，時間長達四十五天。

我從夏威夷入境美國，在夏威夷，我第一次感受到太平盛世、紅男綠女的況味。然後從舊金山進入美國大陸。記得從機場進入市區，左右八線的高速公路，令我心中一陣悸動，當時也不禁心想：我的國家何時才能發展到那般境地？

美國這個「國際交流方案」有兩個接待方式令我印象深刻：一個是每到一地，不管我參訪報社、考察農場、會晤政要或只是遊賞藝文，都有當地重要人士加入接待行列；另一個是旅程安排，常常一日之間，由西到東或由北到南，向您誇耀美國地大物博。兩個月訪問期間所到過的地方很多，以後我所接觸的美國朋友，聽我細說曾去過的美國國家公園，他們大多沒去過。

首次美國之行，讓我對美國的民主國體有一番深刻的體認。美國地大物博和海闊天空則令人好生羨慕。更深刻的事體是，我在學校的時候已經看了不少好評、惡評美國的書，因此不免拿書中見解去做現場比對。二次世界大戰後，美國成為世界霸主，我造訪當時，蘇聯尚未解體，所以美蘇分領東西陣營，但資本主義使美國在經濟發展上顯然佔上風，可是也因為在世界上從事資源爭奪，所以美國成了很多被掠奪國家憎恨的對象。

我寫這些文字的時候距離第一次訪美已過四十幾年，這期間，歐盟組成、蘇聯解體、中國崛起。反觀人類政治史，朝代交替固屬必然，國家興亡也是不斷發生的事。美國這個半善半惡的巨霸在國際政治經濟軍事上還能稱霸多久？只有天曉得；但作爲地球上的一員，在溫室效應、地球過度開發等等問題上卻又與大家同一命運！

美國政府邀訪，當然負擔所有費用，此外每天還有一個數目的零用金，讓我做買書、看戲之類的事情。我結束行程時，扣除返程機票錢，口袋裡頭還剩下五百美元。恰於此時，我看到一本叫做《五塊錢一天遊歐洲》的書。這本書像磚頭一樣厚，裡頭寫明下了飛機搭幾號公車進城要幾毛錢，在某站下車再走幾公尺的某路某號某旅館住一夜連早餐要幾塊錢，哪裡有免費地圖等等資訊。我心想，就算我每天花十元，也可度過五十天，於是就決定辦赴英國簽證，往反方向飛返台灣。

我一路邊辦簽證邊作背包客式旅行，計路經英國、法國、西班牙、瑞士、義大利、泰國、菲律賓、香港，全程七十九天。返台後我把沿途寫的壯遊日記交由晨鐘出版社以《環遊世界七十九天》爲名出版專書。

環球返回台北沒幾天，日本駐台大使館派人送來一張日本外務省邀請函，說希望我能赴日做兩周訪問。日本外務省就是他們的外交部，訪問模式與美國交流方案設計一般。不過，其中有一天卻未安排行程，原來是他們的首相田中角榮訪問北京，那一天兩國高峰會，外務省顯然是要我見證日本與中共建交是多數國民意志，而不是故意要與台灣過不去。不過當年二十幾歲的我，作為一個台灣人，對這般國際現實，仍然很有意氣。

民國六十九年，孫運璿當行政院長，決定訪問中南美洲，新聞局事先要求十位台北新聞界人士組成訪問團先跑一趟。我當時任《自立晚報》總編輯，也在應邀之列。訪問團由中國電視公司副總經理鄧昌國率領，由台北飛了十幾個小時到美國西岸，再轉機又飛十幾個小時進入中南美洲，先後訪問巴拿馬、瓜地馬拉、哥斯大黎加、祕魯、巴拉圭、智利、阿根廷、烏拉圭等國，前後為時一個月。

中南美洲好像大多講西班牙語或葡萄牙語，有幾件事我至今記憶深刻。

一是晚飯大多吃到午夜；

二是飛機很少準時起飛；

三是男女比例懸殊，甚至有幾個國家男一女五之比，因此女人都把男人的手臂挽得很緊；

四是日本貨充斥。在阿根廷，我國大使館只有一台電傳打字機，隔壁一家日本商社的分社卻有六台。

還有一事可以一提。訪中南美期間多次應邀到我外交官家中吃水餃，這就忙碌了外交官太太。返國後我告訴外交部長蔣彥士，說外交官太太每月應有津貼才算合理。過不久，蔣先生告訴我，已決定新年度開始每人每月津貼幾百美元；我為自己做了一件好事而感到欣慰。

民國七十四年，一個國際新聞團體來函邀請參加在中美洲哥倫比亞舉行的國際新聞會議。稍後知悉，該單位是文鮮明統一教的附設組織，便心生猶豫，可是同樣接到邀請的徐佳士教授和李瞻教授認為新聞會議宗旨明確，可以分割處理，便一同啓程。從台北到紐約要飛十六個小時，從紐約再飛哥國又要七、八個小時。

返國途中一位日本籍女士坐我隔壁，告訴我，他是專程追蹤文鮮明在幹什麼事。這位女士告訴我，統一教大有問題，很多年輕人莫名其妙地為它賣命，要捐錢還要跪下來拜託接受。此外，「集體結婚」似乎也有文章。

我全程參加會議，會議中並無宗教情事，所討論的課題只有傳播精義與世界和平，可謂志趣高遠，不過，統一教在文鮮明過世後便見快速式微。

很難忘的是，行程中有一天，與會者全體分乘數艘飛船到內海中的一個小島做一日遊。途中看到好幾戶人家把房子分別建在海上突出的一小塊一小塊基地上，自家一戶，別無鄰居，這些海上人家如何過日子，我好生疑惑。到了小島（其實是小沙丘）並無碼頭，必須涉水上岸。我在那裏看到此生看過的最絢爛海洋。

民國七十五年，《自立晚報》決定將排字電腦化，同時由於報份激增，印報機不敷使用，所以必須增購印報機。我先飛美國西雅圖去簽訂購買新印報機的合約。

記得抵達時，天尚未亮，我戴鴨舌帽，身穿風衣，海關人員看完我的護照後，要我去一個小房間，一位像單位主管的人問了我很多問題才放行。好意來接機的我駐當地外交官發現有異，正要進來探詢。一路上大家談論出一個未曾證實的結論：我護照上到過很多國家，最糟糕的還包括毒品王國哥倫比亞，毒梟常戴鴨舌帽、穿風衣，我只差沒再加上一副墨鏡。

在西雅圖簽好了購買合約，轉飛日本東京。

那個時代，中文電腦打字排版系統，全世界只有兩家日本公司製作：一是寫研社，一是森澤公司，兩家報價都在新台幣六千萬以上。行前一位同業告訴我，他只花了三千多萬，提醒我不要做冤大頭。我花了三天工夫，極盡討價還價之能事，最後以一千三百萬元從森澤公司買到手。我報社的董監事大多是工商界大角色，他們後來讓我知道，他們從這件事情上看出我「非份之財一介不取」的性格。

因爲不必要，所以我沒有去詳查民國七十五年前後五年的出國時日紀錄，不過清楚記得那十年期間，我曾到韓國和馬來西亞參加亞洲廣告會議，曾到美國馬利蘭州參加「台灣前途研討會」。另一次應邀到美國東岸向台灣同鄉演講。

此外，民國七十三年四月，由於中華航空公司開闢歐洲航線，我曾應邀花了十天，在地球上又飛了一圈。

還有，由於參與籌備民國七十九年召開的國是會議，我與高玉樹等籌備委員曾被分派飛赴美國東西兩岸聽取僑民意見。

至於中國大陸，我至今去過三次。第一次是民國七十九年與無黨籍國大代表一起，到訪福州、北京、上海。第二次是民國八十四年陪吳尊賢先生去浙江寧波，參與應昌期先生回饋他故鄉三項事業的開幕慶典，然後去蔣介石總統的故鄉奉化溪口，經上海、東莞回台。第三次是民國八十五年，奉吳尊賢先生之命，與其長子昭男兄帶隊去福建泉州參加當地吳氏宗祠翻修的落成儀式；宗祠翻修的經費是吳尊賢先生和族親合捐的。該次旅行曾去了南京。

還有，還有，由於負責台灣的吳姓宗親團體，我曾先後多次應邀前往香港、馬來西亞、新加坡、菲律賓參加當地宗親會慶典。宗親意識是傳統文化，有人認爲封建，我的經驗不同；由於同宗，經常見面，眞會產生兄弟姊妹情誼，彌足珍貴。

民國八十三年結束在《自立晚報》長達二十七年服務後，頓然無事一身輕，我呼朋引類到過泰國曼谷、日本北海道、日本宮崎、菲律賓馬尼拉、泰國普吉島等地打球。

民國八十九年，我在公視董事長任上曾帶領部分董監事考察韓國、日本的公共電視。

早在民國八十二年，旅居澳洲雪梨的幾位朋友合議在雪梨開辦《自立快報》。開辦前要我去做一次演講以試水溫，那是我第一次訪問澳洲。可能由於演講爆場，所以便展開籌備工作。這些朋友推我任發行人，由於工作上需要，我開始在台北雪梨之間頻繁飛行。

《自立快報》創刊後不久，澳洲移民部長無條件歡迎我舉家移居澳洲。恰於此時，就讀國一的二子被不良同學霸凌，校方卻無力處理，乃決定由太太帶三個子女赴澳就讀。由於家人移居雪梨，所以澳洲之行又加上了探眷私務，每年都有數度往返，但每次滯留雪梨都只短短幾天。《自立快報》由於廣告營收極為有限，在發行十年後，股東合議停刊，我的雪梨飛行次數才得以大量減少。

很奇妙的是，六十歲以後，我變得不太喜歡搭飛機。每次飛機著陸，我都在心裡告訴自己「謝天保佑，又完成一次平安飛行」。

擔任監察委員，每年每人有五萬元國外考察費，我因為不喜歡被誤會假考察，所以沒去使用半毛錢。

人類一體 四海一家

總結我的國際旅行心得：

一、世界很大！一個人窮畢生時間金錢精力，都只能到達少數地方。但壯麗山川、文明遺跡，甚或藝文精華，都能豐富心靈，充實生命。我在地球上旅行時，是一個百分之百的地球人心態，認爲所有美好的事物都是人類所共有；「國境」是政治產物，「國境」阻絕不了心靈饗宴。

二、世界上有兩百五十幾個國家和政治實體，卻由於天然條件的差異和人爲努力的不同，形成進步群和落後群。出生在進步群的人和出生在落後群的人，其生命品質可能產生很大的差異。可是，人有兩條腿，這就表示人可以移動，因此假如一己無力改變自己國家腐敗、高壓或落後的境況，可以設法脫離；脫離具有崇高的意涵，不容任意詆毀。

三、以國家爲對象，區分爲進步群和落後群，這是大分別。如果以六十億生靈爲對象，則其中差異，何止萬千。六十億單獨個體的生存條件、生存品質、生存表現，可謂天壤之別。有的人天天山珍海味，可是地球上每年另有幾百萬人因爲食物不足而餓死。有的人豪宅莊園、飛機遊艇、一擲千金，可是另有人蝸居陋巷，更多人無片瓦可以遮風避雨。有的人一身名牌，珠光寶氣，另有人衣不蔽體、蓬頭垢面。更糟糕的是，人類生存樣貌的巨大差別，古今一般。有一年我路過義大利龐貝，這個兩千年前被火山灰掩埋，後來挖掘出來的古城、富有人家的壁畫，呈現出當年無比驕奢淫佚的生活樣貌，可是兩千年後的今天，貧寒人家依然貧寒。每一次當我站在各國大城市的十字路口，看黑壓壓的男女老少奔波生活，想像其中充滿了淚水、汗珠、渴望以及利鈍得失，我內心常常爲個體的渺小和無助感到茫然，久久不能自已。

除了物質層面的巨大差異，精神層面更見不堪；有的人笑傲江湖，有的被打入冤獄；有的人曳肩冷笑，有的人卻流落黑巷；人世間處處可見狼心狗肺，弱肉強食，喪盡天良，欺壓勒索；可見人類的救贖，遠在天邊。

我這樣子講，並非數落人類亙古以來了無進步，事實上從專制到民主、從工具簡陋到大量生產、從地理割離到交通快捷、從以物易物到世界貿易發達，人類文明發展的大歷史是極爲可觀的，可是個別生靈的救贖不在上帝，不在領袖，仍在個體自己。我無意褻瀆宗教，無意低估政治，我只是要強調人人自求多福；這其中，教育是解方，打拼是要領，鍥而不捨孜孜矻矻是唯一的階梯。

四、我雖然強調人人自求多福，但「公共建設」無疑是人類社會最高的價值，國家建設應是衆人長時間共同努力的志業；連天然的壯麗山川，都必須有前往的好道路和停留住居的好旅店，才能一親芳澤，可見「公共建設」是硬道理。

我在四十幾年前第一次訪問日本、美國的時候，心想要到何時，台灣才能家家有汽車，才能有高速公路網？只二、三十年時間，我們辦到了；可見「建設」永遠不怕太遲起步，只怕根本不想動手。

五、古戰場常常是觀光標的。戰爭會製造英雄，英雄的雕像、住屋或墳墓，通常也是觀光標的。可是戰爭其實意味血流成河，意味斷垣殘壁，意味妻離子散。戰爭英雄固然威風凜凜，可是威風的背面是一將功成萬骨枯。侵略是可惡的，抵抗是神聖的，然則沒有侵略就不必抵抗。我因此對追求和平的人物和他們的智慧，高度推崇。也許人類終將戰禍不絕，但譴責窮兵黷武仍然應該是知識分子的天命。

六、回過頭來看台灣。台灣說大不大，很多國家的土地比我們大幾百倍；但說小不小，我們也足有三萬六千平方公里。台灣沒有多少天然資源，可是位於亞熱帶，免除了酷暑酷寒，外帶可以生產很多稻米和蔬果，也算是一種可貴的補償。最珍貴的是經由百年來的建設，台灣已成爲一個相當現代化的國家，除了在政治上還沒能得到國際社會的公平對待，其餘應該「大家嘸通嫌台灣」；不只不嫌，還要更加珍惜，更加努力建設，讓她成爲我們後代子子孫孫永遠的美好家園。

我很想在來日完成幾趟旅遊，以償宿願，這包括：

——從海參崴搭乘火車，橫越西伯利亞到莫斯科；

——從澳洲東岸開車橫越澳洲大陸到伯斯市；
——到西藏一遊，然後經由尼泊爾、不丹，深入印度內陸；
——從雪梨乘遊輪去南太平洋的大溪地；
——到非洲荒野打獵半年；
——去嘉義深山裡的豐山村尋幽探勝。

我常與朋友談到這六趟旅行，發願要與我同行的朋友很多，嘲笑我作夢的朋友也不少；坦白說，嘲笑是有道理的，因爲連我自己都覺得前五個行程是奢侈的夢想！

不過，從來事在人爲，不必妄自菲薄；至少，我已先把喜馬拉雅山、南北極、撒哈拉沙漠摒除在夢想之列。

卷七

殊勝因緣

世路多歧，人海遼闊。回顧半生，很幸運的得到師長和親友很多的愛護，衷心感念；這是人生的一大部分內涵，特闢本卷，扼要記述。

師恩重如山

我在民國四十一年進入台南縣將軍國民小學就讀，四十六年畢業。其中有兩位老師給我很大的鼓勵。畢業迄今，這兩位老師都還一路扶持，他們的名字是黃朝水、陳昱廷。

我讀國民小學時候的台灣南部鄉下，民風淳樸，老師恨鐵不成鋼，會拿棍子打學生手掌心或屁股，也會不收補習費幫要報考初中的學生補習。

當時的學生家長知道打棍子和補習都是基於愛心，除了感念外不會有其他惡意解釋。畢業後，學生和老師持續互動。現在黃朝水老師高齡八十幾，住在高雄市，兒孫成群，美滿幸福。陳昱廷老師做了幾十年校長後退休，年近八十，住在將軍故鄉，同樣是兒孫成群，美滿幸福。

民國五十八年到六十年，我讀政治大學新聞研究所，徐佳士教授是我的論文指導老師。研究所畢業後，有一年有人推薦我競爭「曾虛白新聞獎」的評論獎。當時台灣尚處戒嚴時期，言論自由被壓制，所以評審會上有人認爲我的言論「有思想問題」。徐佳士老師在評審會上仗義執言，說在研究所，他就是這樣教我的。可能由於徐佳士老師望重傳播學界，便就無人敢再反對，最後是我批評時政的一系列文章得獎。

民國八十七年，公共電視基金會成立，依「公共電視法」，董事長一職由董事互選。有些董事以董事中只有本人有經營媒體經驗爲由，促我競選。我去請教徐老師，他說我應勇於承擔。三年任滿後，在考慮是否再任董事長時，我又去請教徐老師，他認眞思考了很久之後告訴我，假如您認爲董事中有人比您更適合，您才可卸下擔子。

兩任公共電視董事長任上，碰到實務上難題時，我也常再去麻煩徐老師。師生情誼變成一種持久的關係，沒有因爲畢業而休止。

徐老師住在新店山上，八十幾歲了，仍健步如飛。

永懷導師吳三連

民國五十七年，我服完預官役後，毛遂自薦進入《自立晚報》社服務。《自立晚報》發行人吳三連先生是國之大老，望重朝野，人稱三老。

民國五十九年，我奉三老之命，做了農村的大規模田野調查，引起朝野很大注目。可能因爲三老年輕時在日本當記者寫過長文批評日本治台當局的米穀政策，也可能因爲三老想培植報社的本土人才，三老開始對我刻意指導提攜。

我進《自立晚報》本來是作爲三年後參選省議員的短暫過渡，臨要辭職去參選時，三老明白表示不以爲然，理由是，他幹過兩屆省議員，他說辦報對社會的服務比較實際，他勉強同意我參選國大代表，因爲如此可以讓我仍以辦報爲第一工作。這一轉折，使我留在《自立晚報》達二十七年之久。

三老言語不多，對我的指導卻句句珠璣；他讓我學習不卑不亢，學習開闊胸懷，學習忠信篤敬；這些修持，讓我一生受用無窮。

民國六十七年，三老要過八十壽誕，集團內幾個主幹研究如何爲三老慶生。我建議由相關企業捐款成立「吳三連文藝獎基金會」，經由公正評審，獎勵文藝工作者，以激勵台灣文化發展。三老要我兼任祕書長，負責典章制度的規畫。這個兼任祕書長一兼十二年。因爲這個兼職，使得我與台灣藝文界有了連結，而且成爲生命中的一部分。

民國七十七年年底，三老以九十高齡過世。把骨灰運回台南故鄉奉厝，返回台北的遊覽車上，吳氏兄弟問我，各方好意贈送了大約兩千萬元的奠儀，不知如何處理較好？我稍加思索後建議：似可一千萬捐給「吳三連文藝獎基金會」以擴大獎勵範圍，基金會名稱同步改爲「吳三連獎基金會」；另一千萬元成立「吳三連台灣史料基金會」，做政府荒廢的台灣史料蒐集整理工作。吳氏兄弟當即接受了我的建議。

返回台北後，我以兼任台北市吳姓宗親會總幹事立場，逐一拜訪宗親會的理董監事，建議他們同意將宗親會所有、坐落南京東路三段的泰伯大樓的頂樓，永久免租金提供史料基金會使用，以報答三老經營宗親會三十六年的貢獻，得到大家認可。

這兩個基金會對社會貢獻不少，我深感與有榮焉。

三老過世後的第三年，我把他先前對我口述的一生回顧撰成《吳三連回憶錄》出版，並把全部版稅捐給吳三連獎基金會，以報答知遇之恩於萬分之一。

忘年之交楊肇嘉

我進入《自立晚報》的那一年，適逢吳三連先生七十大壽，同仁籌編一本《七十春秋》的小冊子為吳先生祝壽，內容是訪問吳先生的幾位至交談吳先生為人處事的風範。我被派訪問台灣大老楊肇嘉先生。

楊肇嘉年長吳先生，他們在日據時期一起從事抗日活動，有公誼有私交。我訪問楊先生的時候，他擔任兩項職務：一是總統府國策顧問，二是省營大雪山林業公司董事長。

人跟人之間有「緣分」這回事，本來是很單純的採訪，未料楊先生卻把我當作忘年之交；也因為這樣，二戰結束那一年才出生的我，竟然因為楊先生的關係，讓我與他們那個風起雲湧的大時代有了微妙的連結。

楊肇嘉本來是佃農之子，命運的安排使他變成大地主的養子，並且展開他波瀾壯闊的人生。

日據後期，楊肇嘉領導「台灣地方自治聯盟」，台灣光復後被國民黨政府拔擢為台灣省政府民政廳長，負責開辦台灣縣市鄉鎮自治。他年輕時在清水建造了一個占地數千坪的住宅，庭院花木扶疏。有一年他邀我與他回鄉盤桓數日。我至今記得他的客廳有「天馬行空」四個大字。民國五十九年農曆初二，我在台南鄉下老家結婚，楊先生專程南下為我證婚，我至今感念。他常用帶有清水特殊腔調的台語勉勵我「豐山君您是台灣的寶貝」，至今常留耳際。他過世後，有一年我南下時特地到楊宅舊地重遊，卻見已逐漸崩壞。天底下滄海桑田、物換星移，本來不足為怪，可是緬懷之餘，心中仍不免唏噓。

楊肇嘉身材魁梧、方面大耳、聲如洪鐘。他曾為了向日本殖民當局展示台灣人優秀，斥資買了一架飛機讓台灣第一位飛行員表演。他客居日本時把大宅提供台灣留學生住宿，凡此諸多捐輸用掉半數家產。另半家產後來被三七五減租、耕者有其田。坦白說，自楊肇嘉之後，在台灣我沒有再看過這般開闊豪邁的政治人物。

京華雅士葉明勳

葉明勳先生是民國三十四年由中央通訊社派駐台北的特派員兼辦事處主任。後來曾任《中華日報》社長、《自立晚報》社長、聯廣公司董事長及世新大學董事長。民國五十七年我進入《自立晚報》社服務迄民國八十三年離開，他都是《自立晚報》的常務董事和台視常務監事。晚年，他任總統府資政。

葉明勳先生已於民國九十八年以九十七高齡去世，去世前作為台灣新聞界大老逾數十年之久。民國九十七年即是他推薦我任監察委員。

台北上層社會大家都稱呼葉先生「明公」。明公喜歡飲宴，是衆所公認的美食家。他請客時，常要我做陪賓，我笑稱是「基本演員」。

明公是一個典型的雅士。他人情練達，世事洞曉，言語不多，溫暖待人。台北是複雜台灣的縮影，明公卻能優遊其間，得心應手。幾十年相處期間，明公對我指導提攜很多，我感念難忘。

一代人豪林洋港

林洋港先生在民國六、七、八十年代叱吒風雲。林氏好客，我曾忝為誼末，常相往來。民國八十二年，我第二任國大代表任滿，林先生好意主動推薦我任監察委員。李登輝總統與林洋港院長不睦，我未獲提名意料中事。不過李陣營事後曾遣人來告訴我，反對提名我的不是李而是林的另一位政敵；是耶非耶？一點也不重要。

民國八十五年林洋港與郝柏村搭檔參選總統落敗，林先生從此退出江湖，隱居台中山中。民國一〇二年林洋港以高齡去世後，我曾在《傳記文學》寫〈懷念一代人豪林洋港〉一文紀念他。我在文中試圖為他做歷史定位：「屈指算一算，從林洋港十七年前退隱林泉迄今，台灣又已經過四次總統改選、十二次內閣改組，台灣的天空物換星移，人事已非。當前台灣，百孔千瘡，因此我不免會想到一個命題——假如林洋港的人生劇本改寫，他登上總統大位，台灣今天會是什麼局面？」「有限的政治知識告訴我，這個命題沒有答案。不過，我確信：社會的和諧會比現在好，政客的姿態會比現在優雅，族群的衝突會比現在緩和，人民和政府之間的距離會比現在靠近。」

通常政客給人的刻板印象是算計、陰險、冷血，林洋港的誠懇、磊落、熱情讓他在台灣社會長期擁有超高支持度；未能選上總統是因為他脫黨於先、未能迅速自建全國性競選網絡於後；落選完全無損於他人格的尊嚴。

慈愛至親吳尊賢

吳尊賢先生是吳三老的族侄，是《自立晚報》的常務董事，並經營環球水泥公司等很多事業。我進入《自立晚報》服務不久，就與他認識。民國七十年，尊賢先生為紀念經營事業五十年，捐資成立頗具規模的吳尊賢基金會，要我兼任祕書長。可能尊賢先生看到我凡事盡心盡力，所以便把我視同自家子弟，一路呵護，無微不至。

尊賢先生常說我「瘦籬薄壁」，意思就是沒有什麼財產、沒有什麼積蓄，所以從我服務他的基金會開始以迄民國八十八年他去世爲止，尊賢先生在物質上給我很多恩惠，我與家人至今感念。尊賢先生過世後，他的子女待我如兄如弟，我所能回報的只有隨時把吳尊賢基金會的業務當作我的重要工作之一，盡力奉獻。事實上，因爲過去三十幾年一直參與吳尊賢基金會，使我與台灣公益慈善界有了緊密連結，這也是我人生很大分量的內涵。

十幾年來每逢尊賢先生忌日前後，我會到北新莊他的墓園默哀。他的墓園遠眺台灣海峽，每一次上山，望山看海的時候，與尊賢先生三十年間互動的景況，就像電影倒帶一般，歷歷在目。回想尊賢先生對我的百般慈愛，常令我淚濕眼眶。

光風霽月李遠哲

李遠哲博士名滿天下，他當中央研究院院長的時候，我請他屈就「公視大使」，亦即公視形象代言人，李院長欣然同意。二〇〇〇年民進黨執政後，陳水扁設「跨黨派兩岸小組」，李院長任召集人，本人忝爲委員之一，會議期間常常深談。兩岸小組任務結束後，李院長認爲他與我兩人有責任追蹤陳總統對兩岸小組結論的落實，因此有一段時間，與陳總統三人常常碰頭會商兩岸事務。

我對李院長由衷敬佩，他得諾貝爾獎的化學專業我一竅不通，我敬佩的是他對國家的熱忱和志慮之清純。假如我們每一個人都有他的修持，那麼台灣的警察、監獄和法院大概可以裁掉九成。

承李院長厚愛，他總認爲我應替國家做更多的事。我離開公共電視後，陳水扁總統提名我任監察委員，李院長是強力推薦人之一；蘇貞昌組閣時我任政務委員，也是因爲李院長強力推薦。

李院長卸任中研院院長後仍定居台灣，但一年到頭在全世界飛來飛去，我們每隔一段時間會碰面。二〇一〇年十月起他出任國際科學理事會會長，這個機構總部在巴黎，是各國一流科學家共商如何貢獻人類的一個崇高組織。

李院長已年近八十，我常常提醒他不再年輕，要減輕工作負荷。此時李院長大概都會回覆我，需用很多體力的網球他還是打得很好。

在二〇〇〇年以前，藍綠陣營都對李院長讚譽備至，甚至於總統、副總統、行政院長這三個職位，都有人拱他，但李氏伉儷從來不心動。二〇〇〇年以後，一部分藍營人士惡言相向，可是我不曾從李院長口裡聽到半句怨言。不少人質疑他對教改的見解，可是我很懷疑有幾個人眞正瞭解其中的來龍去脈後，再瓜分功過。

不管學問或人品，李遠哲這個名字是台灣永遠的榮耀。

亦師亦友蕭萬長

蕭萬長先生是與我來往的人士中官位最高的一位。民國一〇一年五月二十日，他卸任中華民國第十二任副總統，結束他奉獻國家五十年的生涯，隔幾天我刊行《據實側寫蕭萬長》一書，蕭先生把新書發表會與他告別政壇的感恩茶會合併舉行。

我與蕭先生早在民國七十年代他擔任國貿局長的時候就認識，但來往不多。民國八十六年他準備組閣伊始，要我幫忙，從此往復密集。蕭先生不恥下問，所以從那時開始，我參與了他的公務生涯，在很多關鍵時刻，我都提供了愚者一得。

蕭先生是國民黨人，但他不是黨棍；蕭先生一直是政府高官，但他不驕姿示人；也許因此，彼此竟然默契十足。

我對歷史很有興趣，也長時間觀察台灣政壇的人事浮沉和政治人物的能耐。蕭先生苦讀出身，又能勤勉從公，再加上歷史因緣，使他成為台灣建設史上第一位本土國貿局長，第一位本土經濟部長、第一位本土平民首相。如果不談官職只論政績，那麼光憑把台灣推展成貿易大國、籌建台灣高鐵、規劃全民健保三項政績，蕭先生就可不朽，而這只是他卓越政績的幾十分之一。

我不是一個容易遷就的人，一個政治人物竟能讓我樂意主動為他寫傳，大家應就可以瞭解蕭萬長這個名字在台灣建設史上應有的地位。

蕭先生從來待我如友，我一直敬他爲師。我介紹的民間友人也都對他十分禮敬。我們通家來往，他卸任後，我們來往更多。我感念蕭先生對我的指導提攜，也衷心祝福他能樂享國家和人民給他的福報。

藍營人才濟濟

台灣不大，而且只有台北一個政治經濟文化中心。我在台北住了幾十年，自然熟人不少。我以「相互瞭解、經常來往」爲判準，做以下記述，以表感恩。

在藍營這邊，許水德先生與我有四十年交情。我與許水德認識有一個故事。民國五十九年他應美國國務院邀請訪美，國務院派給他的隨扈叫江南。民國六十年美國國務院邀請我訪美，派給我的隨扈同一個江南。江南在我兩個月訪美行程中朝夕相處，對許水德語多詆毀。我返國後不久在一次北上火車車廂中碰到許水德，從此兩人交往迄今。那個江南後來做兩面間諜，寫給台北的情報信也常詆毀我。又後來，他在美國被竹聯幫分子刺死。

別人怎麼看許水德是一回事，我看到的許水德是苦讀出身、奉公守法、實幹苦幹的政壇人物。尤其是他的夫人，人稱楊老師，在台北社交圈可說有口皆碑，是許水德最大的福氣。

我曾問過許先生，他是否說過「法院也是國民黨開的」這句話？許水德斬釘截鐵回覆我：那是以訛傳訛。

吳伯雄少年得志，他做省議員，桃園縣長、台北市長、內政部長、總統府祕書長，都創最年輕的紀錄。此公不做公事的時候，鬼笑話連篇，所以大家都樂與他相處。我與他另有一層特別關係，從民國八十八年迄今，我是台灣吳姓宗親總會會長，他是名譽會長。台灣吳姓宗親總會是各市縣吳姓宗親會的聯合會，也因此，我們兩人在全台各縣市和吳姓僑胞散居的東南亞各國有很多共同的宗族朋友。

依我之見，桃園吳家，積德裕後，是我們吳族之光。

錢復是衆所周知的才子，是當年青年才俊的指標人物。民國六十年代他做新聞局長，我們從那時開始就有來往，不過來往不多。來往較多是他以監察院長身分兼任故宮博物院指導委員會委員，我也因任公共電視董事長兼任該會委員之後。有一天，指導委員會開會，有一報告案說將在嘉義建故宮南院，我要求發言並就其必要性提出質疑。錢復後來常對人提這件事。民國九十七年他任總統府監察委員提名審薦小組委員時，也在會上拿這件事爲我任監察委員的能耐背書。

錢復是傑出外交家，功在國家。卸任公職後他刊行回憶錄，要我在發表會上講話。我特別寫了講稿，雖然只有幾百字，卻句句是由衷敬意。

錢復酷愛打高爾夫球，我們一年到頭總會打個幾場。打球的時候，聽他一會兒台語、一會兒四川話、一會兒英語，是很大的快樂。錢氏伉儷，名門之後，他們的優雅和學養，人人稱讚。

記述我的藍營朋友，可以遺漏別人，不能遺漏關中和宋楚瑜。

宋楚瑜年輕時曾經長時間擔任蔣經國的祕書。蔣經國在當行政院長和總統的十六年間，好像很重視《自立晚報》的言論，所以先後擔任新聞局長和國民黨文工會主任的宋楚瑜常常奉命來告訴我哪一個建議立即照辦，哪一個建議以後再辦，哪一個建議辦不了。我跟宋楚瑜就是在那個時候開始來往，迄今不斷。奇怪的是宋楚瑜希望我做的事，我都辦不到，他在國民黨副祕書長任上曾要我選台南縣長，任親民黨主席時，也曾要我選台南縣長，我都未能同意。這些事，他並不責怪我，但我很覺得愧對朋友。

宋楚瑜一直是個大角色，做事能力一流，可惜台灣省長下台、力拚二〇〇〇年總統失利後，開始時運不佳，不過這跟朋友交情無關。

關中被認爲是國民黨戰將，很多綠營人士對他懷有敵意，我看到關中的另外一面。美麗島事件前後，他任國民黨中央政策會副祕書長，事件後一些入獄的朋友及其家眷必須照顧，吳三連先生和我找關中商量很多事情，他大多照辦，因此三十幾年來一直保持很好交誼。

不曉得是不是東北旗人個性，青壯年時期的關中放膽文章拚命酒，而且鬼笑話連篇，但做起事來卻正經八百，全力以赴。當國民黨省黨部主委和中央組工會主任時，總說不管我選什麼，他都會留一席不提名。當年「黨外人士」和「分歧分子」是同義字，而且我又從不隱藏我對國民黨的批判；關中如此待我，可算開闊。

關中在考試院長任上力倡退休給付改革，社會各界曾好評如湧。

田弘茂和詹啓賢是我交往密切的兩位本土精英。田弘茂還在美國教書的時候，我就請他幫《自立晚報》寫專論，他對民主憲政和兩岸關係著力甚多，因此他的專論為《自立晚報》增色不少。結束美國教職後，他回台定居，先後做過李登輝政府的國策顧問、陳水扁政府的外交部長和駐英代表。現在仍主持國策院繼續貢獻國家。

詹啓賢在台南奇美醫院當院長的時候，我的台南鄉親如果找不到病房，常託我協助，詹院長都會盡力幫忙。民國八十六年蕭萬長組閣，田弘茂推薦他當衛生署長。第一次政黨輪替後，他回奇美。二〇〇八年馬蕭配，詹任競選總部執行總幹事，可惜選後未受重用。詹先生不論口才、儀表、人品、政治能力，都屬一流，不用他是馬英九政府的大損失。二〇一二年民進黨的蔡英文和親民黨的宋楚瑜先後找他搭配競選，詹心理上一時難以調適，所以未成局面。依我觀察，詹是磐磐大才。有人已幫他寫了前傳，我相信他應會有更精彩的後傳。

大約在民國六十六年前後，蔣孝武自己打電話說要與我認識。第一次見面蔣就說，他父親總是說他交了太多「損友」，何不找幾位「益友」相互砥礪？那時候他當中央廣播電台董事長。

蔣很誠懇交友。他的職位不斷變動，先後做過駐新加坡代表和駐日本代表。每隔一段時間，蔣就會找我吃飯聊天或打球。有一年他希望到我台南家鄉過農曆年，我也陪他在南部遊覽了幾天。記得有一次他很認眞問我，他應該如何在台灣發展？我很誠懇地告訴他：您祖父和父親都當總統，其實是大樹遮蔭，不利成長，現在台灣慢慢走上民主大道，您可以在做公益或參選立委之間選一條路走，也就是說把自己搬到樹蔭之外，自己尋找陽光。蔣說他認同我的見解，但他並未走出自己的道路。

卸任駐日代表後某日，蔣找我吃飯聊天，很高興地告訴我，他出使日本成績豐碩，可是臨分手時卻頹喪地告訴我，他胰臟有大毛病，讓他很厭世。那時政府已發表他的新職中華電視台董事長。我告訴蔣，人生本來苦海無邊，何妨無怨承受。隔幾天我赴夏威夷參加一項有關台灣前途的研討會，竟傳來蔣孝武過世的消息。

蔣與我同庚。與我交往期間，告訴我很多宮廷的事。外面對他有很多風評，應是年少輕狂時期的事體。

綠營猛將如雲

我進社會服務的前二十年，台灣處於戒嚴時期。由於對民主政治有所憧憬，我的言論自然不斷衝撞威權體制；在那種情況下，掌權的人和我做朋友，比較不易；相反地，黨外人士，大家聲氣相投，毋乃必然。

民國五十八年，康寧祥以反國民黨的鮮明旗幟當選台北市議員。康是我的第一個黨外朋友。

康寧祥常常喜歡跟別人說一個故事，說他們夫婦二人如何在民國五十九年大年初二天還未亮，從台北出發，長途跋涉，最後如何在中午時分找到台南縣偏僻鄉下一個鳥不生蛋的地方去參加一場朋友的婚禮。

康寧祥說的是眞實故事。那個朋友就是我。

戒嚴時期，情治單位幹了很多傷天害理的事情。參與選舉的黨外人士大多被鎖定；做票讓您當選不了，只算小事；當選了讓您吃官司下牢獄的事例很多。康寧祥沒有吃過牢飯，據後來各方透露，是因爲蔣經國特保。

我在民國六十年發表《今天的台灣農村》之後也立刻被鎖定。情治單位的理由是毛澤東當年造反，第一份文字是〈湖南農民運動考察報告〉，這個吳豐山寫了那麼多農村凋敝，居心不問可知。

我的幸運是隨後美國國務院邀請訪美，當年此舉形同外來維護。同一時間上台擔任行政院長的蔣經國提出農村振興方案，算是間接否定了情治單位的認知。

台灣的精英在二二八事變中損失殆盡，可是三十年後一個新世代又起。越來越多的黨外人士開始集結，民主運動風起雲湧。民國六十八年美麗島事件雖有幾十人入獄，但隔一年恢復選舉時，更多的黨外人士浮出水面，終於演變成後來民主進步黨的成立和解嚴。

康寧祥的參政歷程上不曾遭受國民黨的致命打擊，卻碰上同志無情的路線清算，這是政治最令人厭惡的地方，好在仍能活存。民進黨執政時期還做到國防部副部長、國安會祕書長。

姚嘉文是美麗島事件軍法大審八嫌之一。他去坐牢後，他的夫人周清玉窮盡一切辦法想要救夫，常常跑來報社找吳三連先生和我。姚嘉文判刑確定後想在獄中寫小說，周清玉必須幫他找資料，也常要我協助。周清玉當年到底如何把資料潛送進去、又如何把完稿潛取出來，我至今不知道，不過姚嘉文後來眞寫成了「台灣七色記」系列小說。姚嘉文出獄前周清玉已代夫出征，做過國大代表、省議員和彰化縣長。姚嘉文出獄後做到黨主席、考試院長；人間至痛換來了人間至榮，這是我朋友群中的特例。

陳唐山在民國七十二年任台灣人公共事務會（FAPA）會長的時候，在美國馬利蘭州辦「台灣前途研討會」，來電邀請素不相識的我參加。我主張和平的「兩岸分立」，此與敵視中國的傳統台獨主張有別，所以本來不想參加，但陳唐山以「意見都相同就不必研討了，開會就是要聽不同意見」爲由力邀。我就是在這個研討會上與陳唐山認識。

民國七十九年，李登輝總統召開國是會議，本人忝爲籌備委員。籌備會決定每一籌備委員可推薦兩名參加成員，排在第一順位是當然入選，排在第二順位的必須接受公評。我把陳唐山排在第一順位。

爲什麼把陳唐山排在第一順位？這是因爲我認爲統獨主張是言論自由，也因爲我認爲黑名單是荒唐事情。

闊別故鄉三十年的陳唐山於是終於回到台灣，住在我家。不過他在開議前以黑名單必須全面解除，不可只對一人特惠爲由，拒絕與會。陳唐山後來常常跟別人誇讚我竟能體貼他的特殊考量。

回去美國後，陳唐山很快收拾家當返台，開始他立委、縣長的政治生涯。民進黨執政後還歷任外交部長、國安會祕書長、總統府祕書長。

民國一〇〇年陳唐山又選立委，我說何妨樂享晚年？他說「年紀大了還是有個工作比較好」。

我在監察院服務的時候，陳常常跑過來，把故鄉朋友送的蔬果分送給我。

蘇貞昌原係執業律師，因爲參加美麗島事件辯護律師團走上政治路。擔任省議員時，政府控告我派記者赴大陸採訪，蘇貞昌和錢國城、周燦雄、李聖隆組成律師團爲我免費辯護，所以結交。

任省議員後，他當選屏東縣長，雖勵精圖治卻遭抹黑，以致競選連任時落敗。我寫一封信告訴他，日本人相信「培養一個政治家，至少要讓他落選一次」。蘇貞昌告訴我，這封信他保存至今。

落選屏東縣長好像反而爲他開闊了前路，蘇很快地在台北另闢了一片天。民國九十五年一月他由民進黨主席轉任行政院長。由於李遠哲院長力薦，我進蘇閣當政務委員，短短一年半時間，沒幫上什麼忙。

從民國九十六年迄二〇〇〇年，蘇貞昌連四敗：爭二〇〇八總統候選人敗、與謝搭配二〇〇八敗、二〇一〇選台北市長敗，爭二〇一二總統候選人敗。二〇一四年更退出民進黨主席連任選舉。

我關心這位朋友的前路，不過連他自己都不知道他的人生劇本是如何一個寫法？

在擔任國大代表、政務委員和監察委員期間，國民大會、行政院和監察院有幾位同僚的才幹和人品，我頗爲肯定，因此公誼之外，也有私交。此外，藍綠兩營，我注意到多位新生代，值得扶持，因此不吝付出具體關注，希望他們來日成爲國家棟樑，但把細節記述在此，並不相宜。

工商大老　因緣際會

我不會營商，但因爲參加「慶生會」和「薪人會」所以有一些工商界的人際關係。

「慶生會」是台灣三十六位工商界和政界大老從民國四十三年開始的每月定期餐會。大概在民國七十幾年的時候，連震東先生過世，大老們商議邀我遞補。當時這個餐會的長者是吳三連、許金德、陳重光以及幾個財團的掌門人。他們或因曾一起當過省議員，或相互兒女親家，或相互投資關係，所以聚成一團。謝東閔和高玉樹在世的時候每個月都來當貴賓。過去一段歲月，這些大老先後過世，「慶生會」的會員採繼承制，也就是說找次一代子弟來參加，如今我已變成餐會中的中生代。

這些工商大老頗富資財，民國七十九年銀行開放的時候，光這個餐會的成員就有八個銀行董事長。我是其中極少數兩三位不經營營利事業的成員之一。

「薪人會」是台南幫第二代的每月固定餐會，他們各負責一或幾個大營利事業，說是第二代，其實現在已多成老年人。我也是其中不經營營利事業的少數成員之一。

新聞界故舊多多

我在《自立晚報》服務二十七年，在公共電視服務不只六年，因此有很多新聞界的朋友和故舊。

這些朋友和故舊，有的仍在新聞界，表現亮眼，有的轉換跑道到政治界或學術界，同樣做出很好的成績，我以他們的成就爲榮，大家平時也常相存問，令人備感溫馨。我如果要逐一列名，一定掛一漏萬。

離開新聞界後，馬齒徒增，不少人喜歡稱我爲「新聞界大老」；「大老」是開玩笑式的稱呼，倒是常有團體請我去當各類新聞獎的評審委員。我對當前新聞界表現批評不少，對優秀後進很願意加倍獎勵。

與宗親有不解之緣

民國四十一年，住居在台北市的吳姓宗親在時任台北市長吳三連先生的領導下成立台北市吳姓宗親會，並即募款在南京東路三段買了六百坪稻田，興建吳氏宗祠。到了民國六十年，該地段已車水馬龍，宗親會乃決議拆除宗祠，與建商合作建築商業大樓，六十二年完工，宗親會分得每層一百二十六坪的十一層大樓一棟。

依政府法令，宗親會有財產，必須另設立財團法人管理之。就在此時，吳三連先生命我去兼任台北市吳姓宗親會和財團法人吳氏讓德堂二機構的總幹事，從此，我與宗親會結下不解之緣。

舊宗祠拆除時，大家共識待商業大樓開始營收，必須以建設新宗祠爲第一要務，因此開始覓地，最後在頂北投山上購得四千坪果園，花了五年時間建設成美輪美奐、可以千人聚餐的新宗祠。身爲總幹事，我必須承擔全部工作，整個工程進行期間，我上山不只百趟，因此當新的吳氏宗祠於民國七十六年落成時，我心中感受到最爲甜美的滋味。

吳姓宗親散居的東南亞各國，亦有宗親會組織，從民國六十四年起，大家開始不定期懇親聯誼。台灣各縣市的吳姓宗親會於民國六十六年組成「全台吳姓宗親聯誼會」，我任萬年祕書長，每年都在各縣市輪流舉辦全台懇親大會，每屆都有兩三千人參加，至今不斷。

好像不少人認爲宗親觀念是封建遺緒，我的經驗恰好相反。從民國八十八年起接替吳尊賢先生擔任台北市吳姓宗親會理事長、台灣吳姓宗親總會會長迄今，我可以充分感受到海內外吳姓宗親對我的愛護。

永遠的故里

我的老家台南縣將軍鄉（現在是台南市將軍區）的將軍庄，少數幾戶姓施外，全村莊大多姓吳，說是幾百年前一戶衍傳下來。村莊有座金興宮，是庄人信仰中心，歷史百餘年。民國八十五年，村中長老以廟齡太久維修不易，希望重建，命我擔任重建會會長，我只能遵命。不多日募得億元，花了四年工夫，建成巍峨新金興宮。建廟學問不小；石雕要栩栩如生，屋頂要勾心鬥角，護井要貼飾金箔，門口要石獅一對，中庭要飛龍八隻，這些我都不懂，全由村中長老費心。落成之日，全庄歡聲雷動，我沾了很大喜氣。每次返鄉，父老對我的愛護，都令我感動。

讀友諸君也許想問：不懂廟何以遵命建廟？事實是，我四次參加選舉，每一次都全村自費出動，遠赴各地找尋親友爲我拉票；我不知報恩的話，豈非妄爲人子？

同窗情誼歷久彌新

從小學、中學、大學到研究所，自然有很多同窗好友，有些同窗特別有緣，便就來往不斷。我讀小學時的同窗最重情誼，與我維持不斷來往的是一長串名字。他們大部分住在高雄，小部分住在台南，也有三五人仍留在將軍，他們士農工商都見成績。我參加選舉時，他們為我助選，平時有事需要幫忙，他們也會找我。如此這般，已過半世紀，行將一甲子。

我初中同學一直保持來往的黃秀孟，後來做到立法委員。李銀櫃後來做到第一銀行總經理。

由於北門中學有旅北校友會，所以有幾位學兄如周燦雄、李純美、江悅、陳英進、林賢郎、陳義彥、王全祿、陳有進、陳介元，幾位學弟如王榮周、吳清基，都很有來往；他們在事業上都很有成就。

我高中同學一直不斷來往的有林澄安、方秀郎、黃文安、李金彥。林澄安做到陸軍少將，現在已退休回屏東營商。方秀郎是教師，已退休，每天含飴弄孫。黃文安半生營商，賺了大錢，現在事業交給兒子，自己樂得每天打球。李金彥教過書、做過官，現在是台南新營的太平紳士。

我大學同學，畢業後有好幾位每隔一段時間會找在一起吃飯聊天。聊的都是當年在指南山下的青澀歲月。其中，田壁武、林富雄是同學會主幹。林信光是台東關山仕紳。一生奉獻外交的陳兆熙是五十年不曾中斷交遊的好朋友。

研究所的同學分散各方，擔任政大教授的王石番比較容易聯絡。做駐外大使的陳永綽，要回國述職時才能見到他的風采。王端正做到《中央日報》副社長後請辭去幫他的胞姊證嚴上人經營慈濟志業。

由於選舉唇齒相依

我因爲四度參加競選，自然產生不少人際關係。

吳昭邦是我的族兄，領導力強，他是我第一次參選時的總幹事，已過世。吳幸雄誠樸幹練，是我的族侄，他是我第二、三、四次競選時的總幹事。張敬男、林新助、黃先景、楊吉助、吳耀木、吳榮民、吳宗龍、吳明賢等人是我在選區的長期義工。故鄉這些親友，個個忠肝義膽。其中，林新助、黃先景已作古。

助我競選，張德先生是第一功臣。張德原任劉博文縣長機要祕書，他熟悉每一鄉鎮的人脈，四次選舉都是他帶領我全縣尋找支持。張德已過世十餘年，我對他有無限感念。

還有，李雅樵縣長、蔡江琳省議員、吳維樵副議長和吳天素董事長，他們在地方上長期經營，與我選舉時才回故鄉走動完全不一樣。由於他們在地長期耕耘，我的競選才見事半功倍。其中蔡江琳已經作古。

四次參選，所有花費都是來自四面八方的捐助；不管一萬元或一百萬，我都永懷恩寵。

諸多摯友惠我良多

某年某日，我在吳尊賢基金會辦公室，有位朋友來看我，因爲知道尊賢先生也在隔壁辦公室，便就引薦這位朋友與他認識。我說「這是我的好朋友某某」。隔天，尊賢先生告訴我：「朋友就很難得了，好朋友很難很難！」我從來沒想過這個問題，後來深思，發現人世間不是夫婦不離異、不是兄弟不鬩牆、不是好友不反目，可見尊賢先生說「好朋友很難很難」是智慧語言。

「好朋友很難很難」，不過我眞的有不少好朋友。

他們有的爲官、有的經商、有的教書、有的早已遊手好閒。他們之中有人兩袖清風，有人頗富資財。有的人球技一流，有的人一身病痛。有的人沉默寡言，有的人牢騷不少。不過，這些朋友都有一個共同形狀，那就是每個人都慈眉善目、孝順父母、友愛兄弟。

什麼叫好朋友？好朋友就是交情歷久不變。好朋友就是我說什麼他們都信任，他們說什麼我也都信任。好朋友就是常常找在一起做正經事或者一起打球吃飯。好朋友就是如果有人在他們面前說我壞話或者如果有人在我面前說他們壞話，大概就不免翻臉。

語云：「得一知己，可以無憾」；我有不少好朋友，有些甚且情逾手足，實在是人生很大的幸福！

不過，好朋友常會忘記正經八百，那些把我「榮退」說成「失業」的人；那些我已連任六屆同學會長還不讓我下台的人；那些把我打球只輸兩百元就說給全台北城聽的人；那些說要寄水果給我，我說不客氣就真的沒寄的人；那些只有我交辦他才願照辦的人；那些嘴巴說很尊敬我，打球時卻壓著我的頭猛搥的人……。總之，大家心裡有數。

誠信處世　忠孝傳家

最後記述我的妻小。

我太太蔡秀菊女士麻豆人，端莊賢慧。高中畢業要考大學時家道中落，她決意放棄升學，考上第一批台北國賓飯店的出納員，北上吃頭路，賺錢幫忙她的父親。我們交往了七年後於民國五十九年結婚。四十幾年來，太太依她勤儉持家的理念，相夫教子。不管我擔任什麼職位，不管人家怎麼慫恿，她永遠保持低調生活，勤儉持家，實在不容易。其實在我當選國大代表以前，她已做到一家公司的副總經理，但她毅然請辭，回歸家庭。

長子永泰與雅惠小姐結婚，已育二子友博、友智。現在在台北經營建設事業，任公司總經理。雅惠是護士，目前專心相夫教子。

次子永祥與瑄芳小姐結婚，已育一女友涵、一子友德。他是國際認證財金分析師（CFA），現在任投資公司首席分析師。瑄芳是會計師。他們定居澳洲。

小女永鈺二十出頭，待字閨中，在澳洲任高級中學英語、日語、法語教師。每次來信都告訴我，學生都很喜歡她這位漂亮又認真教學的老師。

子女自有他們的人生，我只在意他們一生都能正派做人、正派做事。還好，到現在爲止，他們都能謹記「誠信處世、忠孝傳家」的家訓。

有一事，記述在此，以博讀友一粲。我小犬的大公子和二公子，一個八歲、一個六歲，我家三代同堂。假如我回家吃晚飯，飯後一定要與他們二人先後各下幾盤棋。小子機敏，常常贏我。當此之時，他們會以高亢的童聲得意洋洋地向在二樓看連續劇的奶奶呼叫：阿——嬤，阿——公——輸——到——脫——褲——子！

卷八

生命探索

假如我是學問家，恐怕我會窮畢生之力深究宇宙人生的眞理，可惜，我沒有這種機緣。

話雖如此，中年以後，我常思索宇宙的原理、人生的奧妙，想要找尋放諸四海而皆準的法則，以作爲安身立命的依據。

我承認，這很像庸人自擾，奇怪的是，我樂此不疲。

窮究宇宙與人生，其實就是窮究哲學。據解說，哲學的英文Philosophy，意即「智慧之學」，然則智慧之學豈是偏窄探求可得？人生的智慧必是天文、地理、歷史、博物、詩詞、神學、科技……總合淬煉產出的精華。

梁啓超和胡適之是上個世紀初葉名滿天下的中國年輕學人，且一時瑜亮。有一個清華學生寫了一封信，要求胡適爲想要在出國留學前得到「基本國學常識」的人開一張必讀清單。

胡適照辦了。他以〈一個最低限度的國學書目〉爲題，寫了一篇長文，以「工具之部」、「思想史之部」、「文學史之部」分門別類，開列了一張包括《四庫全書總目題要、附存目錄》、《佛學大辭典》、《春秋繁露》、《抱朴子》、《阿彌陀經》，到《紅樓夢》、《鏡花緣》在內一千餘部古籍，答覆這位學生。

梁啓超看了胡適開列的清單，大大不以爲然，認爲胡適「所說的國學範圍太窄了」，所以他也開列了一張清單，並且逐一詰問胡適，何以列彼書不列此書，用詞遣字咄咄逼人。

讀友諸君：「最低限度必讀」，且僅限「基本國學常識」，胡適就列了一千餘部，梁啓超還指「範圍太窄了」；試想，兩位大儒以讀書爲職志，我們一般人不能每天只讀書不做別的事，那麼古今國內外汗牛充棟的書籍，恐怕我們終其一生只讀了其中百萬分之一，甚至千萬分之一，應是必然的結局吧！

好在，「讀很多書」與「得很多智慧」之間並無絕對等號，因此，我仍執意要以「生命探索」爲題，把我探索宇宙人生的一丁點心得做一記述，坦白向大家報告我安頓一己心靈和生命的過程，讀友諸君就姑且把它當作「野人獻曝」吧！

渺小

某年某日，我伸手去拿辦公桌後面公文櫃上的一本期刊，擺在桌面上攤開後，不經意地看到一隻什麼東西在紙面上走動，像是螞蟻，可是卻小到比大頭針的針尖還小。這小東西令人討厭，所以拿原子筆的倒頭，根本只是一碰，它就死翹翹了。

死翹翹以後的這個小東西躺在那裡。我不曾移開視線。心想這個動物，小到這麼小，哪來五臟六腑？哪來眼睛哪來腳？它走動的時候要用多少能量？

然後，我想到，誰是它的父母？它們有沒有個家？假使它們只是幾個細胞的合成，那麼它們的生命有多長？假使它們也是上天創造的東西，那麼它們生存的意義是什麼？比如說，豬的存在有意義，它們至少可供人類食用；這個小東西連不用心都看不到，還能有什麼意義？假如根本沒有意義，那麼上天豈非窮極無聊？

然後，我又想到，所謂大小，當然是拿人的觀點來尺量，跟它一樣大小或只比它大一點點的玩意兒不少，比如說跳蚤、塵蟎、螞蟻等等，在地表上都有大量的存在，甚至於為數遠比人類多，只是人類遠比它們高明，所以最後這些小玩意兒變成人類鄙視的存在。

然後，我不免又想到，所謂大小，其實只是相對而言，比人大的東西不少，莫說大象、大牛；神話裡的巨人，一腳可以踏死幾十個人，兩手可以推翻摩天大樓；假使眞有巨人，那麼在他的眼中，哪一個人一百五十公分高，哪一個人一百九十公分高，不都一樣？

我的視線留在那隻小東西身上很久，想到佛經說的「一沙一世界」，不禁若有所悟，可是又莫明所以。只好拿起期刊，朝向垃圾桶，輕輕一彈，把那個小東西的屍體彈出紙面，丟進它生命的終點。

思緒當然不會隨著這個小東西被彈入垃圾桶而中止，因為我的腦子裡已觸及「大」與「小」的命題。

我們人類和各種生物共同居住的這個地球，有三大洋五大洲，用現在最快速的商用旅行工具噴射客機，沿著赤道以每小時八百公里的速度，飛個一圈要大約三十個小時。

晴天的時間，我們每一天會看到太陽從東邊上來，從西邊下去。晚上天空不被雲朵遮住的話，我們會看到月亮以不同的形狀圍繞著地球運轉。太陽距離地球一億五千萬公里，月亮距離地球三十八萬公里。太陽、地球、月亮以及數也數不完的億萬星球合爲太陽系，而太陽系卻只是宇宙以億萬計的銀河系之一。

國語字典解釋宇宙二字，說「上下四方叫宇，古往今來叫宙」，合起來就是「世界」。或者，我們可以據此認知，無限的空間加上無限的時間叫宇宙。

關於宇宙的形成，目前物理學界大概共同相信「大霹靂理論」（BIG BANG）說是大約一百億到兩百億年前，有一個密度極大、溫度極高的大爆炸，然後各種物質不斷聚合，溫度不斷降低，最後形成以億爲計的宇宙銀河系。宇宙銀河系相互之間的距離以光年計，這個銀河系距離那個銀河系幾萬、幾十萬或幾千萬光年。

一直到今天還是很重要的一本書——《人類的故事》（*The Story of Mankind*）荷裔美人作者房龍（Hendrik W. Van Loon）用以下文字形容時間之無限長度。他說：在北方一個管叫斯福茲佛德地方的高地上有一座岩石，這座岩石高一百哩、寬一百哩。有一隻小鳥每隔一千年就會飛到此地來琢磨一下牠的鳥喙，待這座岩石就這般逐漸被啄光的時候，永恆的歲月便消逝「一天」。

房龍先生如此形容宇宙歲月悠悠。我對時間步伐的穩健，以及逝者如斯，不捨晝夜，也有一番體會。

時間是什麼？

時間就是六十秒爲一分，六十分爲一小時，二十四小時爲一天，七天算一個禮拜，五十二個禮拜加一天成爲一年。

時間是什麼？

時間就是讀完小學要花六年，讀到大學畢業至少要十六年，要領退休金要做滿廿五年。

時間就是懷胎未滿十個月便是早產。把一棵甘蔗種到可以收割要一年又半。從寶貝女兒出生到她幫你生外孫要二、三十年。

時間就是說，假如有個朋友在三月一日跟你說他三月卅一日要從海外回來與你見面，你從那天開始等起，秒針一秒一動，不疾不徐，等到動了兩百六十七萬八千四百次，朋友才到達你的面前；你急也一樣，不急也一樣。

時間是什麼？

時間有時候讓你覺得光陰似箭，有時候讓你覺得度日如年。時間是一種可以因爲主觀情緒而產生加快或減慢的錯覺的客觀存在。

有時候，人們有時間很長或時間很短的價值論斷，其實時間是很精確的尺量；比如說，三秒鐘或者五天或者兩億光年，都是很精確的事實；形容詞或價值論斷影響人的觀感，卻改變不了硬梆梆的存在和事實。

時間是什麼？

時間就是你在中國西湖看到的秦檜跪像，他是一千幾百年前的活人。時間就是你現在居住的台南，在三百九十年前由荷蘭人管轄，在三百六十年前由鄭成功治理，在一百年前由日本人吆喝。時間就是歷史的內涵，時間就是什麼都變，時間本身不變。

「時間」就是一種廣大的包涵，一種源自無限、奔向無限的難以名狀的無形、無聲、無味卻又絕對存在的什麼。

本節談宇宙、時間與空間，在此打住。我的體會是：在宇宙之中，人是極爲渺小的獨立個體；生而爲人的生命價值就在於仿天行健，把這個渺小的獨立個體，謙卑地發揮到對人類文明有所貢獻的極大。

質言之，那些開闊人類生存空間、提升人類生命品質的探險家、發明家、哲學家，可稱偉大；那些各行各業的生產者或服務者，只要能夠不破壞和諧秩序，也都可稱善良。

只有上天精選的極少數精英可致偉大，可是只要有一念之誠，尋常男女人人可致善良。

無常

民國四十九年，我入高中就讀，到了寒假回家的時候，知道家父德成公不幸罹癌，又過幾天，家父便過世了。

民國八十八年某日上午，我的老闆尊賢公打電話找我，說有事找我商量，我說可先去看他，再去上班。下午二時，我電覆尊賢公，告訴他，交辦的事已辦妥。下午六時回家途中，手機響起，尊賢公的家人告訴我，尊賢公已過世。

家父過世和尊賢公過世，是單獨一人走到生命終點。如果是一架飛機掉下來，剎那間幾百人喪生，幾百個家庭頓時面臨死別；他們也許幾個小時前剛送親人上機，他們也許正在家裡高興地等候親人幾個小時後會回到家園，可是剎那間便見愁雲慘霧罩頂。

假如地面上發生大規模的戰亂，那麼槍林彈雨萬骨枯，再真摯的慰問也無法補償戰死沙場的青年人的家長的苦痛。不當兵的平民同樣會骨肉流離，父母失去了兒子、太太失去了丈夫、兄姊失去了弟妹，都是人間鉅痛。國共內戰時，有些十幾歲的少年還沒有資格當兵，卻也會在兵荒馬亂中被拉伕，從此與親人失散；倖存者假如有機會與親人重逢，已是半個世紀後的事；此時，當年的親人多數只剩一坏黃土。

人禍如此，天災亦然。水火無情之外，還有地震、海嘯、土石流、火山爆發。地球表面上天災不斷，幾十個人、幾百個人、幾千個人甚至於幾十萬人，只一轉眼間便喪失生命。救災的人趕到災難現場，處理的是一具具屍體，如果剩下的只是屍塊，也是司空見慣的事。

天災人禍之外，其實人生處處無常。走路有風的政壇高官，會忽然被打入冷宮；衆人擁戴的領袖，稍不小心竟身陷囹圄；富可敵國的巨賈，沒人保證他們的企業王國不會覆亡；家徒四壁的人卻可能忽然中了彩券變成富翁……。

以上記述的這些無常戲碼，其實幾千年來在地球表面上不斷重複上演，因此探索其中道理的文字汗牛充棟。

解說「無常」，研究東方哲學的人都推崇《易經》。《易經》光是書名就清楚標明，是在講究變易的原理。這本書一般認爲學問深奧，研究它的人總是希望能夠盡最大可能把它淺釋簡解，南懷瑾大師在這項工作上頗有貢獻，他把易字歸納爲變易、簡易和不易。

所謂變易，指世界上的人與事乃至於宇宙萬物，沒有一樣東西是不變的。在時空當中，沒有一事、一物、一情況、一思想是不變的。南懷瑾是佛學大師，他直截了當地把《易經》的變易與佛經的「無常」連結。

所謂簡易，指的是宇宙間萬事萬物雖然變動不居，但複雜之中，其實變動必有其理，而且其理簡明，只要有足夠的智慧，便能參透。

所謂不易，指宇宙萬物萬事雖然隨時在變，可是卻有一項永遠不變的東西存在，也就是說，能夠變出來萬象的那個東西卻是不變的，是永恆存在的。南師直指，那個東西就是基督教的上帝、佛教的菩薩、回教的阿拉；是「主宰」，或者哲學上說的「本體」，科學家說的「功能」。

至於乾、坤、離、坎、震、巽、艮、兌等八卦以及八卦所變幻出來的六十四卦，講的是變化萬端和古往今來。

以上引述《易經》，我是要指出，我講無常，是在講凡是生而為人，就必然要面對的生命實際，是亙古以來生而為人的共同命運；也正因此，如何面對無常，就變成安身立命的大學問。

所以我要再提《金剛經》。

《金剛經》以闡明「相」與「體」貫穿全書。「相」指世間一切現象，是無常的，是不停變動的。「相」來自「體」；「體」是一切生命的源頭，是佛性。

《金剛經》以因果解說「無常」，認為無常和因果都是正常的；甚至於認為暫不變動的

「相」只是維持的時間較久而已，不是不變動，三兩天不變動或三兩年不變動的事情，三十年或二十年後，不變動的還是變動了。

《金剛經》進而以修福德、修智慧的所謂「福慧雙修」來解脫人間苦痛。但修福德要「不住相布施」，也就是要不求回報的布施，其福德才「不可思量」。至於修智慧，《金剛經》講究「應無所住而生其心」，能通澈不分別、不執著的「應無所住」才能到達「凡所有相、皆是虛妄，若見諸相非相，即見如來」的究竟境界。

對社會大衆而言，《金剛經》在用字及邏輯辯證上，似較艱深，筆者以上轉述是用淺顯的文字來作愚者一得的表達，以供參酌。

除《金剛經》之外，古中國諸子百家也都試圖解析，雖然百花齊放，但也衆說紛云。《史記．外戚世家序》說「孔子罕稱命，蓋難言之也！非通幽明之變，惡能識乎性命哉？」可是他老先生還是盡力提醒「危邦不可入，亂邦不可居。」凡此種種，都是企圖點亮一盞明燈，照亮生命的前路。

筆者的終極體會是，人生無常，這是無可奈何的事，可是我們每一個人從出生到死亡，每一天都要做人，因此，最重要的是一輩子都能正派做人，並且慈愛行事；至於貧、富、窮、達，成、住、壞、空，本來無常；生而爲人只要不卑不亢地客串那一個時間點的角色，得意冷然，失意泰然，不以物喜，不以己悲，也就夠了。

平衡

在高空中走鋼索的人，兩手必定拿著一根長桿，走鋼索的人就靠著操縱長桿求取左右平衡；一旦失去平衡便會摔下來，失敗收場。

會計上的資產負債表，一邊記資產，一邊記負債，資產負債必須平衡，才算正確。

有一天，我看到一篇文章，說假如一個人把手掌心放到火燭上所承受的痛苦是一，女人分娩的痛苦是十，可見分娩痛苦至極。可是爲什麼很多女人卻一輩子生了一大堆子女？我看一定是因爲緊接著分娩大痛苦之後的是生命的大喜悅，於是就形成另一種型態的平衡。

或曰：人類繁殖責任，男女分擔各半，然則男性何以免了分娩之苦？我說不對不對！人類大抵把養家活口責任劃歸男方，造物者其實並未獨厚一方。

我們高度期望風調雨順，因爲清風徐來，螢飛草長，因爲甘霖普降，滋潤大地。風不調變成颱風會生風災，雨不順變成豪大雨會生水災；可見造物主講究平衡，暴風暴雨對人類造成傷害，是因爲失去了平衡。

平衡律之存在，從天體的亙古運轉到人際互動，處處可見，時時可見。一個丈夫月賺十萬，假如只拿五千給太太買菜，另外的錢自己拿去花天酒地，日久必定離異；做頭目的人如果不能做好手下的利益分配，日久必然散夥：做老闆如果獨享經營成果，視員工如牛馬，日久，員工必然群起批鬥。

我看《三國演義》，曹操也好，劉備、孫權也好，只要打了一場勝仗，一定對戰將加官晉祿；只要攻下一域，一定遍賞文武群臣，何以故？因為如果大王總一人做，底下人只流血賣命，日久必定因為利益分配失衡而離心離德。

《菜根譚》說：完名美節推些與人，可以遠害全身；惡名汙行引些歸己，可以韜光養德。為什麼好事要推些與人、壞事要引些歸己？遵循平衡律以保全幸福故也！

二〇一一年九月，美國蘋果電腦公司創辦人賈伯斯過世，舉世悼念，同一時間美國人發起占領華爾街運動，要向華爾街的金融業老闆造反。很多人看到了賈伯斯的發明嘉惠人群，我認為他「年薪一美元」的謙抑，同樣令人景仰。賈伯斯應該不知道有《菜根譚》這本書，可是他知道平衡律；那些予取予求貪得無饜的華爾街金融業大亨，因為不知道平衡律或者也許知道但不願遵行，所以落得有朝一日變成過街老鼠人人喊打。

華文世界應該很多人知道古中國「長鋏歸來兮」那個故事吧！馮煖的老闆叫他去向佃農收田租，馮煖卻違背老闆交付的任務，反而免除佃農的田租。這些佃農後來在地主有難時挺身回報。支配這整個故事的其實也是天造地設的平衡律。

中道思想其實是平衡律的衍伸。我看政治理論家發明的政治理論，當初大都是因為不偏激不成其一家之說，所以偏而不全，到了眞正落實的時候都必須往中道修正。譬如說資本主義，假如不是後來加入社會福利，恐怕早已不存在。譬如說共產主義，不能不說是一種崇高的理想，可是採行純共產主義的國家哪一個成功？中共在過去三十年內崛起，說穿了其實就是去掉一半共產主義，裝入資本主義；平衡律無所不在，在政治經略上也沒有例外。

馬可仕總統統治菲律賓期間，我多次訪問馬尼拉。從機場到市區的一條馬路早就應該建設高架，卻每次都看到人車壅塞的老樣子。車子遇到紅燈停下來的時候，乞丐便蜂擁而上，其中很多是蓬頭垢面的婦女身上背著面容憔悴的孩子。後來馬可仕被推翻了，調查單位算出他總共貪汙了一百八十億美元，他的妻子伊美黛滿屋子金銀財寶之外，鞋櫃裡竟有三千多雙鞋子；大失衡帶來大災難，馬可仕夫婦是最好的活教材。

古中國的秦始皇統一天下，當時的中國人可以接受萬世一系，可是秦始皇的政權卻不旋踵即見覆亡，何以故？在杜牧的〈阿房宮賦〉上可以找到答案。杜牧記述阿房宮，說為了建阿房宮，剷平了一整座山頭，宮殿覆壓三百里，阿房宮內宮女如雲，「明星熒熒，開妝鏡也；綠雲擾擾，梳曉鬟也。渭流漲膩，棄脂水也；煙斜霧橫，焚椒蘭也；雷霆乍驚，宮車過也。」而且「一肌一容，盡態極妍；縵立遠視，而望幸焉。有不得見者，三十六年。」

皇帝固然高高在上，可是每個人都是一張嘴巴兩條腿，身為老百姓並不就一定永遠低在下。

假使老百姓必須做苦工為皇帝建宮殿，假使老百姓吃也吃不飽，皇帝卻可金屋華服，每天山珍海味；假如民間一大堆鰥寡孤獨，皇帝卻後宮佳麗三千人，那便是大大違反平衡天理，報應本來旦夕間事。

談論宇宙與人生，自然不可能不注目愛因斯坦。這位後來歸依美國的猶太科學家，一九〇五年廿六歲還在德國的時候，就發表了驚天動地的「狹義相對論」（Special Relativity），根本推翻了已支配世界兩個世紀之久的牛頓物理學。

「狹義相對論」來自愛因斯坦〈論運動物體的電動力學〉一文，愛因斯坦在這篇論文中提出了「光速恆定」以及「相對性原理」。稍後又發表〈物體的慣性與它所含的能量有關嗎？〉一文，談相對時間與質量等價定律，也就後來大家熟知的 $E=MC^2$（能量等於質量乘以光速平方）。至於一九一五年發表的「廣義相對論」（General Relativity）則斷言太陽的重力場會使通過太陽附近的光線彎曲。

本章以「生命探索」爲章名，自然不是要探究深奧的物理學，筆者也沒有這個能耐，只是要從愛因斯坦的科學人生突顯兩件事體。

第一，宇宙萬物本來存在，科學家做的事情是發現，而非發明；我們平時說的發明，其實是組合或製造；宇宙本來的原理，千古不變。愛因斯坦甚至直言，所有複雜的宇宙萬象，其實都可歸納爲簡單的不變原理。

第二，$E=MC^2$ 這個原理，後來演變出原子彈的製造。愛因斯坦雖然痛恨侵略者，但當美國製造出原子彈，愛因斯坦卻上書羅斯福總統，基於人道與天道，希望能夠阻止使用這種毀滅性武器。

華特·艾薩克森（Walter Isaacson）著有《愛因斯坦——他的人生，他的宇宙》（*Einstein: His life and Universe*，郭兆林、周念縈合譯，時報出版公司，二〇〇九年），他解說「相對論是一則簡單的概念，主張無論運動狀態爲何，基本物理法則皆相同。」

其實，對宇宙的科學探索，早在十七世紀就已起步，牛頓的地心引力說，哥白尼的地動說，到伽利略對於力學的探究，一系列的努力都是科學的里程碑。愛因斯坦的偉大在於寫成方程式，並且不斷突破、不斷精進。

所謂物理，其實講的就是物質法則。物有物理，一如天有天理，地有地理，人有人理（倫理），而這些法則又是相貫連的，《老子》把它歸納為「人法地，地法天，天法道，道法自然」。

老子的哲學在國際哲學界備受推崇。他所說的「道法自然」，其中，關於「道」，他說「有物混成，先天地生。寂兮寥兮，獨立而不改，周行而不殆，可以為天下母。吾不知其名，強字之曰道，強為之曰大。大曰逝，逝曰遠，遠曰返。」台大哲學教授傅佩榮把它翻成白話如下：「有一個渾然一體的東西，在天地出現之前就存在了。寂靜並無聲啊，空虛無形啊，它獨立長存而不改變，循理運行而不止息，可以作為天下萬物的母體。我不知道它的名字，勉強叫它作『道』，再勉強命名為『大』。它廣大無邊而周流不息，周流不息而伸展遙遠，伸展遙遠而返回本源。」

老子的這個「道」，就是「究竟眞實」，是「自因」，是「根源」。老子大概認定怎麼解說都不夠，所以《老子》第一章開宗明義就說「道，可道，非常道；名，可名，非常名。無名，萬物之始；有名，萬物之母。故常無欲，以觀其妙；常有欲，以觀其徼。此兩者同出而異名，同謂之玄，玄之又玄，衆妙之門。」意思就是說「道，可以用語言表述的，就不是永恆的道。名，可以用名稱界定的，就不是恆久的名。名稱未定之前，那是萬物的起源；名稱已定之後，那就是萬物的母體。因此，總是在消解欲望時，才可看出起源的奧妙；總是在保存欲望時，才可看出母體的廣大。起源與母體，這兩者來自一處而名稱不同，都可以稱為神奇。神奇之中還有神奇，那是一切奧妙的由來。」

連傳佩榮教授都說，翻成白話還是很深奧，可見「道」不易說得明白。至於「道法自然」的「自然」，並非我們一般講自然界的自然，而是講的「本然」，就是「本來就是那個樣子」的「本然」。那麼，前頭老子所說的「人法地、地法天、天法道、道法自然」就可以清楚知道，他講的是「人取法乎地，地取法乎天，天取法乎道，道取法乎自然」。

老子講「道」，一般併稱老子與莊子為老莊，因此談老子，不可不談莊子。司馬遷著《史記》雖然輕蔑莊子，但在西方哲學家眼中，莊子算中國大哲學家；甚至不少人認為，莊子雖然是老子的後學，但他對「道」卻比老子有更深刻的體認。

《莊子．大宗師篇》：「夫道有情有信，無為無形；可傳而不可受，可得而不可見；自本自根，未有天地，自古以固存。神鬼神帝，生天生地；在太極之先而不為高，在六極之下而不為深。先天地生而不為久，長於上古而不為老。」這段文字明白指出，道就是萬物的起源與歸宿。

〈大宗師篇〉所指「在太極之先而不為高」，其中「太極」一詞出自《易經》，《易經》以「太極」為萬物的起源，莊子則說「道在太極之先」。

本人淺見，道與太極講的是同一個事，如何處理人與大自然之間的互動，更為重要。《中庸》第一章：「致中和，天地位焉，萬物育焉」講的即是人類與大自然相處之道；它說：走中道、致和諧，那麼必然天地各安其所，萬物欣欣向榮。

人類本來相信人定勝天，所以假科學之名，行掠奪之實，在地球表面肆無忌憚的濫伐，濫墾、濫採、濫用，現在大地反撲，人類已然噬臍莫及，所謂天道不可欺，信哉斯言！

眞是很奇妙的事體！人類用科學方法探索宇宙之前幾千年，哲學家就用思想方法探索宇宙，科學家和哲學家所得到的結論卻大同小異，那就是歸結於上天、上帝或者自然。用愛因斯坦的語言來解說：時間的測量是相對的，空間的測量也是相對的，時空在所有慣性架構中皆保持不變。

很有意思的是，愛因斯坦在發表相對論初期，曾以「不變性理論」（Invariance Theory）來命名相對論。

那麼各位如果拿上一節《易經》所說的變易、簡易與不易來做一比對，宇宙物理科學和宇宙思想哲學最後得到的結論和解說，多麼相似啊！

大部分西方科學家在窮畢生之力探究科學而仍未能究竟之後，都回到「上帝」身邊。東方哲學家最後共通的結論，大概都是「上天」。我不是科學家，也不是哲學家，不過我要明白指出，「平衡鐵律」就是「上帝」，就是「上天」，宇宙與人生都受平衡律的支配，平衡律是鐵律，是眞理。

質言之，人很渺小，天不可欺。落實到人間，凡事應恰到好處；品嘗美味可以，暴飲暴食則不可；舞八佾於庭可以，驕奢淫逸則不可；勇於承擔可以，廢寢忘食弄到一命嗚呼則不可……。

古訓原來不欺人；否極泰來，樂極生悲；得民者昌，失民者亡；辛苦播種的，必歡呼收割！

我半生賺錢很少，花錢很多，爲什麼也能平衡？想來應該是在賺錢很少之外，加上了服務很多，所以上天依平衡律額外安排了恩寵；古訓原來不欺人。

實力

我很不喜歡「弱肉強食」這四個字，因爲它與人類和諧背道而馳；不過，在生物界，「物競天擇、適者生存」卻早在兩百年前已被西哲達爾文的實證調查研究證實爲眞理。

生物界的生存法則如此，人類亦爲地球生物之一，那麼人類社會也受此一生存法則的支配，殆為邏輯之必然。

深入觀察人類社會，實力的大效用，處處可見。就單一個人而言，高大強壯是實力、家財萬貫是實力、學富五車是實力、高瞻遠矚是實力、擁衆萬千也是實力。

就一個國家而言，國土面積廣大是實力、人口衆多是實力、經濟高度發展是實力、兵壯馬肥是實力、人才濟濟也是實力。

我說實力之效用大矣哉！試看，一個人假如高大強壯，便就容易練就一身功夫，有了一身功夫，便可以打抱不平；假如找一流教練不斷琢磨，便可能在賽事中奪標，出人頭地；如果把這項實力用於營利，也可依憑勇健，處處先機。

再看家財萬貫。一個人富有資財，可以造就一家榮華，也可以行善積德，贊助公益，澤被鄉邦。

就一個國家而言，如果兵壯馬肥，便可抵禦外侮，不受欺凌。如果人口衆多，光內需市場廣大，就是發展經濟的好條件。

不過，在人類社會，實力原則似乎不必然帶來正效果。譬如說一個人高大強壯，卻專門用來欺凌弱小，日久難免惡報。譬如說一個人家財萬貫，卻為富不仁，日久也會被社會唾棄。又譬如說，一個國家軍備實力強大，卻用來恣意侵略他國，不管是希特勒侵略歐洲，不管是日本侵略中國，或者是美國侵略越南，到頭來都是自遺伊戚收場。假如是人口實力豐厚，國家統治者卻只知搜刮，不知牧民，人口眾多最後反而會變成國家貧弱的累贅。

明明實力重要，爲什麼實力不必然帶來正效用？深入探究可知，這是因爲人類不同於其他生物；人類有智慧，所以實力原則之於人類，必然與智慧併合作用；人類智慧又有善智慧與惡智慧之別；實力加善智慧是一種結果，實力加惡智慧會生另一種結果。

事實上，達爾文的物競天擇理論，從發表以來，便在生物科學與宗教哲學之間爭論不休，在西方世界相關著作不計其數。查爾斯．佛斯特（Charles Foster）著有《當上帝遇見達爾文》一書（*The Selfless Gene-Living with God and Darwin*，賈士蘅譯，台灣商務書局），這位達爾文理論的信仰者，在科學與神學之間找到交叉點，他認爲：宇宙間所有的問題，不可能在單一文本或單一理論中找到全部答案。

換句話說，人類因爲不同於其他生物，人類社會便就不同於其他生物群體。人類社會不是由唯一一個有智慧的頭頭操縱，而是每一個單獨個人都有高低不等的智慧，那麼支配人類社會的因素就見錯綜複雜。此所以查爾斯．佛斯特說，宇宙間所有的問題，不可能在單一文本或單一理論中找到全部答案。

不過，儘管如此，哲學家自古以來所作的工作，都是立志在錯綜複雜中找到一個終極原理，不管他最後找到或找不到。

我讀《中庸》，認爲《中庸》一書把實力與善智慧之併合作用，說得甚爲透澈。「不偏之謂中，不易之謂庸。中者，天下之正道；庸者，天下之定理。」這是孔老夫子傳授的心法。

《中庸》又說「喜怒哀樂之未發，謂之中。發而皆中節，謂之和。中也者，天下之大本。和也者，天下之達道也。致中和，天地位焉，萬物育焉。」

對四書五經，對孔孟之學，可能不少人會認爲是老掉牙的腐朽思想，我認爲自中國漢代尊孔以降兩千年不變，必有它的道理，不是簡單一句「以保皇權」可以抹煞。中共建政後批孔揚秦，確有打倒既得利益階級的政治考量。如果是天地眞理，因政治而產生變幻畢竟如卵擊石；到了中共經濟崛起後，又「半暝吃西瓜——反症」在世界廣設「孔子學院」，可見我見不虛。

也正因此，在古代中國，多少學人窮畢生之力窮通四書，元代朱公遷著《四書通旨》，到了民國還有留美學礦冶的陳立夫著《四書道貫》，可見四書精微，只可惜，工商業都會與廣大農業部落社會，畢竟歧異多多，竟致讓一般人小看了四書所闡揚的宇宙人生眞理，實在可惜！

不談《大學》、《論語》、《孟子》、《中庸》，那麼談基督教《聖經》或者回教的《可蘭經》如何？這兩部被認為一直是世界上最大發行量的經典，對宇宙人生同樣有深刻的探究。隨便打開一頁，都可以看到發人深想的哲思。

探索宇宙人生，比對各方經典，可以發現其實古聖先哲的體會頗有近似。一百年前丁仲祜居士箋註《六祖壇經》，就說禪宗六祖慧能講「自性」，與《中庸》所說「天命之謂性也，喜怒哀樂之未發謂之中也」，與《孟子》所說的「萬物皆備於我也」，與《金剛經》所說的「應無所住而生其心」，與孔子所說的「勿意勿必勿固勿我」、「七十而從心所欲不踰矩」，與《莊子》所說的「至人之用心若鏡不將不迎應而不藏」，其實講的都是同一個眞理。

年輕時代，我是一個無神論者，認同「子不語怪力亂神」。中年以後，我並沒有變成有神論者，可是父兄舉香拜祖先、拜神明的時候，我會虔敬地拿香跟著拜；親友過世，假如舉行基督教追思禮，我也會虔敬地站起來跟大家唱〈奇異恩典〉。由於慧根有限，我到現在參不透各不同宗教所講的死生奧妙，蓮華生大士所著《西藏度亡經》（中陰得度）我看了十年還是看不懂，可是我很清楚地體察到我看得懂的各不同宗教經典，都是鼓吹慈悲與博愛，沒有任何例外。

質言之，支配人類社會的原理之一是「實力」，但累積了實力之後必須併合善智慧加以善用，才能生成善果。掌握「中道」是善用實力的最大智慧，而「中道」的精髓，端在慈悲、博愛與謙敬。

寸進

人生無常，但生而為人，日子就必須一天一天的過，事情就必須一件一件的做，才能走完生命全程；於是乎，寸進就變成另一項人生的眞理。

龜兔賽跑是廣為人知的寓言，烏龜只能一步步的走，兔子卻可以快步跑，輸贏未賽已定。但兔子大幅超前後，中途睡了一覺，等醒來時，不曾休息的烏龜已到了目的地。

自古，人類社會就一直崇尚「萬丈高樓從地起」，並且嘲諷「一步登天」。一日一寸雖然短小，但十日一尺，百日一丈，一年下來就有三丈六尺五。

台灣第一代企業家有兩個共同特色，一是賺一元只花一角，二是早睡早起。他們靠省吃儉用累積了第一筆資本，靠早睡早起拉長了奮鬥的時間。已故企業家吳尊賢曾經做過一個計算，說一個人存一萬元，日息一毛，每月複利，三十年後這一萬元變成了三億多元！這是眞知識，也是善智慧。

後來有人發明了分期付款；相對於台灣第一代企業家的操持，分期付款實在是人間最大的理財陷阱。

至於現代青年講究休閒，希望周休二日，樂此不疲之餘，其實也幾乎就自我斷絕了登峰造極的機緣。

所有的大成就都是累積而成的，台灣的經濟建設在起飛之前，朝野先付出了三十年辛勞；李遠哲獲得諾貝爾獎之前已讀了三十幾年的書；證嚴法師在獲得台灣社會的信賴以前，先在花蓮苦修了二十年；居禮夫人在發現鈾之前，已度過四十幾年寒風苦雨歲月。所謂「羅馬不是一天造成的」，這句話其實講的也就是寸進的道理。

我講寸進的道理，原是基於對世間功業的觀察，可是吾道不孤。劉緒義所著《晚清危局中的曾國藩》一書，引述曾氏讀書筆記——〈克勤小物〉：「古之成大業者，多自克勤小物而來。百尺之棟，基於平地；千丈之泉，一尺一寸之所積也；萬石之鐘，一銖一兩之所累也。」曾氏與我看到的一般。西方哲學界的經典著作——柏拉圖（Plato, BC429-347）的《理想國》，花了很多篇幅闡述國家最理想的統治者「哲君」（Philosophy King）的漫長培訓過程。先是在青少年時間施以體魄和音樂的訓練，然後在大約二十幾歲的時候參加第一次國家考試。通過第一次國家考試的秀異分子，再施以十年教育；這十年教育是身體、心靈、品格並重的訓練。然後參加第二次國家考試，通過第二次國家考試的菁英，繼之以哲學訓練。大約五年之後，把這群已學了哲學的青壯菁英投入現實社會，讓他們與各色人等接觸、競爭，是爲第三次國家考試。柏拉圖說，禁不起考驗的就中途退出，剩下來的人，年近五十，他們的肉體傷痕累累，態度嚴厲，神色鎮定，由於不留情的磨練，對學問的虛榮早已消失，並且生活轉爲質樸。同時，他們也學得立身處世的智慧、經驗以及各種傳習下來的風土文化、人情世故，然後這一批人才能成爲國家的統治者。

柏拉圖的《理想國》因爲也主張公妻、共產，所以後來連他的學生亞里斯多德（Aristotle, BC384-322）也不以爲然。不過，中世紀歐洲有些國家採用了他的理想，證明可行。

我不是要在這裡討論政治理想，所以不再繼續著墨，我只是要指出，柏拉圖對於一流國家統治階級培養的藥方，其實採用的原理就是寸進。

我有兩項嗜好：打高爾夫球和寫毛筆字，但表現都乏善可陳。

有一年，我無日常工作負擔，便心血來潮，想要拜師。找到的高球教練黃先生看我打了幾桿後，告訴我：吳先生，您方法都不對，但您已經打了幾十年了，我再教下去，您就不會打了，不如不學，就照您現在的打法打下去就好了，反正您並沒有想要做職業選手！

我拜大書法家杜忠誥爲師，他看我寫了幾字之後告訴我：吳先生，您寫法都不對，但您已經寫了幾十年了，我再教下去，您就不會寫了，何妨就照您現在的方法寫下去，反正您並沒有想要成爲書法家！

民國一百年十月，世界女子高球公開賽首次在台灣舉辦，主辦單位邀請我參加配對賽。與我同組的韓籍選手池小姐，又小又瘦，一號桿輕輕一揮卻比我多出五十碼，而且每一桿想落在哪裡就落在哪裡，令人嘆爲觀止。

民國一〇一年，我寫完《據實側寫蕭萬長》一書，蕭先生讀初一的外孫女王如之小妹妹爲書名頁題字，有板有眼，令人稱奇。

這兩位「選手」，打球的從正確握桿、蹲馬步學起，寫字的從永字八法學起，然後日以繼夜，孜孜矻矻。我卻一開始就隨興爲之，日後也「一日捕魚，三日曬網」，完全不知「寸進」爲何物，自然失之毫釐，差以千里；「寸進」的道理就是這個意思！「業精於勤」就是這個意思！《易經．象辭》首句「天行健，君子以自強不息。」也同樣就是這個意思吧！

我強調寸進的道理，突出寸進的必然，如果換個角度，其實等於在強調生產的眞價值。一個人在社會上立足，他生不生產，與他在社會上的眞價值息息相關。

假如一個人每日從事生產工作，他便是社會上的正數；反之，便是負數。

放眼台灣，除了小孩和年邁的老人外，大多數能從事生產的人都在從事生產；例如：

有的人耕田，有的人抓魚，有的人造房子，有的人織布製衣，有的製腳踏車，有的人把穀物蔬菜加工做成飯菜……

生產的意義當然必須包含服務；那些在馬路上開公車開卡車的人，那些在餐廳裡結帳端盤子的人，那些在學校裡教書的人，或者那些採集資訊播報新聞的人……當然，他們也都參加了生產行列。

誰不生產？

大流氓小流氓不生產；他們混吃混喝，敲詐勒索，不但不生產，還吃掉他人的生產。炒地皮的人不生產；他們在炒作的時候上下其手，肥了自己，卻減損了他人生產的價值。

不做事卻會貪汙的政客不生產；他們只學會滿口仁義道德，竟日吹牛拍馬，其實正經事一樣也不會做，卻把別人辛勤生產的結果，用各種手法，占爲己有。

假如「生產至上」的理念能夠深入人們的腦子裡，並且形成評斷一個人的存在價值的標尺，那麼現在台灣社會許多現象會改觀；至少，人們會猛然發現，許多本來占高地位的人，竟一下子變成什麼都不如。

談生產，強調生產的眞價值，如果落實到庶民社會，那會找到更清晰的圖像。

人們談話或寫文章的時候，常常會提到「各行各業」這四個字。有時候，人們會說「三百六十五行」，或者說「百行百業」。說「各行各業」也好，說「三百六十五行」也好，說「百行百業」也好，大約總是意指「不管做什麼行業」，或者特別要強調行業之多樣性。

深入去瞭解「各行各業」這四個字，是很有意思的事。深入瞭解「各行各業」之後，會發現，人間行業之類別，恐怕不止三萬六千五百行，而且「百行百業」這四個字恐怕都必須改成「萬行億業」才符實際。

您看「造房子」這個行業吧！

造房子要用磚頭、鋼筋、水泥、玻璃、壁紙、瓦片、木材、衛浴盆缸、鑰匙、水電器物等數十種材料；製造或販賣每一種材料，都是一種行業。有了材料還要有人去把它湊合，建築師之外，鷹架工、水泥工、玻璃工、壁紙工、蓋瓦工、木工、水電工、鑰匙工……都分別成爲一種行業。

您看「教書」這個行業該很單純吧？其實不然。教書要課本；編課本、印課本、賣課本，都是一種行業。教書要用黑板、粉筆、粉筆擦、教鞭；製黑板、製粉筆、製粉筆擦、製教鞭，也都是一種行業。教書的朋友一定發現，我還漏了掛圖、標本、實習器材……

就說最簡單的行業——擺個麵攤吧！筷子、碗盤、湯匙、刀子、鍋子、瓦斯、瓦斯爐，沒有一樣是賣麵的人自己製造的；醬油、辣椒、鹽巴、食油、連同飲用水，也都是向別人買來的！以上每一種用品、用料、用材的製造、栽培、販賣，也都是一種行業。

友人某君開了一家工廠，專門生產橡膠製品。他生產什麼橡膠製品？幾乎凡是金屬與金屬接觸的空間，都需要有一個名叫「迫緊」的橡膠製品來緩衝；比如汽車、冷氣機、鋼筆，甚至於水龍頭，都要用到這種橡膠製品。在您我幾乎看不到的地方，它卻是一大行業。

讀到這裡，讀友可能要問：你想說什麼？

我要說的是：

——單獨個人是很渺小的一個存在，人靠著高度的依賴而活存。

——再偉大的人，其實都只做人類千百萬事情中的一兩樣而已。

——世間財富如恆河沙數，只要做成功一個行業，便是一大筆財富。

——不管做成功什麼行業，變成了億萬豪富，甚或排名世界第幾，在幾十億人類聚居的地球表面上，也只不過是滄海一粟。

俄國大文學家托爾斯泰（Leo Tolstoy, 1828-1910）六十歲的時候寫了傳世巨著《人生論》。他指出人類歷史上出現的偉大智者，對人們所揭示的幸福定義，本質上都相同，那就是人生的意義在於愛，愛整個人類；而真正的幸福就在於奉獻出自己的愛。

事實上對於人生的意義、幸福的內涵，自古以來已經不知道有多少著作做過深入的探討。對於這個人類永恆的命題，解答大同小異，扼要言之，惟在「奉獻」兩字。「奉獻」兩字並非高調，只要正當做人、正當做事，其實就是每天都在做著奉獻的工作，差別只在奉獻大小而已；而人之才具和機緣各有不同，能夠「盡其在我」就是恰如其分了。

我談寸進、談生產、談服務，其實就是在談芸芸眾生的生命意義和奉獻眞理。我不談希特勒、不談拿破崙，我談您我尋常百姓，我唱的是億萬生靈的生命之歌。

總結本卷論述，要言如下：

一、宇宙浩瀚，人很渺小，宜乎敬畏大自然，並以善事功擴大生命價值。

二、人生無常，萬事萬物變動不居，宜乎雙修福慧，慈愛行事，不卑不亢，以持盈保泰。

三、人世間萬事萬物雖然變動不居，但亦有其不易之道，宜乎認知宇宙平衡鐵律，謹守中道坦途。

四、實力支配人際社會的運作；追求實力，善用實力，是開創成功人生的正道。

五、追求實力，不可一曝十寒，務必鍥而不捨。需知，不下田，一塊土也翻不過來；需知，每一塊人生銅板，敲開來，裡頭都是血。

後語

我已用前言及八卷扼要記述了半生經歷和思維，這個後語是要做幾個必要交代。

一、迄寫作回憶錄止，我在社會上工作了四十六年，主要經歷包括擔任國大代表、服務《自立晚報》、服務公共電視、出任政務委員和監察委員，這些經歷都已扼要記述。不過，四十六年間，我每一段時間都兼任其他職務。這些兼任的職務，我大都幾筆帶過，因爲要避免繁瑣。

可是還曾經有過一些兼任職位，如果我一字不提，似非相宜，因此在此一記。這些兼職包括

內政部政黨審議委員會委員

中央選舉委員會巡迴監察員

故宮博物院指導委員會委員

行政院文化建設委員會委員

中華民國棒球協會常務理事

中國新聞學會理事

財團法人中國圍棋會董事

國際廣告協會中華民國分會理事

保衛台灣委員會副會長

海峽交流基金會董事
蕭同茲基金會董事
感恩基金會董事
台美基金會董事
大自然季刊社長
自立周報社長
將軍出版公司董事長
萬順建設公司董事長

我在寫這個後語的時候，心血來潮，拿紙筆把我半生本兼各職的時間合併計算，還把不具意義與不擔責任的部分扣除，驚訝的得知答案是二百年又三個月，可見總合工作承擔不輕；至於總合工作成績有限，則時也命也，非可計較。

由於同一時段都不只做一個職務，因此在回憶錄中，有些記述難免些許重複，造成閱讀上的干擾，務請大家諒解。

二、我半生信仰「與人爲善」，已依照《聖經．哥林多書》第十三章的訓示，盡最大可能不在回憶文字中數說他人的惡。反方向說，四十六年服務社會期間，我一定得罪過人，那麼，希望被我得罪過的人，也能夠慈悲地減免我的罪過。

三、我特別注意回憶錄全稿中對各政黨的批評，如果讀友認爲我對哪一黨較苛或對哪一黨較寬容，那麼我必須說，那是由於政黨掌權時間的長短不一，以及戒嚴前後時空不同所生錯覺。事實上我只是以一個未參加政黨的國民立場，提出直白評論，而且目的是希望大家理性思考，誠摯地向人民低頭，共同提升台灣政黨政治的品質。

四、我從不曾想要以寫作做爲一生工作主軸，可是陰錯陽差地，文字工作卻貫穿半生；既然如此，我不可不以附錄交代。我沒有出版「吳豐山全集」的計畫，那麼摘取數百萬字作品百分之一做成附錄，與回憶錄併在一起，成爲唯一選擇；這個決定也請讀友諒察。

五、總評一己半生，自覺平凡，但平凡之中已盡力爲我所忠愛的台灣和台灣人民做出一些服務。對能夠始終生存在承平歲月，能夠始終保持理性思維和中正公允，能夠始終得到師長與親友的提攜和信任，則衷心無限感恩。

六、有些人認爲撰寫回憶錄是沒有必要的事體，我因爲相信生命的每個階段各有其意義，所以在師長親友的催促下提筆了。過去七十春秋，我合群、恭謹地把生命從衆隨俗；如今我經由撰寫回憶錄，把因工作而生的外在配件全部卸除，連同所有獎狀、獎牌、獎章，一併打包，束諸高閣，進而了無牽掛地迎向純粹探索生存意義的全新階段。我爲自己能有這種對生命意旨的圓潤體會，感到無比欣慰。

新階段的人生，我將拋棄折衷、妥協、遷就，在生命能量依然充沛的情況下，在山川無聲、歲月靜好的氛圍中，自由自在地攀爬知性之旅的璀璨顚峰。

我已撰擬一幅對聯，那天神清氣爽的時候，我會把它寫好裱好，懸掛在舍下每一個來客都能看到的地方。聯曰：

曾經壯懷激烈盡忠盡慮橫刀斬馬護邦國

爾後心田和緩謝天謝人輕歌煮酒看野花

輕歌，意味不再繁文縟節，不再踵事增華；煮酒，是爲了泡製喜樂，至於看野花，那是因爲我相信，百花競艷的原野大地，必有智慧的丰采和生命的甘泉。

一〇二年拍的全家福時年六十八歲。有四個孫子。小女在澳，未合照。

永懷嚴父慈母

嚴父生性樂觀，卻在四十七歲時罹癌過世。

慈母凡事牽腸掛肚，竟能享壽九十。

這是作者保存的最早一張個人照。時間是五十一年。讀高中。地點是新化虎頭埤。

五十九年的大年初二於故鄉台南縣將軍國小禮堂，在總統府國策顧問楊肇嘉先生的福證下，與麻豆鎮蔡秀菊女士結婚。

結婚喜宴。那年作者只廿五歲，但不知為什麼，看起來好像很老。

六十年夏天

自政治大學新聞研究所畢業之日，在政大校園留影。左二為二兄明林，左三為太太，左五為大兄富雄，左六為天計宗伯，左七為侯忠貞、左八為林自作。

六十六年

搬到內湖住宅，與太太在小前院合影。

朝聖蘭亭，時在八十年五月廿二日。

八十年

與吳幸雄君在中國杭州岳飛廟。

八十四年

與吳尊賢伉儷等，在中國廣東東莞。

九十年

與太太遊馬來西亞。

九十年
與蕭萬長院長伉儷及友人在澳洲打球。

九十一年
一群好友以幫作者在東京演講時當啦啦隊為由，一起赴日旅遊。

九十七年
與台灣吳姓宗親赴新加坡參加懇親大會。

七十五年
主持台南縣「豐山盃網球聯誼賽」開幕式。

國民小學同窗每年聚會，但是一年見面一年老。這是八十三年，大家五十歲左右的合照。

八十六年
與吳尊賢先生在陽明山白雲山莊喝茶。

八十八年春節與蕭萬長院長等人在胞兄和田（右一）經營的全國花園高球場打球。

九十八年十二月與諸多友人環島一周，在台東初鹿牧場小憩。

一〇二年最近一次政大政治系同班同學會餐。

七十六年
美侖美奐的頂北投新吳氏宗祠落成。為建設宗祠，作者五年間上山百趟。

台北市吳姓宗親會於四十一年創立，至今六十二年，圖中為創會理事長吳三連，後為第二任理事長吳尊賢，前為現任理事長吳豐山。

八十六年
主持祖鄉金興宮重建破土典禮。

九十二年主持台北市吳姓宗親會創立五十周年慶祝大會。

九十二年主持在台北舉行的世界吳姓宗親聯誼大會。

吳氏宗祠每年春秋二祭。圖為作者主持盛大三獻禮。

六十六年
作者獲贈「曾虛白新聞獎」。授獎人是行政院副院長徐慶鐘。

六十六年
台北市吳姓宗親會長老以金盾賀作者得「曾虛白新聞獎」。廿四K純金打造的金盾上寫「讜論報國」。

八十二年十一月
台美基金會在圓山飯店頒贈吳豐山「台灣新聞自由貢獻獎」，授獎人為總統府資政高玉樹。

一〇一年五月
在蕭前副總統卸任感恩茶會上致詞。

一〇一年十一月
卓越新聞獎基金會頒贈吳豐山「新聞志業終身成就獎」。授獎人為富邦人壽獨立董事張鴻章及中研院研究員瞿海源。

吾家有女初長成。

八十九年與太太在澳洲雪梨自宅後院合影。

八十六年

慈母八十大壽，家族在台南祖宅合影。迄一〇三年，母親、大兄、二兄、大妹婿、二妹婿、四妹婿及三妹皆已先後仙逝。

附錄

一、台北市公營報紙與民營報紙之言論比較

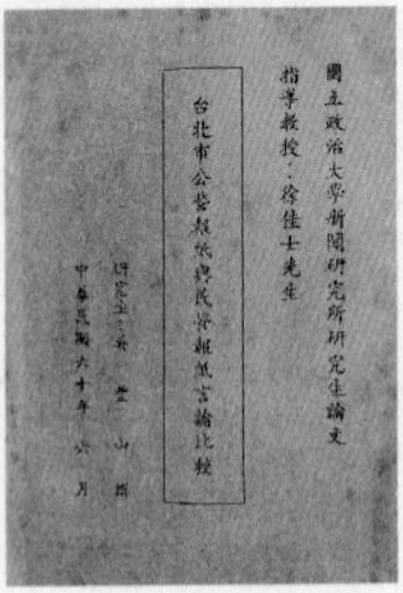

國立政治大學新聞研究所研究生論文
指導教授：徐佳士先生
台北市公營報紙與民營報紙言論比較
研究生：吳豐山撰
中華民國六十年六月

〈著者按〉民國六十年本人畢業政治大學新聞研究所，此為碩士論文之序論。該論文為本人第一本著作。

所有權的不同

在中外報業先賢所爭取的新聞自由中，大抵可分別爲辦報的自由、採訪與報導的自由及批評的自由。他們要求私人可以自由的開辦報紙，自由的採訪和報導，並且根據這些報導，來撰寫評論，以影響實際政治。

辦報的自由是新聞自由的一個關鍵；假使不能辦報，自然也就沒有採訪、報導及批評的自由可言。

在先賢爭取辦報自由的過程中，中外不乏硬性禁止的規定，而在禁止私人辦報的過程中，也屢有特許某一個私人可以辦報，或由政府自己來辦報的事實。

及至晚近，「公共報紙」的理論興起，於是在整個世界報業中，「公共報紙」以及公營報紙和民營報紙，便分別服務閱讀大衆，各以不同的立場，遂行其特有的功能。

「公共報紙」、公營報紙和民營報紙，其區別的關鍵，乃在於所有權的不同。「公共報紙」之所有權爲國民全體；公營報紙之所有權在政府或政黨；民營報紙之所有權在於獨立的國民。

這篇論文便是建立於這一個事實的基礎上。然後從這個基礎上，設立四個假定。認爲報紙的所有權不同，其言論也將會有所不同。

但是台北市尚無「公共報紙」，這篇論文研究的範圍自然只限於公營報紙和民營報紙。

四個假定

(一)公營報紙營利性不像民營報紙那麼強，它的地方色彩（Localism）比較淡薄，比較不重視與讀者直接有關的事項。因此，它的言論所討論的，可能不像民營報紙那樣，特別關心讀者身邊的問題。但是民營報紙正好相反，它必須爭取營業利益，所以它的言論也可能較注意與讀者直接有關的事項，地方色彩較濃。

(二)公營報紙與政府或執政黨站在相同的陣線上，所以他的言論，宣揚性的多，批評性的少。民營報紙在這意義上，地位比較超然，所以宣揚性的言論較少，批評性的言論較多。

(三)公營報紙在宣揚一項政府或執政黨的善政時，其宣揚的程度可能較強，當批評一件不妥善的施政時，其批評的程度可能較弱。相反地，民營報紙在宣揚善政時可能較保留，但在批評不妥善的施政時，其批評的程度可能較公營報紙強烈。

(四)公營報紙在宣揚時，其宣揚的時間可能較快，批評時，時間可能較慢。民營報紙恰好相反；它批評得比較快，但宣揚得比較慢。

取材

這篇論文以台北市的公營報紙和民營報紙爲比較的對象。由政府辦的報紙，在台北市只有《台灣新生報》一家，所有權是台灣省政府。《中央日報》是中國國民黨中央黨部辦的報紙。《中華日報》是中國國民黨台灣省黨部辦的報紙。以上三家報紙被選爲本論文中作爲比較對象的「公營報紙」。

《自立晚報》自稱「無黨無派獨立經營」。《中國時報》和《聯合報》的主持人雖爲中國國民黨的黨員，但以其財政獨立，自應被視爲民營報紙。《自立晚報》、《中國時報》和《聯合報》共爲本論文中作爲比較對象的「民營報紙」。

「言論」一詞，所指甚廣。通常，在報紙上除了純粹的新聞報導與廣告之外，舉凡社論、小評、漫畫、專欄，皆被視爲報紙言論之一部分。在就各報言論作比較研究時，若能將以上各項皆列入比較範圍，當最完善，惟因個人能力有限，故本論文所指之言論，僅限於各報每日刊出之社論。

研究方法

本論文第一個假定，以統計學的方法研究。分別其社論所談論問題之內容爲報紙所在地的「台北市問題」，然後是「台灣省問題」，然後是「全國性問題，」最後是「國際性問題」，並分別計算其談論各該類問題之次數。

本論文的第二假定，也是以統計學的方法研究。分別爲批評性者或宣揚性者，統計其刊出之次數。如同一篇社論中批評和宣揚兼而有之，即以其宣揚較多或批評較多爲歸列之根據。

本論文第三個假定的研究，使用一個設定的標尺。標尺中央的「○」是中立、沒有意見，不置可否。往左是反對和批評，向右是贊成或宣揚。往左往右皆有三個不同的刻度。每一個刻度是一組類似的字眼。我們把「不很妥當」、「有商榷之餘地」等字眼，當作比較溫和的反對或批評，放在第一刻度。然後是「不能苟同」和「表示反對」，這一組字眼放在第二刻度。第三刻度是強烈的反對或批評；當「萬萬不可」或「舉雙手反對」這一類字眼出現時，我們便認為到了這個界限。

在這個標尺的右邊，是贊成或宣揚。第一刻度上的一組字眼比較溫和，如「應予讚揚」、「值得讚揚」。第二刻度較強一點，包括「十分正確」或「應獲鼓掌」這一組字眼應屬於這一刻度。但當社論中出現「具有歷史意義」或其他類似的字眼時，我們便認為到達贊成或宣揚的極限。

至於第四個假定的研究很簡單，二月一日比二月二日早一天。假使某一問題出現，甲報在乙報刊出有關該項問題社論的兩天之後，才刊出談論該問題的社論，我們就算他慢了兩天。

結論

報紙因為所有權的不同，其言論的表現會有不同，這是本論文研究的基礎。報紙因為所有權之不同，其表現將會有何不同？本論文因此有了四個假定。經由本論文本論部分第一章、第二章、第三章及第四章逐一研究的結果證明，四個假定，有的可以成立，有的不能成立。可以成立的分別是：

(一)台北市的公營報紙，由於營利性較弱，地方色彩較為淡薄，它比較不重視與讀者有直接關係的當地問題；但民營報紙由於營利性較強，地方色彩較為濃厚，它比較重視與讀者有直接關係的當地問題。

(二)台北市的公營報紙與政府或執政黨站在相同陣線上，所以它的言論，宣揚性的較多，抨擊性的較少；民營報紙抱持「自由報業就是敵對報業」的傳統，對政府或執政黨的抨擊性言論較多，宣揚性言論較少。

(三)台北市的公營報紙在宣揚一項政府或執政黨的善政時，其宣揚的程度較強，當抨擊一件不妥善的施政時，其抨擊的程度較弱；而民營報紙在宣揚善政時，其宣揚的程度較弱，抨擊不妥善的施政時，其抨擊的程度較強。

至於「台北市的公營報紙在宣揚善政時，其宣揚的時間較快。抨擊不妥善的施政時，時間較慢；而民營報紙恰好相反，它抨擊得比較快，但宣揚得比較慢。」這個假定則不能成立。

這項研究至此已告結束，但當從頭再逐項仔細翻查，自知不足之處甚多。姑不論台北市公營報紙和民營報紙在言論上的表現可否做爲其他各地公、民營報紙言論表現之代表，僅就公、民營報紙之取材而言，六報之選擇已不周全。且以民國五十九年各報所刊出之社論作爲研究對象，也嫌過於偏窄。假使範圍不只限於民國五十九年，假使範圍不只限於社論一項，則所獲結論，應會比較完整可靠。尤其是本論部分第三章和第四章對意見強度和反應速度的比較，僅限於所列五個問題或事件，益顯出這項研究之簡陋。

惟因個人時間和能力有限，不能作較大規模之研究。不足之處，尚祈師長同學指正。

二、今天的台灣農村

〈著者按〉民國六十年一月四日至二十五日，本人在《自立晚報》連續二十二天，發表長達六萬字的台灣農村調查報告——今天的台灣農村。後來《自立晚報》集冊出版。

本書分成三大部分：第一部分是田野調查，第二部分是農政官員和農業專家專訪，第三部分是建議。

下文為第一部分第一篇。

在台灣的農業經營中，整個東部並不占重要的地位，唯一值得重視的是從頭城到蘇澳，長約四十公里的海岸平原，也就是通稱爲「蘭陽平原」的一萬公頃水田。

記者在上月廿一日，從台北縣北邊的山脈進入蘭陽平原的時候，整個一片水稻栽種田地，正做完第二期的收割工作，灰黃色的水稻根莖還未翻耕，仍然留在那裡，部分農民正把曬乾了的稻桿點火燃燒，充當肥料。

就外表來看，東部的這萬頃良田，與西部平原的景致，並沒有什麼兩樣。一個村莊接著一個村莊，村莊和村莊之間則是一小塊一小塊的田園。公路、水道、水牛、笠帽和西部平原同樣一個風光味道。

走馬看花，自然看不出一個什麼名堂。且讓我們以五結鄉來做爲深入觀察的目標。

五結鄉在蘭陽平原的中間稍南一點，北與壯圍鄉接壤，南與冬山鄉比鄰，西邊是羅東鎮，東臨太平洋。約三千戶農民，耕作著兩千三百甲的土地。

幾乎所有兩千三百甲土地都是屬於兩期作水稻區，這是一個頗具有代表性的地域。第一期水稻在二月播種，在六月收割，第二期水稻在八月播種，十二月收割。兩期水稻收割之後的那一段時間稱爲農餘時期，是農民稍作休閒，以準備下一次農忙的悠閒時間。我們第一個發現是，這個節奏已經改變！

改變的事實是：收割的時候不一定忙碌，農餘時期並不能悠閒。爲什麼會變成這樣呢？且讓我們慢慢的道來。

先讓我們從水稻耕作的實際成本開始。

根據我們抽樣訪問十家農戶所得的平均數字，每一甲水稻每一期耕作的成本，包括從育種、插秧收割爲止的整個費用分別如下：

首先，種子費每甲要一百斤最好的種子稻，以每斤兩元六角計算，共兩百六十元。插秧之前，水田必須翻耕，每一甲工作必須十個工作天，每個工作天一百二十元的工資，共須一千兩百元，插秧要花十個工作天，每個工作天的工資包括工人點心費共須一百三十元，總共要花一千三百元。插秧後到收割前兩次揉草，共須十二個工作天，工資共一千兩百元，還要施肥，肥料費約兩千六百元。自家施肥，工資不計算在內。施肥外要噴灑農藥，共四次，每一次連藥帶工要三百六十元，四次共一千四百四十元。收割的時候，要十五個人才能在一天內把一甲水稻收割完畢，這時候工錢最貴，連同三餐，兩次點心，一包香菸在內，共須工資二千二百五十元。

以上加起來，總共是一萬零兩百五十元。我們不能忘記田賦和水租。以七等則良田爲標準計算，田賦（農民稻為大租）要八百公斤最好的水稻，合一千四百四十台斤，共需三千九百四十四元，另外水租大約六百元。田賦和水租每年分兩期繳納，前後輕重有別，我們姑且平均分配，則每一期每一甲水田，要負擔的田賦和水租計為二千二百七十二元。

前面兩相一加，計每一甲水田每一期水稻的耕作成本共為一萬兩千五百二十二元。

成本如此，收成如何？自然，這是問題的關鍵。

在我們抽樣的這十家農戶中，第一期水稻最好的曾收割到一萬台斤，最壞的也有四千五百台斤，平均數目字是五千八百台斤。

第二期水稻最好的不會超過三千台斤，最壞的有低達四百台斤的。平均數目字是一千兩百台斤。

以去年每斤稻穀二元六角計算，這種收成便是：第一期最好可以得到二萬六千元，最壞可以得到一萬一千七百元。平均大約是一萬五千零八十元。第二期最好的不會超過七千八百元。最壞的低達一千零四十元，平均是三千一百二十元。

成本和收成兩相減，其結果是：第一期水稻最好的可以有大約一萬三千元的純收益（家工不計算在成本內），講平均也有兩三千元的收益。

但是，假使收成在四千八百斤以下的，就要倒賠老本。

也就是說：第一期稻作，農民辛辛苦苦經營，可以稍有收益。第二期假使也照第一期的下本法，通通要大虧其本。

於是，農民有了變通的辦法，第一期必定辛辛苦苦，不打折扣的耕作，第二期便偷工減料，心存投機，因爲這一期稻作中間，包括風災、水災、蟲災的各種災害都可能到來。一旦災害到來，農民束手無策，稻穀的收成量假使減少到八百台斤以下，就乾脆不收割，因爲它連付收割工錢也不夠。於是，一坵一坵的稻子放在那裏，任由它倒塌枯爛。這便是我們前面所說「收割的時候不一定忙碌」的情形。這些情形，我們有照片爲證。

五結鄉農民的農作收益如此？那麼他們的生活情況如何？答案是：非稻作部分的收入支撐了農戶的溫飽生活。這些收入包括的範圍很廣。稍後我們一一說明。

純粹靠稻作收入而能維持溫飽生活的並不多，我們在五結鄉協和村六十七號訪問了黃氏五兄弟，黃家兄弟耕作的稻田總數達二十八甲，偌大的一個圍牆，猶可看出數代務農的廣大門風。但黃家兄弟的經濟狀況並不太好，雖然如此，黃家兄弟還共同擁有一架電視機。純粹靠種稻爲生，而能擁有電視機的，在五結鄉二千三百戶中，不會超過五家，五結鄉農會總幹事林思齊在接受我們訪問的時候指出：全五結鄉的電視機總數不超出六十台，也就是每二十八戶才有一台電視機。這些電視機又大部分是由薪水階級和商店購買的。

農民不能靠稻作維生，於是只好往稻作以外找收入。他們有的往工廠作工，有的申請栽培洋菇，有的擺攤子做小生意。雖然如此，子弟的教育、年節、病痛，在在需要用錢。這些錢從哪裡來？說也好笑，我們最後終於在五結鄉的農會找到了答案。五結鄉農會總共被二千三百戶農民借走了一千六百萬元，其中大部分是抵押貸款。貸款還得起嗎？還不起怎麼辦？這些都大有文章。

此外，我們還在五結鄉的太平洋海岸發現了「萬千農民捕鰻苗」的怪景況。在下一篇特稿中，記者將把這些景況詳細的加以報導。

三、環遊世界七十九天

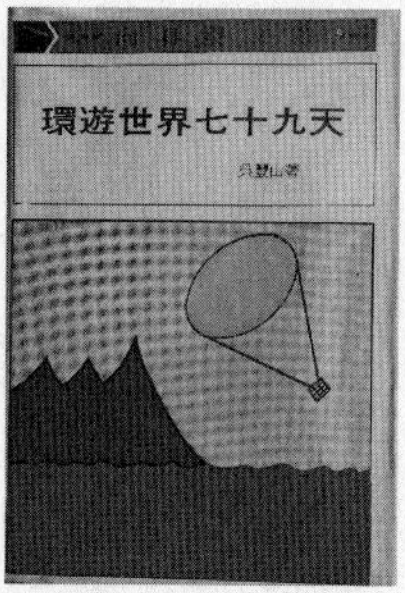

〈著者按〉民國六十年夏天，美國國務院邀請本人赴美訪問四十五天。我在八月十六日啓程。結束訪美行程後，經英國、西班牙、法國、瑞士、義大利、泰國、菲律賓、香港，返回台北。中途還過境以色列、沙烏地阿拉伯、印度，歷時七十九天。壯遊日記以《環遊世界七十九天》為名，由晨鐘出版社出版。本文為六十年九月四日第二十一天，也就是在紐約的第五日寫的「花花世界」。

就面積而言，曼哈坦島僅占紐約總面積的十分之一。若就市民數目而言，則全紐約九百萬人口的三分之一，居住在這上面。在白天的上班時間內，曼哈坦島上的人會增加到四百五十萬。也就是說，有大約一百五十萬人的住家是在曼哈坦之外。這些人有的住在紐約除曼哈坦之外的布魯克林、皇后、金斯、李卻蒙等四區內，也有的住在赫德遜河隔岸的紐澤西州或更遠的紐約州內。

曼哈坦島東西狹，南北長。由東岸至西岸，只有八條重要的大路；由南到北，街道卻多達兩百餘條。最熱鬧的部分在島的南半。這南半部分又以從第四十二街到第五十街、沿著百老匯的那一段，爲紐約花花世界的具體代表。

昨天既已從遊船上看過了整個曼哈坦島，今天我便打算深入裡面，遊賞一番。

首先我來到了一個稱爲「無線電城音樂廳」的大劇院。這個號稱全世界最大的劇院，一共有六千兩百個座位。走進裡面，只覺得宛如進入了一個覆蓋著屋頂的大運動場。用紫紅絲絨做成的六千兩百個座位分成四層，密密麻麻地排列在整個大廳中。從門口到大廳還要經過一大間吸菸室。這吸菸室鋪著厚厚的地毯。牆壁上垂掛著一大片一大片的布幕。華麗的、巨大的水晶燈，從高達六、七十呎的天花板上垂吊下來，其擺設之豪華和講究，也就不言可喻了。

這音樂廳一年到頭，從早上十時起，至午夜爲止，不停地表演歌舞，演奏音樂，放映電影，以歡娛客人。據估計，每一天平均有兩萬五千人前來觀賞。一年三百六十五天計算下來，便有七、八百萬人到過這裡。其規模之大，貢獻之鉅，光從數目字上也就可以看得出來了。

音樂廳的節目分成三大部分，他們在第一部分中向觀衆表演交響樂或歌唱。第二部分表演舞蹈或雜耍。第三部分放映電影。我隨著黑壓壓的人群進入裡面，找到了座位，坐了下來，便這樣子享受了連續兩個半小時的視聽之娛。那交響樂演奏是第一流的，音響效果之好不必說。當交響樂演奏完畢，一大群年輕貌美的女子隨即出場表演舞蹈。舞步之整齊，場面之偉大，無法形容。一幕幕的布景交換得天衣無縫，幾十個跳舞女郎們一舉手一投足，莫不與音樂兩相應合，毫無差錯。舞至精彩處，幾千個觀衆響起的鼓掌聲，眞個差點就把屋頂掀掉。

舞蹈完畢，接著就是電影。每一天，這個音樂廳迎進了如流水般的人群，觀賞過的人出去，新的一大群人又進來，儼然成爲一大事業。

這個音樂廳是三、四十年前，石油大王洛克斐勒建立的。據說，他建立這個音樂廳的目的乃是要讓社會廣大的人群，皆能僅花少數的錢，而享受最好的娛樂。假使，他的初衷如此，那麼，他的目的是達到了。

這個音樂廳僅僅是「無線電城」的一部分。無線電城又稱爲洛克斐勒中心。這個中心橫跨四條馬路，占地多達十三英畝。包括美國橡膠公司大廈、時代及生活雜誌大廈、不列顛帝國大廈、國際大廈、美利堅大廈……等十幾座摩天大樓構組成這一個紐約市中心的最美麗部分。每一天僅在這一個中心辦公和遊賞的人就數以幾十萬計，其熱鬧由此可見一斑。

參觀過無線電城，日已薄暮，落日餘暉中，華燈初上，整條百老匯大馬路上，車如流水馬如龍。從十二街開始到五十街的整個區域內，霓虹燈爭奇鬥艷，耀眼迷人。人行道上，男女老幼，熙來攘往。紅黃白黑，各色人種，雜然交處。這裡多的是供人玩樂的場所，一家家電影院，閃爍著吸引人的大幅電影廣告。酒吧間、跳舞場、餐館、「書店」，莫不是擠滿了一窩窩的人群，大發利市。

「書店」者，紐約花花世界中的荒唐玩藝兒也。在這一個地段中，幾乎三步一小家五步一大家。他們掛上了一個寫著「書和雜誌」的簡單招牌，大家便曉得是怎麼一回事。走進裡面，只見櫃子裡、架子上擺滿了各式各樣的性愛書本、漫畫和圖片。「書店」的進口處，店員擺了一只高椅子，「毫無表情地」高高坐在那裡。他們的座椅邊，通常有一個玻璃櫃子，這櫃子裡擺滿了各式各樣由橡膠做成的性器，供人選購。比較大一點的「書店」，有時候還在最後頭附設了幾個如廁所般大小的房間，一個個整齊地排列著，每一個房間掛上了一個黑布幕當作房門，進了那個門，可以看到一個洞，只要你把一個兩毛五的硬幣丟進一個小孔，馬上便可以從那洞口上看到幾分鐘的性愛電影。這種電影，他們叫做「偷看表演」或譯爲「禁宮」。當電影放映至某一個段落，便自動切斷，等待您再從小孔中丟下另一個二毛五。在台北，放映這種電影和看這種電影的人，都要被警察抓去罰錢或關個兩天，沒想到在這裡卻是合法的大行其道，眞也是荒唐到了極點！

紐約之大，無奇不有，同樣是酒吧間，卻也有好幾種不同的內容；有的酒吧間，眞的就是只有賣酒；有的酒吧間，名堂可多。在我觀光的一家酒吧間內，幾個穿得不能再少的阿哥哥女郎，輪流在一個小舞臺上，隨著喧鬧的音樂，一面扭腰擺臀，一面向顧客亂拋媚眼。等到一曲舞罷，她便拿著一個小杯子，走到顧客群中來，要您賞她幾毛。我聽說，假使顧客高興，便可以開一瓶香檳酒，開了香檳酒後，那女郎的服務也就不同了。

在紐約，公娼是禁止的，但是，禁得了公娼，可禁不了私娼。我的朋友告訴我，僅在曼哈坦一地，私娼便多達六千。女娼之外，還有男娼。在台北禁演的那部描寫男娼的《午夜牛郎》，眞實的故事便是發生在這裡的第四十二街上。

從第四十二街越過四十三街，幾分鐘就到了第四十四街。這裡有一家叫做「比拉斯口」的小劇院。我來紐約之前，朋友特別向我推薦，要我到了紐約之後，一定要看看一齣在這家劇院已經連續演了三年的怪劇——《噢！加爾各達》。在門口排隊買票的時候，我特別注意那些廣告字眼，其中有一張乃是《時代》雜誌的劇評，說《噢！加爾各達》是「人類胴體美的囂鬧展示」。欣賞這齣戲，票價不便宜，普通座位一張要美金十元。

進了劇院，兩三百個座位幾乎已坐滿了人，幾分鐘後，正式開演。戲幕拉開處，十個男女，赤身裸體，一絲不掛，邊舞邊叫。舞台後的背景，變幻莫測，燈光忽亮忽暗。舞罷落幕，觀衆報以最熱烈的掌聲。第二幕一開始，舞台上黑暗一片，什麼也看不見，只聽到一男一女，滿嘴黃話，互相笑罵，一語既出，全場轟然。從幕開到幕落，舞台上始終是黑暗一片。男女觀衆笑得前翻後仰，同時再度報以熱烈的掌聲。

這一齣《噢！加爾各達》怪劇，總共十幕。無一幕不荒唐，無一幕不精彩，無一幕不奇怪。十幕演完兩個多小時已經過去。出了劇院，城開不夜的紐約卻更熱鬧更喧囂了。

四、吳豐山專欄

〈著者按〉自民國六十四年起，長達十九年，本人持續不定期在《自立晚報》撰寫「吳豐山專欄」。民國六十六年，《自立晚報》曾刊印一、二集，以後未再處理。

「吳豐山專欄」於民國六十六年曾獲「曾虛白新聞獎」，專欄以評論時事、提供國政建言為主。

以下選載其中三篇。

不要被一點兒繁榮沖昏了頭

經過二十幾年的努力，台灣的經濟已經初見繁榮的果實。成就，總是很容易使人沖昏了頭，可是，若要追求更高的成就，全體國民卻必須繼續保持刻苦耐勞、謙恭自抑的美德。

1

最近，由於國產米糧存量過多，亟需處理，所以政府決定在五、六、七三個月份內，各級公教人員一律由領取代金，改為配撥食米實物，由於配撥的食米，品質上稍微差了一點，不如平時在街上米店買來的那麼好吃，於是，很多人便哇啦哇啦地叫了！

哇啦哇啦叫的人，把話說給省議員們聽，有幾個省議員大概是覺得選民叫得有道理，於是便在省議會中「砲轟」省糧食局長施石青，說他「調配失當」，說他「以公教人員的肚皮做糧倉」，並且要他，「用其他方法解決存糧問題，不要把陳米硬配給公教人員食用。」

我說，台灣剛剛見到的一點兒經建成就，已經使某些人沖昏了頭！

2

據瞭解：五月份開始核配的公教食米，是六十四年一期稻作，雖因保管時間較長，與市面一般糧商隨購、隨碾、隨售的新米比較，色澤稍差，但品質良好，絕對不會影響國民健康。可是，在口味上，陳米吃起來畢竟不如新米，而便是這一丁點兒口味上的差別，很多人就不能忍受了！

想想，剛只二十幾年前，省民中的絕大多數，還是靠著吃甘薯籤度日，那時候只有富貴人家才有白米飯吃，一般老百姓只有在生病時才能喝粥。如今，由於米糧增產成功，生活水準提高，人人才改吃白米飯。假使說，口味差一點的陳米就認爲難於入口，那麼當年的日子是怎麼過的？

不過，假使我們僅從這個角度來看「吃飯」問題，那麼這種屬於個人生活態度的小事，本不在報紙專欄抨擊之列；我認爲値得強調的是，在國家建設過程中，國民應該長期保持刻苦耐勞的精神，直到達成最高目標爲止，因此，才覺得有把它提出來討論的必要。

3

從公正立場去看陳米配撥問題，我認爲，假使造成公教人員不得不撥配陳米的情況，是糧食局「調配失當」造成的，那麼省議員們在質詢中責備糧政當局，自是理所當然，而且還應更進一步，監督糧食局長不再造成類似錯誤；但在存糧過多，已成事實，只有大家分配一點，才能減少國家損失的時候，一般大衆和民意代表於指責調配失當之外，猶要求不要撥配食米，那就未免太沒有刻苦的精神了。

道理很簡單，假使這些陳米除了這個處理方式之外，沒有更經濟的處理方法，那麼到頭來，損失豈不仍在大衆身上？更何況這些陳米只不過是吃起來口味較差，它的營養和品質是沒有減損的；這些陳米不大家分配一點，把它吃掉，難道我們要把它丟到海裡不成？

4

到過韓國的人，都知道，韓國的人蔘是用來換取外匯，而不是供韓國人「進補」的。環顧舉世開發中國家，也很難發現有哪一個像我們這樣大吃大喝的。這幾年來，政府雖然大力倡導節約儲蓄，可是社會早已奢靡成風；茶樓酒肆，三步一小家，五步一大家，家家客滿；殘羹剩菜，滿箱滿桶；上菜端盤子之間，大家竟然有志一同，稀哩嘩啦地吃掉了國家一大半的財富。

可是，憑我國目前的經濟條件，坦白說，我們並沒有「資格」倡行這麼樣一個吃法；以我國位列開發中國家的今天，我們實在還沒有資格說不吃陳米。

中華民國距離充分的富足，還有一大段距離，大家千萬不要被好不容易剛剛到來的一點兒繁榮昏了頭！

刑求——法治之差

這幾天，街談巷議盡是五股箱屍案，談議的焦點是警方刑求楊清炳；說到憤慨處，臭罵台北縣警政當局者有之，抨擊違警罰法者有之；而一致的看法是我國法治有待貫徹，刑求逼供可以休矣！

1

台北縣五股鄉箱屍案發生於九月廿二日。當天，一個裝著一具女屍的箱子在五股鄉的一條圳溝中被發現。當地警局根據錯誤的指認，肯定死者係原服務於新莊華王理髮廳的林小美，然後根據關係市民提供的線索，找到了林小美的男朋友楊清炳。僅一兩天工夫，警方便宣布破案。

地方警局宣布破案的時候，同樣在查案的刑事警察局卻有幾分存疑，如此，喧騰了數天，十月二日，林小美突然出現，所謂楊清炳殺死林小美，至此不攻自破。楊清炳在向檢察官露示滿身傷痕，交代清楚了那份刑求之下寫成的「自白書」之後，高高興興地走出法院大門，重新獲得寶貴的自由，也拾回了一條差一點就要喪失的生命！

2

據各報報導，地方警察在破了箱屍案後，立即發放了一萬塊錢的獎金，以示獎賞；同屬於治安力量的刑事警察局並不因爲地方警局宣布破案，就認爲箱屍案已可向世人交代；從這兩點，我們可以發現，警方並非膽大妄爲地隨便找個人，把它當做箱屍案的兇手，了結一件關係重大的命案。只不過是，多年來，警方在辦理萬方矚目的刑案時，用慣了刑求。刑求逼供，可能一萬次有九千九百九十九次都能得心應手，「效果」卓著，偏偏這一次是一萬次當中的一次，出了毛病。

我們可以想得到的是，楊清炳在被逼出那份自白書之後，假使再碰到一個糊塗的檢察官，然後再碰上幾個沒有擔當的推事，那麼死罪定讞，槍聲一響，從此魂歸九天，豈不沉冤莫白，眞是多麼可怕的一件事啊！

好在，天地公理，林小美出現了，林埠儀檢察官乾淨俐落，楊清炳終能重見天日。

3

令人不解的是，警方辦案，爲什麼老是有刑求逼供的傳言？難道不打兇嫌就辦不了案嗎？最最需要講求紀律和服從的軍中，打從二十年前開始，就已明令不可體罰；即便是基於一片愛心，面對不易聽話的小學生，丟掉鞭笞，也早已成爲共守的規範；偏偏警署辦案卻仍然不能放棄爲人詬病的刑求！

我國憲法，明明白白地保障人身自由。法律的精神，也崇尙人性的尊嚴。辦案守則，也明明白白地告訴辦案人員，任何人在未定罪以前都應假定他是無罪的，同時也告訴辦案人員，沒有直接證據的犯罪是不能成立的。

負責偵辦箱屍案的地方警署顯然無視憲法的保障，侮蔑人性的尊嚴，也忘掉了辦案守則，隨隨便便，潦潦草草地差一點就闖下了草菅人命的大禍。

4

刑求，實乃法治之羞。刑求之事，早有所聞，只是苦無證據，所以大家便也心照不宣，不過竊竊私議中，莫不談「衙」色變，彷彿進了警局就是落入虎口。這當中也不曉得造成了多少冤枉，產生了多少民怨，拉遠了國民和政府之間的距離。

要防止類似事件再次發生，我認爲首先必須所有治安人員從心裡深處徹底革新，在憲法之前，畢恭畢敬，懍於人性的尊嚴，把任何未被定罪的嫌犯都當做跟自己一樣的一個人看待。其次，要在正進行修改的刑法中，明定任何人皆可在面對法律伊始，就可請來自己的律師，以防一二膽大妄爲的不肖人員，濫施毒手。

關於警方刑求楊清炳一事，檢察官已明白表示將進行徹查，即使現在，我們仍然希望最後查出來的是，並沒有這回事，不過是因爲關係人造謠生非，造成了社會的誤會；果非如此，我希望這一事件，能夠引起政府的徹底反省，從此放棄刑求逼供，透過箱屍案的教訓，立下我國法治的一個里程碑，展開清明公正的新頁。

横柴入灶記

以灶燒飯，火烈飯香，唯灶口小甚，直柴易穿，横柴難入；必欲横柴入灶，終將鍋翻灶破，爲智者所不爲。

1

民國七十九年夏，國民黨以執政地位，主催國是會議，獲致修憲不制憲之共識，惟亦共識修憲須由具民意基礎者爲之。

乃國民黨另有計畫，無視社會人心痛惡老代表，發明「一機關二階段」修憲歪論：謂前階段程序修憲，後階段實質修憲；謂當家困難，盼不當家者相忍謀國。一時之間，輿情紛紜，莫衷一是。

民國八十年初春，第一屆國民大會第二次臨時會開鑼草山，十二名在野國大代表委曲求全，報到與會。未料草山之上，軍警林立，屋內屋外，便衣幢幢。開幕之日，八名民進黨代表，僅因拉張抗議布條，便被暴劣驅逐出場。

2

謀事在人，古有明訓。無如國民黨國大黨部多見莠劣。書記長謝某，出身鎮代，不學無術，一朝發跡，顧盼自雄。既胸無點墨，自不識憲改爲何物；曾不讀歷史，豈能知民心之如水。其餘僚屬，等而下之。大會祕書長朱氏，原爲法曹，曾有令名，可惜戒嚴遺毒，未能去除；心既不能出以至誠，行何求其保持公正？代表總數不足六百，開會期間，又死幾人。老代表五百有餘，增額八十又一。老代表或沉睡終日，或口齒不清，爲害有限。增額或利慾薰心，或心地卑劣，麻煩頂大。大會宏開，以歪理爲正論慷慨陳詞者有之，因黨命之難違背後打人者有之，欲表態以爭寵胡亂拍馬者有之；國會殿堂，醜態百出，在場記者，嘆爲觀止。

3

所謂「增修條文」，總共九條，比對「臨時條款」，新瓶舊酒。國民黨人志得意滿，狂言絕無迴旋空間。一個在野代表上台，十個守衛戰士反駁。辯論尚未終止，表決已然通過。

開幕後第七日，民進黨八名代表無奈退會。越二日，三萬群眾示威台北，兩黨寅夜會談，增一「落日條款」。憲法大家胡佛教授仗義，明言絕非落日，實乃日出。又三日，純潔學子，開始絕食。四名無黨籍代表黯然退出。其後三天，一言堂內，快馬加鞭，清點人數，加油灌水，人人舉手，全案通過。當此之時，這廂學生繼續絕食，那廂國民黨人大魚大肉，山上山下，杯觥交錯，慶功酒宴，一連四日；薰薰然不知鍋翻，無論灶破。

4

余少時讀《古文觀止》，對仁人志士憂國傷時，感懷殊深。及長，深知成事之不易，常抱溫柔之操持。惟事不可不明，理不可不察。躊躇再三，難安緘默，爰記述歷史事實，今人知我罪我，非所計較。惟盼後世子孫，讀此文時，知所殷鑑，於願足矣，亦不自愧爲諤諤一士也。

五、我能爲國家做些什麼？

〈著者按〉民國六十七年，遠景出版社希望集刊本人言論，於是從本人已發表文字中選出約十萬字出版《我能為國家做些什麼？》一書。本文談論「民營報業的方向」。

民營報業的方向

——新聞事業本身就是一個政治機構，它與所有政府機關分工合作，相互影響，並且共同決定政府的施政和公衆生活的特質。

——卡韋弗教授（Paul H. Weaver）

——開發中國家的民營報業，尤應擺脫承襲自國家未開發時期的依賴及從屬地位，自覺、自信、自立，以發揮其功能，積極支持有爲政權，積極反映社會現實，積極要求大力改革，俾國家早日達成理想目標。

——本文作者

報業的內涵

研究大衆傳播的學者，將報業的歷史追溯至數千年前，以中國漢代傳抄詔令奏章之「邸報」、羅馬凱撒大帝揭示於議事廳之政府公報爲開端。實則現代報業之發軔，爲期不過四、五百年。至於其蓬勃發展，影響了整個人類社會的一切思想活動，不過是這個世紀開始以後的事。

報業發展爲期雖短，它的內涵卻已有了一連串的改變。就報紙與公衆之間的關係而言，報紙的使命已因廣播電視的興起而有所不同。就報紙所扮演的社會角色而言，一味強調自由主義的自由報業和一味強調報紙應對極權政治服務的共產國家極權報業，都已因時移境遷而顯得陳腐不堪。若從報業本身的取向來說，則報業在經由幾個世紀的鍛鍊之後，也已不斷蛻變，有了新的情緒和新的心態，此即近年來甚囂塵上的「新新聞事業」和「社會責任論」！

不過，儘管報業理論錯綜複雜，若就理論與實際兩相驗對，我們就能發覺，報業在不同的時空環境下，各有其不同的使命；也就是說，在同一時代中，每一個國家由於政治社會環境各不相同，其報業因使命的不同，自有其互相差別的面貌。假使報業本身忽略了時空環境的客觀現實，其結果與掌權的人無視大衆媒介的權力一樣，必將產生令人遺憾的不調、分歧與淩亂。

開發中國家的報業特質

循著這樣的方向去加以探討，我們便能發覺，開發中國家的報業，自有其不同的面貌和功能。若以新聞自由的概念來加以解析，則開發中國家報業自由，應該不是極權的，也不是自由的，而是所謂過渡的。由於開發中國家的社會結構尚未成型，民主制度尚不穩定，所以政府希望參與大衆傳播，以便於改正錯誤，堅定民心，來創造一個有利改革的情況，並且避免民意被錯誤指引，於是便使得大衆傳播媒介的結構變成既不是「西方的」，也不是「東方的」。

問題的癥結是，在國家建設的過程中，那些新的思想和科技大都抄襲自先進國家，模仿的階段通常長達數十年乃至一兩百年，只有通過了這個凌亂的階段才能發展創造出適合於本國的新體系，於是在模仿階段中，便產生了所謂保守與激進的衝突。

研究開發中國家報業的學者蘇莫拉德（E. Lloyd Sommerlad）說得好，「開發中國家（的報業）不可能完整無損的將整個（西方報業的）傳統和自由繼承下來，無論如何，報紙必須在自我的實際需要中建立自己，使自己定型。報紙必須為自己的權利奮鬥，同時從本身的成就與對國家的貢獻中贏取尊敬。」

更意義深遠的是，他還告訴報業和政府雙方：「如果希望報紙能對國家有所貢獻，首先政府和報紙之間的敵對和不信任要拋棄，從而建立起共同的信心。」他表示，「這當然不是說報紙對政府的政策和表現要無條件的支持，而是說，它應該衡量社會與政治情況，在可能的範圍下批評政府。」

蘇莫拉德的智慧之言，不異給予所有開中國家那些有志於國家現代化的人一盞明燈。

開發中國家民營報業的方向

假使我們一致同意蘇莫拉德的指引，那麼接下去的問題便是，開發中國家的民營報業究應採取怎樣的一個具體方向？

我認為在消極方面，開發中國家的民營報業必須瞭解，國家在開發中階段，國家目標不容分歧，因此必須尊崇國策。鑑於國家在開發中階段需要堅強有力的中心領導，因此必須禮敬國家領袖，而以不洩露國家的外交、軍事機密作為其具體的表現。

在積極方面，開發中國家的民營報業，應該公正、迅速、客觀地報導分析一切政治、經濟、社會、文化現象，以擴大個人觀察與經驗的領域，幫助公衆正確瞭解國家與社區的問題，而促成政治改革。這種報導和分析必須對光明面和陰暗面同等重視；一味的批評將導致公衆錯誤的情感迸發，一味的歌頌也勢必造成政府的盲目和得意忘形，從而嚴重的阻礙了改革和進步。

同時，鑑於開發中國家國際地位尚未鞏固、經濟型態尚未穩定、國家的理想尚未一致，民營報業尤應特別對國際政治、經濟情勢賦予高度關切，並且進行國內民意的詳細反應。

特別必須注意而又通常被遺忘的是開發中國家的文化建設。幾乎全部的國家，在開發階段都集中力量於物質建設一項，而忽略了精神面的刻意雕塑；這種種忽略，在國家開發後，立即顯現出其嚴重的後果；民營報業最應該在政府力有未逮的這個空檔，善用其副刊性版面，負起艱鉅的重擔。

忠言

話雖如此，抱持這種正確信念的報人並不一定就能暢順地遂行其神聖職責，在國家開發進程中，做出國民一分子的貢獻。

研究亞洲傳播事業頗有心得的梅約翰教授（John Mitchell）在以「發展新聞學」（Development Journalism）之精義告訴亞洲報人「應能表達市井小民心聲，而不只傳播高級官員言論」的同時，便也同時語重心長的希望亞洲報人採取「多報導光明面」的新態度。

梅約翰教授的忠言讜論應爲開發中國家的報人所接納；不過，章弗教授的話必須同時提出來，才能使事理更明白。

他說：「黨派的新聞事業不會增加政治制度的開放性，它將顯著減少開放性。黨派的新聞事業不會縮小衝突的範圍，而會加大此一範圍。」他豈非一語道破了無黨派民營報業的重大價值？

眞理是：只有報業和政府雙方都敬愼敬謹地信賴對方、接納對方，開發中國家的新聞事業才能提供更多、更有用的消息，政治制度也才能比過去更接近其理想的境界。

六、索忍尼辛及其訪華始末

〈著者按〉民國七十一年，蘇俄文豪索忍尼辛應吳三連基金會之邀來台訪問，本人負責邀請及接待，事後《自立晚報》出版此書以為紀念。本文為本人為該書撰寫之長文。

蘇俄文豪、反共巨擘索忍尼辛此次應吳三連文藝獎基金會邀請，前來我國訪問十一天，就新聞而言，可謂十分轟動，從影響性觀之，亦必鉅大而久遠。筆者因任基金會祕書長，負責部分邀請與接待工作，對索氏訪華始末，也許知道得較多，所以特撰此文，以供各方參考。

緣吳三連文藝獎基金會於七十年六月間召開董監事常會時，接納了祕書處建議，修訂章程，在「贈獎」與「出版文藝年報」之外，增列了「邀訪」一項。章程修訂既畢，我即與祕書處同仁詳爲研商，誰才是第一位被邀請的最適當人選。

六月下旬，吳三連先生和基金會的董事長侯雨利、副董事長吳尊賢都核可了我們的建議，由我具名的邀請函隨即寄出。

索忍尼辛係爲亡命美國，他的住址遍尋不著，最後經由美國在台協會的協助，我們找到了一家可以轉信的出版社，邀請函便是寄到那裡。由於地址不詳，也由於吳三連先生的二子吳得民教授住在坎薩斯州，就近聯絡方便，因此一開始吳先生便要我同時把副本寄與得民兄，以利協助進行。

收到索氏的第一個反應，已經是三個月以後的事，基金會的同仁都很高興。不過，索氏一開始就給我們出了一個大難題：這便是，索氏要我們提出對他來訪絕對守密的保證，以作爲開始討論邀訪細節的先決條件。而且他所謂的守密保證，在時間上是從討論細節開始一直到抵華後他自願公開露面爲止。（原函詳見十月廿八日《自立晚報》二版）

也許我當時不自量力，作了超出能力範圍之外的承諾。不過現在想來，恐怕任何人處於跟我相同的立場時都會先答應了索氏的要求再說吧。

坦白以道，我至今仍不完全明白，何以索氏對他的行蹤之必須絕對保密如此在乎。不過，從十月開始，應索氏要求，我與索氏的通信，開始改爲專人傳遞。吳三連先生的幾個公子和愛媳來往台灣美國時，全部成爲基金會的「信差」。這還不算，索氏還要把寫信人和收信人的名字從信箋上全部刪去才能算數。

如此這般，到了今年四月，由於此間《英文中國日報》引用了一個自日本返國旅客的談話，報導索氏於赴阿富汗過境台北時表示將於十月來訪，我第一次領受了索氏的脾氣。

他在一封專人帶來的信中，先是責怪《英文中國日報》不刊登他要求更正的全文，然後箭頭對向我，責問道：「可能洩密的就是你！」（同樣見十月廿八日《自立晚報》二版）我彷彿就可看到這個俄羅斯大鬍子瞪大了眼睛，舉起了雙手，要往我腦袋瓜子重重的錘下！

至此，我們乃又約定，索忍尼辛不再叫索忍尼辛，索忍尼辛接受了得民兄給他的代名——「史密斯教授」。

五月、六月、七月，「信差」繼續往來於太平洋兩岸，「史密斯教授」對他來訪的每一個細節，一再提出意見，這些意見包括：他前往中南部旅行的方式、包括他對譯員的嚴格要求、包括他要以畫面上只有他一人的方式上電視……。

令我頗有幾分難過的是，他每一封信中似乎都認爲我是一個必須一再叮嚀才能絕對保密的人。更令人難過的是，他又好像認爲我有通天本領，連他的來華簽證都不必透過我國政府，您吳豐山就可以自己蓋章簽字！

八月、九月，然後夏去秋來，然後，終於——

十月六日

吳得民教授深夜從美國坎薩斯州來電問我，「史密斯教授」假使於十月十六日來華，基金會在各項作業上有無問題？要我詳加研究後，廿四小時內回電。（事後我弄清楚史密斯教授是在抵達日本後才向吳得民教授作的詢問。）

十月七日

上午，我收到「史密斯教授」從東京給我寫的信，信上說，他計畫在十月十七號或十八號來華，要我對從前所作守密保證再加肯定，然後盡快與他通話。

我在與基金會人員就所涉細節逐一深入研議後，認爲「史密斯教授」不管十六或十七或十八任何一天來華，本會皆可做好所有準備工作，遂即將此事向吳三連先生及其他上司提出報告。

夜間我把十六日來訪可無問題的結論電覆吳得民教授。

十月八日

一早，我急於與新聞局宋局長聯繫，因宋局長列席立院院會，九時，終在立法院議場後頭的政府首長休息室與宋會面，就索氏十六日來訪及所涉保密、安全、通關等作業再加研議，請宋局長負責向有關單位聯絡，宋局長並即指定副局長戴瑞明爲協助此專案之總聯繫人。

這一天我同時與文工會主任周應龍作了說明，並與外交部錢復次長就有關細節有所議定。

十月九日

掛了兩天的東京電話，都未能找到「史密斯教授」，上午十時，終於有了反應。「史密斯教授」打來的電話中，告訴我，來華日期確定爲十月十六日。他也已經知道吳得民教授的三弟吳凱民將於十二日抵達東京與他會合。並對保密、通關、譯員三事再加查對。電話中語氣愉快而有力。我告訴他一切放心，儘管高高興興地前來，我會在機場等候他。

十月十二日

基金會在動員全體人員加緊作業後，一份行程表已做出，膳宿安排也已就緒。吳三連先生非常希望「史密斯教授」能有一個十分愉快的台灣之行，因此也對行程細節及所涉各事有所指示。

十月十三日

中午，如同事先已議妥者，新聞局宋局長和文工會周主任聯名召集各新聞單位新聞業務負責人在希爾頓飯店吃自助餐，由我就索忍尼辛將於十六日來訪的全盤交涉過程及索氏對保密要求之堅持作了詳細報告。

當初意以，索氏在華聲名甚噪，他的相片在過去幾年中不斷出現新聞紙及螢光幕上，可謂無人不識，索氏來華後，在所謂「公開露面」前，事實上並不可能化裝潛行，而且我們的新聞界亦十分賣力，保密的意思惟有：一、不宣揚；二、不見報。因此由我就所知和盤托出，用示坦誠，並且在「公開露面後提供一切採訪協助」及「我服務的《自立晚報》絕不在這項採訪上搶先」的保證下，懇求大家合作。

會前宋局長先作了請託，我報告後周主任又懇切要求，與會新聞同業在經過一番討論後，共同認為事涉索氏安全及國家利益，最後全體無異議接受，才告散會。

下午四時半，我再次在戴副局長辦公室內，與政府有關單位代表會商保安和通關細節，政府人士亦認此事不可有差錯，因此力求妥善辦理。與會政府人員之工作熱誠與能力，令我留下深刻印象。

下午六時，在同一地點，我又向美聯、合衆、路透、法新四大國際通訊社駐華代表作了簡報，經共允不發電稿，即使總社電詢，亦共同決定以索氏安全理由，要求緩發。四通訊社駐華代表所表現的體貼態度，也令我十分敬佩。

十月十五日

晨八時半至警政署見外事室李主任，李主任以索氏安全，不容絲毫差錯，乃再就保防細節逐一磋商，並將執行人員介紹與我認識。

離開警政署後，轉往台大醫院，向正住院檢查身體的吳三連先生報告大致籌備就緒。

離開台大醫院後，與基金會蔣祕書同往陽明山中國飯店檢視為索氏準備的套房。

然後再回基金會就所涉各事，與沈副祕書長及所有人員作最後一次的逐項檢查。

十月十六日

上午十一時半至總統府就安排索氏來訪事，向馬祕書長作簡報，十二時至中央黨部向蔣祕書長作簡報，二氏對基金會邀請索忍尼辛來華，表示嘉許。

照原先議定，接待人員分三批前往桃園機場。第一批是政府協助人手，於下午五時前到達。第二批是基金會人員，於下午六時半到達。吳三連先生則由隨從祕書陳先生陪同，於夜晚八時抵達二樓外僑組辦公室會合。

六時半筆者抵達時，情報來源告訴我，已有各報記者數人進入機場，並守住各據點。本人認為此事事先已經取得默契，採訪當係留供日後刊用，所以遂以索氏之要求為考量之唯一基礎，而決定僅由安全人員向新聞同業要求，「不要用鎂光燈」、「站在遠處拍攝」即可。

八時三十分，依事前所議，由我陪同吳三連先生進入至機艙門口，沈副祕書長進入至連接機門與航廈之第一道門口。三十五分，吳凱民第一個走出機門，然後就是狀至愉快的、紅光滿面的索忍尼辛。他和吳三連先生及我親切的握手，然後走過一個短短的走道，鑽進公務專用電梯，至一樓搭乘停靠邊門的車輛逸去。簽證以後補辦，行李留待基金會人員處理，這是事前議定的程序，一切按照原訂計畫進行無誤。

只有當走過走道時，鎂光燈閃個不停，記者爭先恐後，這件事是在排定程序之外。我看到索忍尼辛笑容沒有了，我曉得他對我的守密保證已打了零分。

這晚，我到深夜一時才上床，新聞局國內處長朱宗軻為敦請各報遵守協議，弄得焦頭爛額。

十月十七日

索忍尼辛的個人資料，我已盡力搜集，包括他不抽菸、少許飲酒、不吃蝦蟹、牡蠣等事，都已知道。可是他下午五點以後不喝咖啡，七時以後不吃東西的生活習慣卻不曉得，吳三連先生為使賓至如歸而於昨夜在石牌公館準備的中國茶和清粥小菜，因而也就派不上用場。

陽明山中國飯店遠離塵囂，索氏一夜好睡，精神飽滿。原先排定上午九時至飯店隔壁的吳家小別墅早餐，十時會見將幫忙做演講翻譯的王兆徽教授，然後與我詳細商討訪華十二日的行程。八時半我與凱民兄商定，坦白將《中國時報》已報導索氏來華的新聞告訴索氏，索氏當時沒有表情。

凱民兄與我陪同他走過大亨路，在轉角處，他看到了幾個攝影記者，便很不高興的向我說：「佛郎克，您的守密保證呢？」我啞口無言。

英語不是我的語言，也不是索氏的語言，而且不管「洩密」是怎樣造成的，我此時最好的態度是承認錯失。「磨」了三個小時，費了九牛二虎之力，至午，索氏才終於瞭解，「佛郎克」沒有過錯。並且同意改變計畫，要我乾脆下午向新聞界宣布他已來華，但請我強烈轉達他不受干擾的意願。

十月十八日

我們的記者非常能幹，中國飯店四樓只有一間套房，住在那裡的是基金會的客人索忍尼辛。三樓住的是基金會人員跟安全人員。只一天工夫，二樓已經住滿了各報記者。

索忍尼辛把他將於二十三號發表的演講當作第一要務，所以埋首寫他的俄文講稿，不願受到任何干擾。

可是偏偏有一女記者趁安全人員合力處理另一突發事故之時，越過五樓屋頂，擅入索氏房內，索氏把吳凱民找去，表示他對守密失望於先，復對保防失望於後，他將提前於廿四日離華。吳凱民做了很多解釋，才能讓索氏暸解闖入事件絕無任何惡意。

十七家新聞單位的新聞業務負責人聯名抨擊《中國時報》不守協議，《中國時報》竟將箭頭對向我，先於昨日指我「狂妄」，今日又罵我「夸夫」，譏我「侏儒」。其實是非曲直很明白，今天索氏才是新聞主角，我是接待人員之一，想不到《中國時報》竟然如此「節外生枝」。

十月十九日

一大早，索氏把他打好字的演講稿交給我，要我妥善安排翻譯作業，然後到別墅去打越洋電話給住在佛夢特州的索太太。我太太和我的同事們則在電話中告訴我，他們接到一大堆氣憤《中國時報》的電話。

十一時五十分，我們開始昨日排定的第一天行程的第一步——出發旅行。

讀者希望知道索氏全部動態的壓力重重壓在新聞媒介身上，新聞媒介所承受的轉壓在採訪記者的身上，十幾部採訪車排成的車隊，當然也形成一股壓力，壓在索氏和安全人員的身上，不過，當在泰山收費站和林口交流道兩度嘗試「解脫」宣告失敗後，索氏似乎無可奈何地接受了這種必須「大規模」旅行的現實。

索氏不吃午餐，但工作人員需要午餐。下午一時在全國大飯店休息片刻是事先安排的，台中市長林柏榕要送市鑰則為「臨時起意」，索氏經由飯店董事長吳和田的說明，瞭解林市長的一片好意後，便也接受。市鑰在飯店大廳接受，則是我們幫新聞同業作的設想。

車隊在市議會和中興新村繞了一圈後，迅即進入山區，開往日月潭。這一段路，風光明媚，索氏顯然十分欣賞並且漸漸心曠神怡。他說在美國從未旅行，定居佛州後，六年來到上月才首次外出，從來沒有到過比現在更低緯度。

日月潭的湖光山色，洗清了他數日的疲勞，涵碧樓的晚餐也令他大快朵頤。我們就在晚餐中，排定了隔一天的行程。

十月二十日

我們原來刻意把出發的時間延緩，以利索氏欣賞清晨的日月潭，但索氏習慣性的晚起，使他自己錯過了那一份清新的「潭氣」。九時半出發後的第一站——文武廟，索氏花了很多時間。中國廟宇對索氏來說，似乎是全新的東西，他問每一個問題，同時也記下每一個答案和感想。這種專注的精神和濃厚的興趣，同樣表現在他遊覽南鯤鯓廟時。即連從溪頭到竹山間，路邊一個其貌不揚的小土地公廟也令他流連不去。

今天是一個長距離的旅行，溪頭的小木屋和濃蔭小徑，北門鄉白皚皚的鹽巴，將軍鄉的虱目魚，和嘉義南邊的北回歸線標誌，給索氏帶來了愉快的一天。

採訪記者的車隊已將近二十輛，也許由於昨天下午二時在台北有一個安全會議，保安人員加了好幾倍，他們在每一縣市交界處鄭重其事的交班。我向索氏開玩笑說，您老先生的台灣之旅，已經儼然帝王出巡。

十月二十一日

朝拜台南孔子廟，瞻仰赤崁樓和參觀台南紡織公司，這是昨天排定的節目。早餐時索氏又「臨時起意」，告訴吳凱民，說另外還要看看台南飯店後邊的一般市民住家。我想，別人的住家是別人的國度，若非事先安排，萬一被拒，豈不尷尬？因此請安全人員代覓可供參觀處。恰好，飯店前面有棟十層公教住宅，大夥兒便走路跑了過去，一會兒工夫，已有數百人圍觀這位近幾天來天天大篇幅見報的俄國大鬍子，索氏的旅行恐怕就要越來越「轟動」了。

中午抵達高雄國賓飯店喝餛飩湯時，索氏除了中船和澄清湖外，又多了一個興趣——看佛光山。回到飯店，太陽已經下山。

高雄市長許水德好意要請索氏吃飯，變通辦法是我請許市長共進晚餐，索氏對許市長的夜市和中正文化中心很感興趣。昨夜在台南車站和台南公園散步時，招引了數百人圍觀，今夜在六合路飲食攤「散步」時，阻塞了整條大馬路，文化中心前廣場的人群歡迎索氏的如雷掌聲和中心內千餘人爲他起立鼓掌，想必都能使索氏瞭解到他受國人歡迎的程度。

今天尾隨索氏座車的車隊已增加至四十三輛，不過還好，明天就要打道北返，要不然，安全人員大概更要加好幾倍辛苦。

十月二十二日

索忍尼辛「必須」在今天下午三時前返抵台北，從高雄上高速公路開回圓山飯店，用絕對安全的速度，需要至少四個半小時。索氏接受我的建議，要順道參觀一下保存得比較好的歷史古城——鹿港。另外，他來華前，對導遊手冊上介紹的八卦山大佛，很有興趣。我們把時間一算，九時出發是最恰當的時間。

除了在西螺休息站和泰安休息站兩度滯留外，一切按照計畫進行，抵達圓山飯店的大門口，正好三點剛過。

十月二十三日

索氏從前天晚上開始，就又記掛起他的演講來了，因此，昨天在高雄，他可謂己「歸心似箭」。住進圓山飯店後，隨即與王兆徽教授及自日來華協助的木村浩先生三人，逐字逐句查對講詞。並且要我幫他找來中山堂中正廳舞台和講台的細部資料。今天上午除了再度探討講演段落外，還與吳凱民及我討論他的上台衣著，其用心與重視可見一斑。

這一場演講索氏本人重視，基金會當然也重視。僅向《自立晚報》借調的人手即多達四十二名，其中四分之一已忙了整整七天。可是，假使與政府動員的人力比較，基金會的人力則又顯然是小巫見大巫了。

國人對他的禮敬表現在演講開始前的全體起立鼓掌，以及演講結束後長達數分鐘的掌聲中。近百名在場的中外記者將把他擲地有聲的讜論，傳播海內外。華視負責製作的實況錄影將可使未能到現場聽講的國人，觀其鏗鏘風采。透過衛星的傳播作業，全球三洋五洲的三百餘家電視台，將把他的誠摯和忠告重現在以數億萬計的世人面前，讓世人深思他們的命運與乎人類歷史的發展方向。

十月二十四日

溯自索氏抵華消息披露，國內各方人士，對索氏提出了不少講演、會面、座談之類的請求，也有不少人提供免費餐飲、饋贈之類的美意，我分成好幾次，逐一向索氏轉達，他都沒興趣，只託我將各方贈品轉寄美國住家。倒是對觀賞中央電影公司以大陸反共作家白樺的著作爲底本改拍的電影《苦戀》興致勃勃。

吳三連先生到圓山飯店看索氏，並且陪他一起去外雙溪的中影試片室，中影明驥總經理親切的接待，文工會主任周應龍也在場歡迎，索氏認爲《苦戀》拍得很好，因爲那是一番親身苦痛後的結晶。

其後，索氏在故宮博物院花了兩個小時的時間，仔細品鑑中國數千年藝文的精髓。索氏習慣上不吃午飯，我不吃午飯便很難工作，回到圓山飯店，索氏跟我大開玩笑說「佛郎克心裡一定希望我今天趕快就回美國」。

一個叫「包麟」，在大直語文中心教俄文的索氏同胞，整個下午與索氏在一起。索氏告訴吳凱民兄說，他對包麟一生遭遇很感興趣，視爲寫作的好題材，同時也希望少數流落在國境之外的自由俄人，應拚命努力，使俄人早見天日。

索氏對「宴會」了無興趣。他昨天說明白，他訪華期間只願接受吳三連先生一次正式晚宴款待。偏偏碰上了連續兩天半的假期，因此，當索氏在他房間和包麟促膝長談時，也恰好讓吳三連先生的祕書群有充分的時間去研擬晚宴的陪客名單，並且找出這些人家裡的電話和地址。

吳三連先生認爲，既然只有一次晚宴，希望這份名單能夠表現出全國各界對他的歡迎。

十月二十五日

假使您能完全瞭解索氏如何在文字上下功夫，大概您也就可以有機會成爲諾貝爾文學獎得主。

爲了他今天下午五時半要向新聞界發表的一份只三百個字的談話，他取消了原訂的市區觀光。我們手頭上一共有一份索氏俄文原稿，一份王兆徽教授的俄文中譯，一份木村浩先生的俄文日譯，一份包麟教授的俄文英譯，一份吳豐山的英文中譯。然後，我們又找來了一位英文專家，連同木村浩、吳凱民，一共五個人，就爲了這三百個字「耗」了將近五個小時。然後，因爲索氏要我配合他的段落宣讀，又「排練」了三次，還指導我，當讀到「還有，即便是緊追不捨，常常阻擾了我對周遭事物的直接觀察的記者群，我也……」的時候，我臉上必須要有怎樣的表情，才足以表達他眞切的意思。索氏大概忘了「佛郎克」同時也是一名記者。

晚宴在國賓飯店十樓總統套房舉行，與會貴賓有世盟榮譽主席谷正綱、立法院長倪文亞、總統府祕書長馬紀壯、青年黨主席李璜、民社黨主席楊毓滋、國民黨祕書長蔣彥士、政大校長歐陽勛、文建會主委陳奇祿、外交部次長錢復、新聞局長宋楚瑜、作家姚朋、王兆徽教授。

宴會中有一番反共論談。宴會原訂六時開宴，因爲大家認爲蔣總統要送給他的禮物——英文本《蘇俄在中國》宜在飯前贈送，所以實際上六時四十分才開宴，八時十五分許就吃完了索氏認爲是他「一生中最長」的一次晚宴。

十月二十六日

原訂參觀台大校園的節目，索氏以小雨爲由取消了，他又找來了包麟，閉室長談。閉室前我向他轉達了最後一批請求和美意。

下午三時，吳三連先生到圓山飯店與索忍尼辛道別和祝福，俄羅斯人是說有個習慣，遠行前要大家一起靜坐兩分鐘，我們主隨客便。

過去十一天中他乘坐的那部銀白色別克車擺在正門口，前頭也煞有介事的再擺了一部開道警車。三時十五分，我們由八樓直下地下室，搭乘吳先生的座車，六部警車前後護送下，於四時抵達機場大廈後另一建築物內的一處隱密貴賓室，再從那裡搭車從四號機坪悄悄上機。吳三連先生也登上了機艙，向這位貴賓再一次道別和祝福。

訪華十一日，這位俄羅斯文豪、反共巨人，留給了國人一篇感人的演講，一份警告式的聲明，留給了新聞界一場採訪追逐戰，也留下了國人對他無限的景仰和懷念。

十月二十七日

下午五時，我依索氏「廿四小時後才宣布我已離去」的要求，發了一個稿子到中央社各新聞單位的信箱內，到此，索氏來訪終算有頭又有尾地告一段落。

索忍尼辛訪華記者會聲明全文

我要向所有熱誠接待我的自由中國人士表達由衷的謝意，包括：政府當局、各方人士、邀請我來訪的吳三連文藝獎基金會以及我在貴國各地所碰到的一般大衆；還有，即便是緊追不捨、常常阻撓了我對周遭事務的直接觀察的記者群，我也同樣表示感謝。感謝他們的友善態度，也感謝他們散播我的言談給盡量多人知道的工作熱忱。

在短短幾天中，我已深深地愛上了你們的島嶼。我希望全世界會醒悟過來，而不再採取漠不關心的輕蔑態度；並且也能瞭解到台灣乃是一個用以考驗自由世界之堅毅的決定性地方。

我也希望，在美國、在東南亞，甚至於在歐洲的人們，要瞭解這裡所發生的事情，並且體會自由中國人民的感受和想法，如果不能，對億萬人而言，將會帶來更大的不幸。

七、一個報人眼中的「明日台灣」

〈著者按〉本人半生服務社會期間不免常應邀演講。民國七十五年七月七日曾應邀在省垣各界聯合總理紀念週演講。《自立晚報》同日刊出演講節要，顯見事前寫了講稿。特列入附錄，供讀者瞭解筆者在戒嚴末期對台灣政治、經濟、社會情勢的看法和期盼。

【本報中興新村電】本報社長吳豐山應邀於今天上午在省垣各界聯合總理紀念週上發表專題演講。

紀念週假省府中興新村省訓團中正堂舉行，由國民黨省黨部主委關中擔任主席。出席中部地區黨政軍幹部約五百人。

吳豐山的講題是「一個報人眼中的明日台灣」，全文節要如下：

主席、各位先進。能夠來參加省垣各界聯合總理紀念週，而且有機會跟各位請教，覺得十分榮幸。今天我要跟大家報告「一個報人眼中的明日台灣」。

明天的台灣會變成什麼一個樣子，每個人都可以有每個人不同的看法，我之所以強調報人，一方面固然因爲我是一個報人，一方面實在是因爲辦報紙的人，他站在一個定點去看世界。從這一個定點去看世界，是一個很特殊的角度。比如說，我在《自立晚報》服務了十九年，這十九年中我都在一個定點，但是美國總統已經從詹森、尼克森、福特、卡特換到雷根。日本首相已經不再是佐藤榮作，不再是田中角榮，不再是三木武夫，不再是福田赳夫。拿省府來說，謝東閔主席把客廳變成工廠的時候，我們在辦報紙；林洋港主席每個晚上在推銷表面張力的時候，我們在辦報紙；李登輝主席組織八萬農業大軍的時候，我們在辦報紙；等到邱創煥主席拿八萬農業大軍去搞精緻農業的時候，我們還是在辦報紙。我們在一個定點上；從這個定點，很容易比較，也很容易看出眞相。

那麼，明天的台灣──二十世紀結束以前的未來十四年的台灣，會變成怎樣?

首先讓我們來看經濟。

經濟

兩個禮拜前有一天晚上，我在台北有個晚宴，隔天一大早，台南縣故鄉有事要辦，因此我參加了晚宴之後，才走高速公路回台南。大家都走過高速公路，我也常常走高速公路，可是那天晚上的經驗很不一樣。

我對於自已當小孩子時候的記憶有限，可是有一件事情永遠記得很清楚。民國四十六年，我開始讀初中，讀初中要離家十幾公里，因此要帶便當。我的大嫂爲了準備我的便當，她都是每天一大早煮飯的時候，抓一把米，放在整鍋甘藷簽的中間。那時候我父親有四甲稻田，絕對不是貧農，可見那時候的物資有多缺乏，生活有多簡陋。

可是經過三十幾年的奮鬥之後，我們今天的情況完全不一樣了。那天晚上，我在高速公路上看到的是連綿不斷的疾馳的南來北往的貨卡，有的是北運的蔬菜水果，有的是南下的電化產品。一輛一輛的貨櫃車顯然不是要到基隆就是要到高雄，從這兩個港口，我們的產品驕傲的到達三大洋五大洲，使台灣的產業能力像一顆閃耀在地球上的鑽石一般。在過去十幾年中，我到過三、四十個國家，到處看到我們的商人和產品；台灣的產業能力，我是很好的一個見證。

這是我們今天已經達成的成就。那麼，明天會怎樣？

我們有充分的理由相信，明天的台灣經濟會比今天更了不起。經濟發展的本質是「難上一百，易上一千」。上一代企業家在那麼有限的產業條件上締造了現在的成就，新一代的企業家一定可以獲得幾何級數的更大成績——這是講人的條件。我們國家現在富有了，我們光外匯現在換算新台幣就有一兆兩千億，國民儲蓄包括擺在郵局裡、銀行裡，還有在床底下的，至少超過三兆。這些錢從整體的角度看，都是國家經濟發展的資本——這是講錢的條件。我們在發展經濟的過程中曾經犯過不少錯誤，曾經做過很多必要的調整；已經犯過的錯誤不易再犯，已經調整的方針不必再調整——這是講經驗的條件。

在這樣有利的人的、資本的、經驗的條件下，我們有理由相信在未來十四年間，我們的產業一定能夠升級，我們的國民平均所得實際上會突破一萬美元。而表現在實際民生層面的現象將是，現在還到處可見的老舊住屋將消失在地平線；每一個家庭至少都有一輛車子將使兩條高速公路也不夠用；郊外的遊樂區到時候將比台北西門町還要熱鬧；「節約」會變成一個不合時宜的名詞，連政府都會鼓勵消費，拿消費來刺激大量生產、來常保繁榮。

社會

社會的未來如何?

請容我坦白地說，明天的台灣社會將會比今天更複雜。由於經濟的不斷發展，國民所得的不斷提升，以及以個人爲單位的收入與支出機制的普遍化，每一個人對於人生態度自主性將會大幅提升。家長管子弟和老師管學生，都將會比現在更困難。現在的長一輩的人看到青少年奇裝異服搖頭嘆息，越往後來，將越只好接受。沒有誰有權利規定誰一定要選擇怎麼樣的生活方式，當然更沒有誰有能耐去規定頭髮必須留多長，或者裙子只能穿多短！

未來的台灣社會，金錢掛帥的情形只會加強，不會減弱。台灣的國民所得，在過去因爲有均富的政策發生某種程度的作用，所以貧富懸殊的情況，在世界各國中，算是最不明顯的一個國家。可是隨著工業升級以及資本的集中，在一般受薪階級的上面，將逐漸形成一群資本家，事實上他們將形成一個富豪階級。不過由於民族性以及歷史的傳統，這一個富豪階級不可能揮霍無度，反而他們必須對社會國家的進步承擔更多的義務。

社會治安的情況，由於物慾橫流，將會比現在更壞，但是治安單位勢必在輿論的壓力下，大幅加強維持治安的能力。在另外一方面，我們也能預見到台灣的整個平地，由於市鎮的自然擴大發展，市鎮與市鎮之間互相貫連，整個平地將形同一個大城市，這種新市鎮的結構，一方面將使得訊息的傳播，一國形同一村，一方面也將使得國民與國民之間變得休戚與共；對於打擊犯罪而言，將是一種有利的新情況。

同樣由於整個平地形同一個村莊，整個社會的情緒將由大衆傳播媒介——特別是電視所掌握。

廣大的社會人群對於社會事務的注目焦點，將毫無選擇餘地的隨著大眾傳播媒介打轉；假使傳播媒介集中報導找尋一隻走失的名貴鴿子，這隻鴿子將有好幾天變成全國民眾生活的注目中心；假使傳播媒介連續幾天集中報導幾場深夜的球賽，全國民眾的生活秩序將會爲之顚倒；這樣的一種傳播媒介與社會人群生活的新關係，將會使得民意的形成比較快速，但同時也將使國民的整體情諸有隨時被誤導的可能。社會性的歇斯底里，將使得我們需要更多的精神病醫師。掌握大眾傳播媒介使用權的人將會面對沉重的社會責任壓力。

政治

政治總是最麻煩的，所以我把未來台灣的政治放在最後面來講。

首先，讓我們來看領導階層的新陳代謝。

基本上，一直到今天爲止，我們的領導重任仍絕大部分放在由大陸遷台的老一輩政治家的雙肩上，不管從行政、司法、立法，乃至考試、監察來看，情況大致都是一樣。可是歲月不饒人，今天我們已經不得不面對急速新陳代謝的客觀要求。今春國民黨三中全會閉幕後所成立的十二中常委小組刻正進行研究的問題，就也涵蓋了這個層面，可見，這個新陳代謝問題的迫切性。

我們現在已經能夠明顯的看出來，在未來的幾年中，國民黨裡頭新一代幹部的責任將快速大幅加重。中央民意機構，特別是立法和監察兩權的行使，將被要求做大幅度甚至於全面性的增進。這些在領導層面不得不做的改進，將使得政治的生機恢復活潑，顯現出更好的朝氣。

其次，讓我們來看政黨政治的發展。

我不曉得在座的各位有多少人，曾經經歷過民國三十六年前後令人難過的大陸政黨政治？我也不曉得在座各位，對於現階段的政治異議運動的眞正看法如何？不過，我要說，由於政府過去四十年間，在台灣的經濟政策和教育政策的有效執行，於是造成了今天社會多元化和民主政治至高無上的絕對共識。換句話說，今天多黨政治發展的有利環境，應該是我們在開始執行發展私人企業政策和西式教育當初就能預見的必然結局。

因此，依循這個方向推衍下去，我要說，多黨政治將是未來台灣政治的必然現象，是誰也阻擋不了的時代潮流。由於國民黨數十年來所蓄積的實力，十分雄厚，所以國民黨仍將是一個扎實的執政黨，但是它將不再可能掌握一切政治資源。我個人無黨，卻願意看到這種活潑的政治景象。而據我所知，不少國民黨裡頭的青壯朋友，也是十分樂於面對這種全新的挑戰！

其次，我要說，最令政治人物頭痛的言論由自，只會加強，不會縮減。不過，與言論自由相對的言論責任也將逐漸提升，言論的品質勢必提高。另一方面由於言論監督的功能無所不在，將使想做官的人越來越少，政府勢必要面對「以最少的人處理最多行政工作」的困擾。於是行政工作全面電腦化，將成爲不得不做的大變革。

再其次，在選舉方面，金錢與暴力介入的情況，在未來的一段時日中，將會變本加厲，變本加厲到有一天，包括行政、司法、候選人和選民都再也受不了的時候，勢必激發全面性的徹底改革。只有到那個時候，金錢、暴力介入選舉的惡劣情況才可能一朝戛然而止。

最必須一提的是，生活品質的提升，將是未來台灣政治的一個重點；公害的有效防治，自然生態保育、消費安全，都將成爲政治的重點。在社會大衆的強烈要求下，台灣已經死掉的每一條河川將會逐漸復活；肆無忌憚、大冒黑煙的工廠將會成爲衆矢之的；人們膜拜繁花似錦的原野、膜拜偉大的森林，比今天膜拜耶穌或釋迦牟尼還要虔敬而眞誠。

總之，我們正急速的奔向台灣的未來，在不斷變動中，找尋一個可以更好的明天。惟有不變的是：玉山仍然是台灣的最高峰，浪花照舊拍打著美麗海岸，太陽每天依然從東邊出來，西邊下去。

八、吳三連回憶錄之補述

〈著者按〉民國八十年，本人撰記《吳三連回憶錄》，由自立晚報社出版。本文為該回憶錄之「補述」。

1

民國六十六年初春，吳三連先生決定要把他的一生經歷留下紀錄，指示我，在他口述的時候幫他錄音和筆記，並且負責其後全部撰寫和出版工作。

依據我在筆記本上的紀錄，錄音分成兩個階段完成。第一階段從民國六十六年四月二十八日開始，止於民國六十七年七月十三日。第二階段是隔了七年之後的民國七十四年三月八日開始，止於同年九月二十七日。

錄音工作是每個禮拜的禮拜四下午，在三老石牌邸宅二樓起居室，通常進行兩個小時。有時候因爲三老太忙或我臨時有事，中斷一兩個禮拜。兩階段錄音爲什麼相隔七年之久，三老沒有說明，我也不曾問過。

爲了進行錄音，三老會在事前做些準備工作，俾使條理井然；但是，三老一直都說得非常簡要，謙和的涵養也使他對事實眞相的陳述，做了許多保留。

2

我與三老同鄉，而且幫他辦報，也與他一樣在台南縣參加選舉，這些相同點對錄音和筆記工作的暢順頗有幫助。可是，三老與我相差四十六歲，他的道德文章功業，遠非晚輩所能企及，這個巨大差距對後來回憶錄的完善整理一定會造成某種程度的阻隔。

大約在民國七十五年的時候，中央研究院口述歷史小組曾經希望出版三老的一生經歷，我認爲專家做事應會比較牢靠，乃請示三老。三老的決定是，仍然希望我獨力完成，出版後再送往中央研究院參考。

坦白說，我多樣性的工作負荷，在民國七十年十二月接任《自立晚報》社長後，已經滿載，所以在三老於民國七十四年九月完成口述後，我的整理工作並未有效開始。一直到民國七十八年初，協助辦完三老的喪事後，才選擇沒有宴會喝酒的夜晚，在看完報社傳到家裡的相關稿件後的下半夜，快馬加鞭，一直到民國八十年三月下旬，才終於完成全部撰寫工作。

3

依我觀察，三老在民國六十六年以前，不曾準備要寫回憶錄，因此，他沒有刻意留下什麼與回憶錄相關的文件。三老溫柔敦厚，但大而化之，他沒能說明白大部分事情的細節；三老同時虛懷若谷，因此對他所成就的許多事情一向淡然處之。

我的撰寫工作必須忠於原口述，除此之外我必須另外下工夫。這本回憶錄的分篇分章，完全依我個人的主見。時空背景主要由我塡充。之所以加入了大量的附錄，特別是幾篇三老相關事業的文字，目的是希望讀這本回憶錄的人，對於三老的全貌能夠得到比較完整的瞭解，不要因爲三老的謙卑而做了不正確的估量。

我之所以寫這篇補述，放在回憶錄的最後面，也同樣是希望讓這本回憶錄比較完整；因爲三老完成口述工作後，並未退休；他仍然每天辛勤地工作，一直到民國七十七年十二月二十九日去世爲止。

4

我是一個報人，在專業訓練下，我不會迷信英雄。我們習慣於追求眞相，判別是非，分清楚什麼人、事有價值，什麼人、事沒有價值。

可是即使以這種最嚴苛的標準，並且排除上司部屬的關係，我仍然必須說，三老九十年的人生，世人無法挑剔。

一、做爲一個政治人物，三老言行一貫，民族的骨氣始終硬朗。他抗日的時候，毫不妥協；做官的時候犧牲奉獻、兩袖清風；做民意代表的時候，知無不言、言無不盡；即使退出政治第一線之後，也絲毫不曾改變操持。他認爲政治應該只有一個目的，就是爲老百姓謀求福祉，他厭惡迫害和欺詐。一直到他離開人世的前一刻，他沒有停止過做爲一個政治人物對國家社會的關愛。

二、做爲一個企業界的領袖，三老執簡馭繁，舉重若輕。他參與工商，卻不曾孳孳爲利。他從來不曾是資本家，他自我定位爲公司裡勞資雙方的家長，一貫倡行勞資和諧。他不允許與他有關的公司違法亂紀，影響所及，整個企業集團，只知殷實，不敢貪圖非法暴利。做爲企業領袖，他連結了私人企業與國家總體經濟，總是讓國家利益擺在前面，私人企業利益跟在後頭。

三、做爲一個文化人，三老坦蕩蕩毫無出醜之處。他辦的報紙長期堅持客觀公正的立場，他不允許他的報紙做違背良心的事、說違背良心的話。他辦的學校，沒有董監事會向學校拿錢，相反地，學校從創立的第一天開始，不可停止建設。他的文藝獎金，不允許任何政治干擾，所有得獎的人都只因爲他們的成就值得肯定。

四、至於做爲一個人，三老更是達到了尋常人不可企及的境界。三老抱持服務的人生觀，服務一生，奉獻一生。三老生於基督教家庭，平日不重視宗教儀式，可是，他的言行所表現的謙和友愛和平信義，與最虔誠的教徒沒有兩樣。三老輕物慾，認爲金錢的價値在於使用在正途，世間受過他協助的人不計其數。他是家庭中的好丈夫、好父親、好祖父，是公司裡人人愛戴的大家長，是社會上大家敬重的朋友和長輩，是國家的大國民。

晚年的三老，望重朝野，一言九鼎。登門造訪的，上自國家元首、下至尋常百姓，三老同等接待，言語不多，言必由衷；一個台南縣貧寒出身的農家子弟，人生的境界到達這個地步，足可令人嘆爲觀止。

5

民國七十二年，吳夫人去世；夫妻情深，一旦永別，三老哀痛逾恆，生活步調大受影響。

民國七十五年，三老在大熱天幾次出入監獄和醫院，照顧政治受難人和他們的家屬，由於勞累過度，不幸中風。中風之後的三老，仍然相信自己有朝一日可以恢復健康，於是大幅刪減了工作的負荷，開始每天的復健工作。在中正紀念堂、在新生公園或者頂北投吳氏宗祠，三老每天下午選擇一處準時出現。通常是他最疼愛的女兒，陪他一步一步地走過幾百個夕陽西下的傍晚。八十八、九歲的老人，堅毅地在落日餘暉中邁出一個個步伐的那幅景象，令人動容！

民國七十七年十月下旬，三老感冒，本來以為小事，三天後入台大醫院時發現已轉為肺炎，從此昏迷，留在加護病房，一直到十二月二十九日心臟衰竭離開人世。

6

三老病逝消息傳出，朝野同感悲悼。各大報都刊出專文，同聲懷念，同聲推崇。一月十七日在台北市立殯儀館，數千人以無限哀痛的心情，祭拜這位為國家民族奉獻一生的長者。李登輝總統親臨行禮，並頒褒揚令。黃少谷、林洋港、張寶樹、李國鼎四位大員先於十五日遺體火化前在靈柩上覆蓋國旗，對故人高潔的一生做了崇高的禮敬。

一月十八日，三老骨灰奉厝故里淳吉墓園。奉厝前，台南縣各界數千人齊集天仁工商禮堂，對這位傑出的台南鄉親表達了深沉的懷念。

7

由於撰寫這本回憶錄，在過去兩年多的許多個深夜，當夜闌人靜時，獨自一人重聽三老口述錄音，便自然不免要陪同三老從十九世紀末再走過一趟。在歷史的時光隧道中，我彷彿可以清楚地看到在日本、在殖民地台灣、在天津，在光復初期乃至四、五、六、七十年代在台北的三老的音容笑貌。一個南台灣鄉下赤貧人家的子弟，憑著一股堅忍的毅力，抱持服務的人生觀和壯闊的世界觀，自我成就為一代人豪的整個過程，令筆者常常擲筆低迴，久久不能自已！

我相信江山代有才人出，但是，我不相信滾滾濁世會再出現這般高潔的人格典型。

8

不可以漏失的，我必須在這裡對協助完成這本回憶錄出版工作的所有長輩和朋友表示感謝，他們是：

協助將錄音帶轉成初期文字的洪樹旺先生和夫人。

協助找尋背景資料的林文義先生。

協助製作「吳三連先生年表」的向陽先生。

協助校訂的吳尊賢先生、沈邦頎先生、趙富鎰先生，以及三老的六位子女。

協助校對的韓菁珊小姐。

協助製作封面的李男先生。

協助提供照片的自立報系資料室、日本每日新聞社、楊蘭洲先生、周景祥先生，以及三老邸宅書房。

還有，自立報系出版部魏淑貞總編輯和全體編輯同仁。

我相信，三老如果地下有知，也會同樣感懷。

九、台灣一九九九

〈著者按〉民國八十年，本人利用赴美開會的會後時間，寫了一本近小說體的《台灣一九九九》。主要是嘗試預測一九九九年的台灣政治經濟社會情況，鼓舞同胞向前。

原稿在《自立早報》發表，後來由《自立晚報》出書。書末還附載了學人對本書內容的座談紀錄。

本文係最後一節──淚珠

一九九九年六月十八日。端午節。

淡水河。

下午三點。

河面上，早已鑼鼓喧天。

全國各縣市的龍舟隊伍今天舉行一年一度的龍舟大競賽。

龍舟大賽之後，緊跟著一個劃時代的壯舉──十艘名爲「台灣友愛」的三桅大機帆船，將載著三百名親善大使，啓程遠航，環繞世界一周，遍訪報名參加「二〇〇〇年台灣萬國博覽會」的世界各國，傳達兩千兩百萬國人誠摯的邀請。

從一九九二年開動清理工作的淡水河，到去年大功告成。消滅汙染花了一千三百多億，疏濬河床花了將近兩百億。清理完成後沒幾個月，河面上出現了近千艘大小私人遊船，分別使用東西兩岸的遊船碼頭，每到周末或是星期假日，河面上帆影點點。吳尊賢基金會捐建的五十層樓高大噴泉，在河面上一柱擎天。靠三重、新莊的那岸，新建了整長條海鮮餐廳和觀光飯店；不管白天或夜晚，不論從空中或地面看，都是一幅風調雨順、國泰民安的太平盛世景象。

一陣急促的小鼓聲響起，總統駕到。元首頌高奏聲中，總統在夫人陪同下，步向觀禮台正中央前方落坐。中央文武百官、國會議員、各縣市長、各國駐台使節、各行業領袖，冠蓋雲集，早已坐滿了整個觀禮台。觀禮台左右兩邊，兩面超大號國旗，拔高三十公尺，迎風招展。

去年的冠軍隊——台北市隊，首先衝出碼頭，以飛快的速度，在觀禮台前方繞了一個圓圈，把冠軍盃送還主持台，然後便開始了您死我活的新年度冠軍爭奪賽。

微風從淡水河上游那邊緩緩地吹來，成群結隊的鴿子在河面上忽高忽低飛來飛去，北一女百人大樂隊樂聲昂揚，各縣市高手齊一的吆喝聲此起彼落，兩岸民眾時而歡呼、時而鼓掌、時而嘆息。觀禮台這邊笑聲童稚，偶爾女士們一陣尖叫，壓過了樂聲和鼓聲；歡樂塞滿了夏日的午后。

五點剛過，台北市隊趾高氣揚地要回了兩個小時前他們交出的冠軍盃！

十艘四十公尺長的三桅大機帆船依序頭尾相連，從上游開了過來，很快地在觀禮台正前方串成一線。三百名水手穿著雪白的制服，整齊地排列在十個甲板上，十八響禮炮過後，總統跨前一步，對著麥克風，逐字逐句：

「本人宣布，『台灣友愛』船隊今天啓航，帶著台灣兩千兩百萬人民誠摯的邀請，歡迎世界各國，前來西太平洋的美麗之島，參加二〇〇〇年台灣萬國博覽會，並且攜手，以充滿無比堅定的信心，共同邁向廿一世紀。」

三百名各大專院校女學生穿著白衣紅裙，代表全國同胞，揮動齊一的手，祝福遠航的親善大使。除了樂隊一遍又一遍地奏著〈愛拚才會贏〉外，兩岸無聲。

船隊緩緩移動，往淡水河口方向開去。他們將在那裡和一艘五千噸海軍補給船會合，首途上海、轉釜山、橫濱，橫渡太平洋。過巴拿馬運河後，兵分兩路，遊訪北美和南美，航經大西洋，會合英倫。遍訪歐洲各國後，一支向非洲、澳洲、紐西蘭，一路走蘇伊士運河，過阿拉伯海，穿越印度洋，一年後一起從香港回國。

總統和大家緩緩地揮手，目送美麗的船隊在碧波上漸行漸遠。

沒有人注意到，總統眼鏡片下有淚珠奪眶欲出。

十、台灣跨世紀建設論

〈著者按〉民國八十五年，本人撰寫《台灣跨世紀建設論》一書，試圖為個人參與公共事務畫下休止符。該書由玉山社出版。本文為該書序文〈憂喜參半看台灣〉。

一九九六年三月廿三日，台灣產生了首屆民選總統，標示出台灣至少在外觀上終於遠離了專制的時代，這是無限可喜的大事，是一個歷史新階段的開始。

可是，選舉本來只是民主的形式，選舉並不等同於民主。除了選舉之外，充分民主尚有許多規範，台灣還嚴重缺乏這些必要的規範，以至於政黨惡鬥、主要傳播管道被財團和政黨掌控、黑金伴隨著選舉而滋生，肆意腐化政治，並且有愈演愈烈之勢。

專制政治之所以令人討厭，在於專制常常背離民意，更在於專制最易走向腐敗。民主政治的制度設計，是希望政治人物向手握選票的廣大人民低頭，並且透過制衡原理，防止腐敗。可是，我們的政治人物即使在競選的時候向選票低頭，開票之後卻大多馬上騎到人民頭上。專制時代，專制官僚有一套貪汙腐敗的辦法，民主時代，分處府會的政治人物假使要勾結腐敗的話，辦法更多，途徑更廣，數目更大；我們今天在台灣看到的，正是這種令人憂心的情況。

小小一個河邊抽水站，不肖官商聯手就可以從國庫偷走幾億元。大型公共建設，預算一追加就是幾十億，而且一加再加。根本沒有能力建垃圾焚化爐的公司卻能一包好幾個，焚化爐連個影子都還看不到，公帑卻已被汙掉了幾十億元。一九九六年八月上旬的賀伯颱風吹出了公共工程的百孔千瘡，這些公共工程當年在建設的時候，各級政府原都信誓旦旦……。

就好像在台灣政治的民主外表下包藏著腐敗的內裡一樣，台灣社會在一片欣欣向榮的外表下，也是存在著諸般令人憂心忡忡的內涵。數目字不會騙人，台灣城鄉到處聳立的漂亮樓宇以及人民在飲食交通衣飾各方面的展現，在在證印我們的年平均國民所得還有低估的部分。可是，社會道德隨著物質生活的豐裕，卻已敗壞到令人驚心的地步。政府不提倡道德，政治人物的作爲，人民更是清楚看在眼裡，所謂「上行下效」，朝野大家有志一同，一切向錢看；官既可僚，民何以不能刁？在刁民的心裡，法律不具太大意義；於是善良人民的自由被妨礙、尊嚴被羞辱、生命被危害、財產被侵奪，由南到北，燒殺擄掠，一日數十起，連立委也被押走關到狗籠裡，令人怵目驚心！

政治民主與經濟繁榮一直是人類追求的理想目標，自由與麵包兼而有之，其樂何如！台灣政治全面民選了，經濟建設更是早已被稱譽爲「台灣奇蹟」，再苛刻的評論者都不能低估台灣物質建設的成就。可是，我們早期有意無意間的公害放任，使得大家今天必須面對公害放任的必然惡果。汙水不能有效管制，幾十年下來淹死了幾乎所有的台灣河川。政府處理不好垃圾問題和交通問題，使得全島到處一片髒亂。今天我們豐衣足食之外，生存環境卻不堪聞問。如果再加上色情氾濫和奸歹橫行，吾人誠不知在這種怪異環境下生長的後代子孫會變成怎麼一個樣子？

筆者深知，一般社會男女平日忙碌於衣食住行，這是大社會常態，領導社會的知識分子和各方領袖絕非不關心國家的長遠發展，他們不但關心，而且也都知道問題的內涵，甚至於大都相信只要群策群力，那麼做為國家建設根本基礎的政府結構與政府效率，都能找到解決辦法，連錯綜複雜的兩岸關係與國家定位，也都能謀得化解方案。

可是現實的情況卻是爭論盈庭，毛病依舊；台灣前途不禁令人一則以喜，一則以憂！

台灣走到今天，正是到達了可好可壞的十字路口。民間充沛的活力加上數十年來累積的經建成果，是台灣邁向眞正成功的大本錢；反之，如果任令黑金猖獗、政黨惡鬥、社會道德淪喪，以及公權力說而不行、萎靡不振，那麼台灣逐步被推落萬劫不復的深淵，睽之人類歷史車鑑，也不算稀奇！

再過一千多天，人類就要跨入廿一世紀，廿一世紀是一個人類理當擁有更大幸福的世紀。世界一流趨勢專家在過去這幾年紛紛描述新世紀的理想；人們將厭惡永無止境的爭奪和浪費，厭惡主宰了人類數百年的浮誇思想和功利觀，代之以對健康和諧的追求，代之以人類個別才能的創造和發揚。

健康、和諧、創造、發揚這些事體，就政府之功能而言，便是更好的福利政策，更好的文化建設，更好的生存環境，以及做好這些施政推動基礎的非戰與和平。

一九九六年九月某日，筆者從台北中山南路國家圖書館辦完事情，要離去的時候，站在該館長廊佇立良久，該館內正在舉行第五次全國科技會議，從長廊面向外邊，看到的是宏偉的國家戲劇院和國家音樂廳聳立中正紀念堂的左右兩邊。象徵我國醫療水準的台大醫院在左邊視界內。從台大醫院越過仁愛路，國民黨中央黨部的巍峨新大樓已建到十幾層，中山南路上則是車水馬龍，目之所及一片發達景象，宛然國民黨政權來日方長。可是就在那前後幾天，社會混亂情況騰載報章；官方說八百多個縣級民代有三百個是黑道，某個省議員竟然在銀行大樓內纏著該銀行總經理談判達十數小時之久，幾千噸飼料乳粉流竄民間變成人們的食物，一個毛躁青年竟能用假存單騙了銀行十幾億元，幾位立法委員爲了誰是不是黑道大哥在立法院鬧翻了天……這般社會整體持續下沉的現象，令人看了不禁膽戰心驚！

百年歷史的國民黨能夠又一次戰勝時代的挑戰？國民黨能夠有效處理那一些因他長期掌權而生的奇疾怪病？假使國民黨終將下台，那麼後繼政黨眞有能力開創新局？台灣能夠由於朝野大家共同努力而成爲廿一世紀中一個成就不凡的國家？台灣會不會無法更上一層樓，而淹沒於歷史無情的浪濤下？或者台灣果然無法逃脫宿命，竟捲入中共的黑洞而徒然留下一堆只供後人憑弔的斷垣殘壁？

《台灣跨世紀建設論》正是這種憂喜參半心情之下的產物。筆者丹心熾熱，但才疏學淺，本書假使能夠激出社會更多的決心，便算不錯；如果有權者有所採擷就再好不過了！

本書的本文不足四萬言，自一九九四年冬天開始下筆，完成於一九九六年九月底。附註多達兩萬字，完成於同年十月中。之所以採取這樣的寫作辦法，是爲了讓本文要言不繁，不過如果併讀附註，就更能瞭解筆者整體意見形成的過程。

筆者在學校讀政治學，後來又讀新聞研究所，青年時期就參加選舉，在台北辦報二十七年；寫這本書另有一個私人目的，那便是要爲自己獻身公共事務的生涯劃下一道休止符。

是爲序。

十一、吳尊賢回憶錄之補述

〈著者按〉民國八十八年，吳尊賢先生自撰回憶錄由遠流出版公司出版，本文為本人為該書撰寫之〈補述〉。

1

曾經在尊賢先生旗下服務過的陳宏正先生，一向熱心公益，對台灣文化建設有許多堅持。陳先生與遠流出版公司的負責人王榮文先生是同道好友。陳先生知道尊賢先生在十二年前自己執筆寫了回憶錄《人生七十》，當然也知道兩年前尊賢先生及親友合撰了《人生八十》。他認爲王榮文先生假使能將《人生七十》和《人生八十》的精彩篇章合輯爲《吳尊賢回憶錄》，公開發行，那麼既可發揚尊賢先生的人格典型，又可有益世道人心，所以陳、王二先生便於八十七年二月聯袂說服尊賢先生，同意出版這本《吳尊賢回憶錄》。

陳、王二先生在企畫刊行這本回憶錄的時候，同時認爲假使由筆者以「評尊賢先生及其志業」爲題，寫一篇評傳性文章，應可對回憶錄有所增益，尊賢先生也認可這個建議。筆者追隨尊賢先生前後三十年，覺得負責撰寫這篇文章是很光榮的事，欣然同意執筆。不過後來又覺得評傳文章由我來寫不免僭越，而改爲補述，這就是本文的由來。

2

覺得負責撰寫這篇文章很光榮，是一回事，如何撰寫這篇文章，卻又是另一回事。在《人生七十》一書裡，尊賢先生已經鉅細靡遺地把他一生的經歷做了記述。在《人生八十》一書裡，尊賢先生的親友門生故舊，也已經從各種不同的角度，寫出了他們的看法和感受，我很難有所突破；所以在距離當初出版方案確定的兩個月後，我仍未下筆。

四月下旬某日，尊賢先生打電話到舍下找我，說他正在看二十七頻道，該頻道正在播放保生大帝吳眞人傳，要我也打開看看，並且設法買到該播放帶或腳本，送給吳姓宗親，讓他們知道吳姓這位了不起的祖宗的來歷。這個電話給了我靈感，我應該從這裡切入，去寫這篇文章。

3

人類有別於其他物種的特殊現象之一是，人類會問「我從那裡來？我要往何處去？」尊賢先生的祖先從中國大陸福建泉州乘筏渡海來台，定居在西海岸台南縣學甲鄉頭港地方，在清朝統治期間和日本據台時期的大部分歲月中，耕漁為生，傳宗接代。一直到日據末期，吳家才棄農從商。所謂「天道酬勤」，吳家兄弟叔侄賣命苦幹、省吃儉用，光復後他們已來往於上海、台北之間，是當時台南和台北最大的布疋批發商。民國四十二年，他們創立了第一家生產事業——台南紡織公司，溯自民國二十三年台南新和興布行設立，六十餘年間創造了龐大的台南企業集團。

經歷了清朝、民國、中共三個朝代的泉州故鄉父老，當然知道台灣的他鄉遊子變成了大企業家，兩年前以祖祠破舊待修，派人來台募款，尊賢先生認為協贊祖鄉修祠，義不容辭，慨允負責向在台裔孫募款，並交代我負責本案。去年冬天，修祠大功告成，尊賢先生本欲親自帶團，臨行前因體力較弱，改由其長子昭男君領隊，一行數十人浩浩蕩蕩返回祖鄉，焚香祭告先祖；從人類最內層心靈來看，這是一種心靈的完成、一種敬天畏祖的最眞誠表現。

其實早在二十年前，尊賢先生兄弟叔侄，即斥巨資在學甲新頭港家鄉，興建美奐美輪的「光覽祖系紀念館」以崇祀先祖，每年春秋二次召集族人，焚香祭拜，並敦睦族誼。更早在四十五年前，台北市吳姓宗親會在南京東路三段興建吳氏宗祠的時候，尊賢先生即慨捐半數購地款。台北市吳姓宗親會理事長和全台吳姓宗親聯誼會理事長，是兩個純服務奉獻性的職位，尊賢先生於民國七十八年繼三連先生之後，主持這兩個單位，具見在他的身體裡，永遠暢流著祖先古樸謙卑的血液。

4

由於天賦資質，也由於一心向上，尊賢先生和他的兄弟及事業伙伴，一生堅信「勤儉誠信」這個教條。「勤儉誠信」這四個字，大概每一個人都可以琅琅上口，可是一個字一個字拆開來看，要不打折扣地逐字做到，而且一生堅守，便是非常不容易的事。

說「勤」，尊賢先生的勤，勤到令人難以置信的地步。他在回憶錄裡記述早年他曾經在一天之間，騎腳踏車在民國三十年代初期南台灣凹凸不平的道路上奔馳百里，只爲了要在一天之間把貨賣掉。他在回憶錄裡也曾記述民國三十年代後期，他如何時常一天工作二十個小時。諸如此類的勤奮故事，在回憶錄中隨處可見；對強調休閒生活的新一代青年來說，這些故事也許不可思議。

不過，它絕非天方夜譚。僅兩年來，筆者就親身見證了尊賢先生勤奮無比的兩件事。

兩年前，尊賢先生擔任名譽董事長的環泥建設公司，在台北汐止推出第一個建設案，市場反應極為冷淡。尊賢先生認為這是環泥建設公司成敗的關鍵，於是以八十高齡，捲起袖子，親自下場，鼓勵同仁，日以繼夜，絞盡腦汁，更新規畫，費時一月，把將近千戶住宅與商店之中擬先出售的部分全部賣掉。本來可能「一炮而黑」的事件，變成「一炮而紅」，這當中全憑尊賢先生一個「勤」字。

兩年前，吳尊賢基金會與某報合辦「勸世文句」徵稿，湧進了上萬件作品。在廣播電視報章雜誌上播刊「勸世文句」是吳尊賢基金會從民國七十年創立後即不停辦理的重要業務之一，尊賢先生對此項業務一直非常重視。上萬件作品必須評選，通過初步評選的必須再逐字斟酌。尊賢先生親自帶隊，上午審到中午吃個便當，下午審到晚上再吃個便當，如是者達七、八日之久。初審後交付打字，然後再從頭來過，稱為複審，又是七、八日工夫。我們參與的人，個個人仰馬翻，尊賢先生卻精神抖擻，「勤」以貫之，您相信嗎?

說「儉」，尊賢先生在中年的時候，已家財萬貫，卻至今始終不改其儉樸生活的堅持。尊賢先生在台灣的子女都住在企業總部附近的巷弄公寓，以方便聯繫和工作。他們在淡水有處不錯的別莊；不錯的是花木和視野，房子老舊樸實不華，沙發桌椅已經用了三十幾年。尊賢先生喜歡打高爾夫球，打球的時候，上衣是舊襯衫，褲子是舊西褲，裝球鞋用塑膠袋。我認為塑膠袋實在太簡陋，有一次我送給尊賢先生一個帆布袋，他說還是塑膠袋好用。他手上的手錶金光閃閃，一個二千元，而且已經用了幾十年。某年某日，我跟尊賢先生在萬通銀行開會，開到夜晚大家吃便當，我便當吃剩很多，尊賢先生轉過頭來正色地告訴我：「把它包起來，帶回家再吃！」

當您在報紙上看到尊賢先生捐給這裡一千萬元、捐給那裡二千萬元的時候，您知道尊賢先生本身和他的子孫們卻只過這種樸素的生活嗎？最近尊賢先生決定傾其積蓄捐建一棟十層大樓給台灣大學；假如您認爲尊賢先生對自己也像對別人那麼慷慨大方，那就大錯特錯了。

是一種什麼樣的人生信念形塑出尊賢先生的這種不平凡的財物觀？尊賢先生在回憶錄中曾提到，爲了生活，一個人要用的錢實在極其有限。我卻認爲在他的人生信念裡，有一種「救人救世」的強烈因子。吳尊賢基金會創立以來，筆者擔任了十七年的祕書長職務，在每個月一次的董事會裡，或者在辦公室與尊賢先生討論申請個案時，筆者最常看到的是尊賢先生爲人間悲劇仰天嘆息，爲社會紊亂深鎖眉頭。他在〈我的祈禱〉文中寫道：「世界上會有這麼多不祥和的事情，是因爲人類的『善性』較弱、『惡性』較強所致，所以應由世人共同誠懇祈求神、仙、佛、道來一次大合作，幫助科學家發明一種『去惡歸善丸』，使世人一吃下這種藥丸，就會『去惡歸善』、『改邪歸正』。如這種希望無法達成，則另一個方法就是，『人』絕大多數都希望將來能到西方極樂世界的，神、佛本來也是希望能早日渡眾生往西方極樂世界的，所以是否可以大家一起來懇求神、仙、佛、道幫助科學家，發明一種威力很強的『西方極樂彈』，將大家剎那間一起送到西方極樂世界，去享受無憂無慮的生活。」筆者並不喜歡這種論調，不過我深深能夠瞭解他每一次說這些話的時候，內心所充滿的悲憫情懷。

一個人「勤」「儉」如此，悲憫如此，其誠其信，也就無庸贅述了。

5

尊賢先生擅於經營事業，其實很多人也擅於經營事業，而且各擅勝場。不過尊賢先生之擅於經營健康和擅於經營家庭，就頗有不同尋常之處了。

如所周知，尊賢先生由於操勞事業，四十歲的時候就罹患糖尿病。尊賢先生在公眾場合出現的時候都是笑容滿面、雍容大方，私底下卻長期與病魔搏鬥，迄今越鬥越勇。八十六年和八十七年上半年，尊賢先生有一半的時間住在台大醫院，此期間他克服了淋巴腺癌和惡性外耳炎病變。尊賢先生住院的時候，我每隔一兩天去看他一次，你不問他，他不說住院治病的痛苦，只嘆塵世的紛亂。住院治病通常意謂大量的打針吃藥和折磨，尊賢先生笑臉以對，堅忍不拔，他常說：「生而為人一定會生病，生病就要看醫師，看醫師就要聽醫師的話。」因此他非常的合作，也因此台大醫院戴東原院長和醫療群都說要頒「模範病人」獎狀給他。

談到經營家庭，尊賢先生更是念茲在茲，他認為家庭美滿才是人生幸福的最終價值。尊賢先生身教言教並重，他們一家父慈子孝、兄友弟恭、妯娌親睦，不是從天上掉下來的。充滿在家族每一個成員之間的禮儀和尊敬，是長期涵養的結果。有一年，尊賢先生和夫人到我在澳洲雪梨的住家休假，我親眼看到，每一天尊賢先生一定和散居各處的家人通一次電話，互道平安，表達關懷。在四、五十年代通話費用較高的歲月，他們家族成員之間，家書往返不斷，我看過其中一部分，字裡行間流露的親情，實在無異是人間情愫的寶貴檔案。

6

此外，如果要眞正瞭解尊賢先生的人生全貌，也不可錯過他的人際關係的廣大內涵。筆者要說，從他親族之間以及友人之間的書信，可窺其梗概。這些信件之中，有數說不盡的家族親情，有令人熱淚盈眶的人間溫暖，有尊賢先生不欲人知的雪中送炭，有人情義理，還有各方人士對尊賢先生誠摯的禮敬；隨手打開一封信，都是一份人間最珍貴的緣分、一種人間最眞誠的表達！

——尊賢先生在台北東區住家的一位王姓大樓管理員，孤獨老人，生病住院，尊賢先生攜夫人及子女一起去醫院探視。王老先生從醫院寄來的信上說：我自十二歲離家流浪在外，也沒遇到什麼難事，這次生病住院眞算難事了。吳先生一家人到醫院來看我、濟助我，吳先生的恩情，我是永遠不會忘記的。吳先生一家人離開醫院後，我思前想後，流下了眼淚……。

——一位住在美國的晚輩友人，被服務的單位降調，適在美訪問的尊賢先生力予慰勉。這位先生寫來的信上說：最近得知尊賢叔有早睡早起的習慣，不由使我憶起這次您們要離開美國返回台灣的前夕，因我降職遷調之事，居然為了慰勉我，而使您們過午夜十二時仍未能就寢。現在想起來，一陣陣的感激湧上心頭……。

——一位旗下公司的主管受尊賢先生之託，就近協助尊賢先生在當地的某位親戚，未料這位主管卻因而產生私人財務損失。尊賢先生堅持補償，這位主管不得已和盤托出。他在來信上寫道：關於和x君借貸乙節，應已了結，請莫再提起。此事職係自動合夥投資，以期分享利潤。嗣因交款經月仍未見採購，同意改為借貸。次年償還部分，餘款支票銷毀結案。俗語講明「師父帶進門，修行在個人」，職年逾半百，應就自己經辦及決定結果，完全負責損益。「買賣算分，相請無論」，本案已結，吾心滿足。附陳者，小女兩人在台就讀大學期間，曾獲貴吳尊賢基金會獎學金，對於她們今日留美，助益頗大，學成之日仍盼有栽培之緣……。

——一位郭姓醫生來信寫道：昨日由美抵家，發現莊親家轉送的《人生七十》一書，驚喜之餘，立即閱讀……二伯公不但才智雙全，而且謙誠自持……古今成功之士，染淫侈賭飲者不少，而二伯公不但生活嚴謹規律，修身齊家，並且奉獻社會……晚輩雖已耳順，拜讀之餘，不禁嘆贈書之遲來……。

——最多的信件是表達感恩之至意，七十七年八月二十五日，某先生來信說：「千言萬言也難以表達弟對您在弟陷入困境時的雪中送炭的感激之心意。……隨函附上支票乙紙請查收，……但願您能笑納以了弟心意於萬一，讓弟再一次謝謝您。」信的左上角有「支票乙紙已寄還郭先生，昭男八月二十七日」的字樣。昭男是尊賢先生的長子，一定是他奉父命，辦妥寄還支票之事後寫的註記。

尊賢先生做的許多善事，令人感戴一生，下面照抄一位吳先生來信全文：「尊吾兄鈞鑒：敬啓者，這次家母逝世，承蒙吾兄來電慰問，繼而惠賜罐頭、花籃、花圈、輓聯，及甚多的香奠，隆情盛意，深爲感激，尤其是出葬日天氣雖甚炎熱，承蒙賢伉儷遠路撥駕光臨寒舍參加告別式，家母在天之靈及弟等全體遺族甚感哀榮，深爲感謝。家母能得在世九十二年，也是過去數十年來承蒙吾兄及親戚朋友的愛顧所賜。尤其是弟二十八年前患著肺病在清風莊住院療養近一年，在這期間，承蒙吾兄經濟上的莫大援助，使得經濟上免予掛慮。家母當時也因有吾兄這種慈悲援助，使得她免予煩心，才有今日能得到她的長壽極大因素之一。弟痊癒後，再承蒙吾兄的提拔來公司服務，仍是繼續承蒙吾兄甚多的栽培，使得弟的家境有今天。家母也為此一切都放心，過著免掛慮的生活，才有今日的長壽，完全是承蒙吾兄的恩典所賜。其大恩大德，俟日後有機會時決定要報答，絕對不能忘卻。其後事大部分已辦理完竣，今天再來公司上班。簡單呈本函深表謝意。並祝金安。弟ｘｘ敬上。六十五年四月二十六手寄」。

信紙上有尊賢先生如下字跡：「是您們對她的孝順使她長壽的，我於四月二十三日返北，四月二十五日去東南亞，至今五月四日才回北。」依尊賢先生的習慣，他一定是回信或回電的時候，說了這些話。

7

如所周知，尊賢先生在四十歲的時候得了糖尿病。四十年來能保健康，固然係得自醫生的照料和自己善做「模範病人」，不過我們從尊賢先生的家人信件往返上發現，充滿在家族成員間的無限關懷和無限幸福氣氛，應該是第三個因素。

——吳氏伉儷的女兒姿秀女士註明一九七五年（民國六十四年）六月四日台南寫的一封家書上有這麼一段：早上我去對面洗頭，順便幫媽媽買了瓶日本製染髮劑，明早將去郵局寄。用法Ａ第一劑、第二劑各倒一格出來，混在一起。Ｂ頭髮洗淨、吹乾。Ｃ抹上染劑後三十分鐘再洗去。染後顏色自然有光澤，且有利於髮質。有位小姐頭髮分岔，染後居然好了。染後顏色不易脫落，若再長出點新白髮時，以噴劑噴之補救可也。給美容院的小姐染當然很好，但大嫂更細心，大嫂染也不錯呢！看您們的方便了……。

——同年六月九日的家書上，姿秀女士寫道：爸爸六月五日的信接到了。還有，以爸爸照片做封面的工商月刊也收到了，謝謝。爸爸那張照片顯得神采奕奕呢！爸爸再打球後情形如何？念念。看來馬偕醫院的黃主任很有一套，也很有自信的樣子，他的判斷大概沒錯吧，手麻和頭暈眼轉居然是同一個病因。如此也好，只要治療一樣。陳漢廷醫生是骨科權威，懇望爸爸耐心又有恆心地去治療。沒有什麼比健康更重要了。爸爸身體一有不適，我們就覺得很難受，心裏總會一直惦著……。

姿秀女士的夫婿是台大耳鼻喉科權威林凱南博士，所以對醫道也耳濡目染。可是，對父母親健康的同樣關懷，吳家每一成員，從老大昭男夫婦、老二貞良夫婦、老三亮宏夫婦、老四春甫夫婦到老么英辰夫婦，不分軒輊；連初識人間的孫兒女來信，寫得歪歪扭扭的字體之中，也一樣充滿了對爺爺奶奶健康的無限祝福。旅居美國的二子貞良先生，在一九八二年（民國七十一年）九月二十三日寄回來的一封家書，竟然是他去找一位名叫布里斯那罕的醫師，問答父親的健康與用藥之道，中英文對照，文長七頁：A爸爸不整脈。B每天用藥八十MG的INDERAL之下，脈搏每分鐘六十三下。C……。

很可惜的是，在《吳尊賢回憶錄》中，大家看不到這些寶貴的書信往返。

8

我從小喜愛傳記文學，至今樂此不疲。我家三個書房中傳記文學占了很大比例。不過，在人生的每一階段，閱讀傳記文學的感受和體會，都有很大的差別，有些在我年輕歲月認爲成功的人物，在中年重讀的時候，卻發現他是失敗者；有些我曾經視爲「有爲者亦若是」的人物，後來卻毫不猶豫地判定他是人類的害蟲；當然也有一些人物，我曾經少不更事地認爲他們乏善可陳，卻在後來驚覺到他們是眞正的人間瑰寶。

坦白說，作爲人類史料，古今中外的傳記文學，都必須再判定其中眞僞與虛實。人類的發展進步固然主要依賴各路英雄豪傑和先行者、開拓者的引領，呈現在傳記文學上的故事，卻恐怕都與歷史的事實，難免有各種不同程度的偏離。

尊賢先生的回憶錄所取的撰寫方法，是讓自己最難不依事實的記帳式寫法，他的撰寫心態尤其最忌誇大。我參與《人生七十》、《人生八十》二書的全部編印過程，尊賢先生不止一再修改自己的文句，連別人寫他的文章，也字斟句酌，照改不誤，改什麼？一改錯誤的時日和數字，二改稱讚他的詞句。尊賢先生以最誠懇的心情，希望所有牽涉到他的文章，都不要「膨風」，不要「吹雞歸」（台語字典寫爲「歕雞規」）。我必須常常提醒他：「這是別人的文章」、「這是別人的認定」、「您不是本文作者」，可是十次有九次，尊賢先生堅持那些他認爲「過當」的字句，必須修改。像這篇文章第三節第五行，原來的「一飛衝天」四字被刪除了；第四節第十行原來的「調兵遣將」被改成「鼓勵同仁」。理由只有一個：他堅持謙沖自牧，希望一以貫之。這篇〈補述〉，原先準備的撰寫資料還有尊賢先生異於一般商賈的政治觀，以及諸多私下拯救他人危困的財貨觀，都因爲我深知必被尊賢先生全數刪掉而未著一墨。

筆者有幸，忝爲台南幫的一員，又蒙尊賢先生厚愛，長期視如家人子弟，日久也許不免老王賣瓜，因此本短文只就尊賢先生在回憶錄中某些略而不提或輕輕一筆帶過的重要想法或作爲加以記述，以「補述」爲題，附在卷末，藉供讀友參考。我要再一次強調的是，尊賢先生一再謙稱他「只是一個非常非常平凡的人，只是來到世間把他應該做的事情做好而已」；我寫這篇補述的目的，是希望大家不要被尊賢先生的這種謙卑誤導，各方讀友尤其是青年朋友，宜乎在回憶錄的字裡行間再三品味，從當中體會人生的艱難和豐富。

十二、從速擴大公共廣電以端正社會、造福國民

——〈著者按〉民國九十二年，黨政軍退出媒體成為朝野共識，擴大公共廣電規模於是變成社會期望，本文為本人在《中國時報》發表的專文。

最近以來，擴大台灣公共廣電規模，似乎已逐漸成爲社會共識，這是一個令人欣慰的發展。不過國人同胞事實上對公共廣電瞭解並不深入，即使在行政、立法兩部門，對公共廣電有充分瞭解的也並不多見。筆者很高興能夠利用《中國時報》這個版面，用一般語言，對公共廣電做一番深入淺出的說明。

公共廣電才是善用廣電科技的理想機制

自從廣播和電視發明以後，人類對這兩項發明的使用，大抵可以分成三類：一是由政府掌握經營權，主要是把它當作片面傳播政治理念和作爲的工具；二是由商界人士經營，以追求商業利潤爲經營的最大考量；三是認爲廣電不應該是官方的傳聲筒，也不應該是少數商人營利的工具，因此出現第三種使用型態，那就是把廣電科技當作替公眾謀求福祉和促進社會整體進步的媒介，這就是公共廣電。

不過，三種使用方法，在一個國家裡頭，常常同時存在。有的國家先有公共廣電，後來才有民營廣電，如日本、英國。有的國家先有民營廣電，等到發現民營廣電出現大毛病，才發展公共廣

電，以作調節，如美國、台灣。

公共廣電通常有一套制度設計，以排除政府和政黨的干預，同時排除營利作為。它被要求製作高品質節目；服務大衆以外，還被要求服務大社會裡的某些分衆和小衆。比如說少數聽障者或者像台灣原住民族這種在國民總數裡頭只占百分之一點多的閱聽同胞。

因為公共廣電要照顧很多情況不同的閱聽人，所以廣播和電視頻道都不會只有一個。像英國的公共廣電ＢＢＣ，電視頻道就有八個，廣播電台多達二百四十個，就是世界上最成功的公共廣電典範。

我國公共廣電現狀

我國的廣電事業，一開始是以政黨或政府作為投資和經營的主體。在廣播部分，後來有民營電台的出現。在電視部分，所謂老三台——台視、中視、華視，就是黨政軍資本為主體、民間資本為點綴的安排。解嚴以後，一切鬆綁，大量民營廣播電台成立，此外還有兩百家所謂「地下電台」。無線電視雖然只多了民視一家，可是有線電視和衛星電視大量出現，都是民間資本，整個廣電事業於是形成了表面極為繁榮、實際上卻是惡性競爭，並且失去專業章法的混亂局面。要如何整頓？現在政府一個頭兩個大。

早在尚未解嚴時代，孫運璿當行政院長的時候，這位政治家高瞻遠矚，決心建立台灣的公共電視體系，不過可能因為缺乏足夠的共識，台灣公共電視的籌備一波三折，直到民國八十七年，包括三棟大樓、八個攝影棚的內湖公共電視才終於落成開播。美中不足的是，當初以年經費六十億作為規模建設的內湖公共電視，到要開播時，立法院只決議年撥十二億經費，而且每年遞減百分之十，其餘要公視「自籌」。

每年遞減百分之十的條款在遞減到剩下九億的時候，立法院各黨派終於發覺立法有誤，把它修廢了。現在公視大概每年自籌五、六億元，公視就運用這總共大約十四、五億的經費和單一頻道，孜孜矻矻地做出了一點成績，逐漸贏得社會各方普遍的肯定。連國際上也有所注目，二〇〇六年國際公視年會將由台灣公視主辦，即為明證。

小巫見大巫

數目字的所謂大小，基本上是比較出來的。

我們也許有不少立法委員，認為給公共電視一年九億不錯了！筆者在立法院備詢時，好幾次提到先進國家公共電視的經費規模時，很多委員才感到驚訝。

以英國為例，年經費大約總在新台幣一千七百億上下，日本是大約新台幣二千億，德國也是大約新台幣二千億。我兩年前去韓國，這個國民所得比我們少的鄰邦，很有決心，那一年是新台幣三百四十三億。我們這裡很多頻道播韓劇，這些品質不錯的連續劇就是他們的公共電視 KBS 拍製的。

各國公共電視經費來源各不相同，英國是立法特准 BBC 向每台電視機和收音機收執照費。日本是立法特准 NHK 向每個收視戶收取收視費。德國有執照費、收視費，以及小量廣告收入。韓國有國家預算、有廣告收入。美國全國有大約四百家公共電視台（PBS），主要經費來自地方政府和民間捐獻。

我國應如何擴大公共廣電？

黨政軍退出媒體是民主社會發展的重要一環，解嚴後大家有了這種共識，這是好事一樁。現在廣電法修正了，黨政軍退出媒體也有了二〇〇五年底落實的期限。這是擴大台灣公共廣電的好時機。隸屬客委會的客家電視台、隸屬原民會的原民電視台（當時尚未開播），以及隸屬僑委會的宏觀頻道，依法必須脫離政府。脫離的方法有二：一是分別在各該機構下成立像內湖公視一樣的基金會去運作，一是撥歸內湖公視統籌；筆者相信各方權力人士當不至於把各自爲政當做上策。

此外，華視和台視，一公一民是目前行政部門的規畫，連維持民營型態的台視，其官股也規畫交給內湖公視管理。立法院如何議定未可預知。有一個普遍存在的質疑是，數位化後，內湖公視就可以自己壓縮出三至六個頻道，爲什麼華視非要公共化不可？

這個質疑是言之成理的，不過假使我們著眼於台灣整個廣電生態的根本改變，正確答案就可浮現。

未來台灣公共電視，合宜的配置是一個綜合台、一個終身學習台、一個公共事務台、一個行動電視台（內湖公視已開播在大高雄地區的 DIMO 電視，將來很快就可擴及全台）、一個兒青頻道，以及客家、原民、宏觀三個頻道。總共八個頻道。如果客家台、原民台能併爲多元文化台，並擴大服務所有族群，俾從自我肯定提升到相互欣賞，以涵養和諧，那就更好。

然要錢從哪裡來？一個公共電視集團，一套後勤管理、一套決策體系，營運成本會降低、資源易於整合掌握，不過，我必須坦白以道，這邊幾個三億那邊一個九億加起來是不夠的。

因此，謹建議修改公共電視法，特准公視集團可以按戶每月隨電表收取一百元（貧戶不收，山區收視不良戶也不收），一年大概可有七十億元，雖然也只是小兒科，但絕對可以預期做出比現在好上幾倍的成績。

至於廣播部分，現在由政府經營的電台，假使也順勢併入公共廣電集團，是一種作法。全部併入已經公共化的中央廣播電台，自成一個公共廣播集團，也是一種作法。

一起尋找理想家國

走筆至此，不禁想要一吐心中塊壘。

筆者服務台灣傳播界已逾三十五年，其中前二十年身處戒嚴時期。在戒嚴時期，台灣的集會結社自由是被限制的，言論自由也是被限制的。當時知識分子同感如果不打破這些限制，台灣社會的生機將萎靡不振，自然也就難期國家正常發展；因此很多人勇敢地投身奮鬥的行列，筆者很榮幸地也忝爲傳播界參與奮鬥的一員。

可是，解嚴迄今十五年又半，筆者必須坦白地說：當初所期盼的解嚴後家國，並不是今天所呈現的這幅圖像。不自由的痛苦和自由以後的混亂所帶來的痛苦，其實是等量齊觀的。試看：

——治安敗壞，歹徒橫行，人們一不小心就會遭遇槍擊或綁架，這與戒嚴時期因爲政治的理由失去自由，有什麼兩樣？

——由於決策錯誤或者由於施政怠惰，天上下來一場大雨，漫山遍野土石橫流，就見一串家破人亡，解嚴又比戒嚴時期多了多少身家生命的安全保障？

——過多的選舉次數和激越的對立，使社會持續處於割裂狀態，這比戒嚴時期的壓制與反壓制好到哪裡去？

——戒嚴時期有報禁、電台禁，解嚴之後愛怎麼辦就怎麼辦，可是大多數傳播內容不堪聞問，限制資訊傳播和錯誤低劣資訊傳播，其實同樣有害社會，那麼這個極端跟那個極端又有什麼不同？

毫無疑問地，台灣當前的諸般情況，值得大家深思檢討。不過筆者仍願樂觀的相信，導正自由以後的歪風絕不會比推倒專制高壓的圍牆困難，只要足夠多的有心人，混亂總有終止的一天。

據實而言，戒嚴與解嚴畢竟造成兩個不同的施爲空間。筆者在公共電視服務六年半期間，前後歷經一次政黨輪替、兩位總統、四位行政院長、七位新聞局長，這期間，沒有一個領導人違反公共電視法，伸進干預的手。我們沒有理由相信今後有人會改弦更張或另闢蹊徑。公共電視已經成爲一塊難得的淨土，擴大台灣的各個公共領域，以端正社會，絕對有成爲新的「台灣經驗」的很大可能。

筆者不敏，在千頭萬緒的導正工程中只提導正傳播亂象之一端，希望採擷先進國家已經證明成功有效的方法——以具規模的公共廣電作爲我國廣電主流，讓人們從公共廣電的服務中得到正確的新聞、有用的資訊以及眞正的娛樂，同時，日久讓民營媒體也見賢思齊，同作國家社會進步的正數。

結語

綜合言之，廣電事業可以是國家社會進步的動力，也可以是阻力。以迎合為經營取向或以提升為經營取向是兩種完全不同的思考。更何況廣電事業牽連國家主體文化的建立，牽連公民社會的形成，同時，影音產業也是國家經濟的重要一環，萬不可等閒視之。

台灣有必要整頓廣電生態，也有能力擴大公共廣電規模；殷盼朝野各方有志，堅定信念，共謀功德圓滿。

十三、公視拍製《台灣人民的歷史》之緣起

——〈著者按〉民國九十三年，本人在公共電視發起拍製八集《台灣人民的歷史》紀錄片。本文是本人在玉山出版社同步出版紙本上寫的序文。

民國八十七年三月，公視基金會成立，本人獲董事會推選擔任首屆董事長，開始承擔推動公視開播以及發展的責任。

相較於先進國家，我國公視起步稍晚，八十七年七月一日開播時，台灣已有近百個頻道。公共電視雖然承載嚴肅的使命，可是公共電視基本上也是電視，它的使命仍然必須經由廣泛的收視來達成——這是本人的基本體認。

換個方法說，公視除了一些依照公視法必須做好的小眾節目和分眾節目外，在大眾節目這一個範疇，如何做到老少咸宜又具獨特意義，同時還能禁得起各方嚴格檢驗，就成為一大課題。

公視法規定，公視內部日常事務，由總經理處理。總經理李永得君精明幹練，且因與我共事已久，默契很好，他把內部事務處理得井然有條。我則把大部分時間花在處理公視對外關係以及大方向的思考之上。

有一天，我問李總經理，公視假如拍製四十集《台灣開拓史》經典連續劇，做得到嗎？

過了不久，李總經理回覆我說，經過多方瞭解和估算，如果要依照我開出的高標準，四十集的拍製總經費大概要兩億元。

公視開播那一年，年度經費只有十二億元，依據公視法還必須每年遞減百分之十，一直遞減到六億元為止。比構思拍製《台灣開拓史》更早的時候，我已經把修廢遞減條款作為必須於三年內達成的目標。因此當李總經理告訴我兩億元這個數目的時候，我就知道，三年內我不可能跟有權修法的立法委員說清楚為什麼只一部連續劇可以花兩億元卻又要求修廢遞減條款。之後，我絕口不提《台灣開拓史》，一直到遞減條款終於修廢。

遞減條款修廢的時候，政府對公視的年捐助款只剩九億，公視自籌能力已提升到五億，可是兩億元仍占十四億總經費的七分之一，一定要花兩億去拍一部連續劇的話，勢必產生嚴重排擠效用。

很自然的，最後我想到「成功不必公視」，並且得到董事會充分的支持。九十一年夏天某日，我與李永得君飛花蓮見證嚴法師，建議大愛台與公視合作，經費主要來自募捐。證嚴法師聽完我的先民血淚、知福惜福、開創未來的道理後，欣然同意合作，並且希望說做就做。於是只幾天工夫雙方便成立小組開始討論合作細節。可惜的是對最重要的主題之敲定，雙方認知差異過大，合作因而未成。儘管合作未成，迄今我對證嚴法師和大愛台的朋友仍然衷心感懷。

要拍製《台灣開拓史》連續劇，一定要先深入探討台灣的歷史。八集紀錄片總共四千萬元的經費，公視可以負擔。以人民為歷史的主角是公視的基本精神；更何況這些工夫都將成為將來後繼者拍製歷史戲劇的堅實基礎。

困難的是史觀和史實。尤其在台灣內部明顯有兩種不同意識形態同時存在的今天，要如何認定台灣史實，如何解說台灣歷史，無疑是一大考驗。幾經討論探索，最後大家決定：史實的部分旁徵博引，史觀的歧異，盡可能異見併呈，以關照同胞和諧。

本人在公視擔任第二屆董事長的最後一年半，一共主持了廿一次冗長的製作委員會議，才完成劇本和敲定拍製團隊。曹永和、張炎憲、戴寶村、溫振華、吳密察、翁佳音、李筱峰這七位台灣歷史學者和他們的助理貢獻的智慧，公視繼任董事長陳春山、繼任總經理胡元輝，以及孫青、王亞維諸君熱心推動；李道明、章蓁薰、符昌鋒、陳麗貴、鄭文堂等導演和全體參與人員的熱心擘畫和執行，都讓本人心存無限感激，也相信他們的付出，必將成為台灣電視史上的一項珍貴紀錄。（原載玉山社《台灣人民的歷史》一書）

十四、一段很重要的歷史

——〈著者按〉呂東熹先生著《政媒角力下的台灣報業》，民國九十七年由玉山出版社刊行，該書是到目前為止對《自立晚報》史的最完整紀錄。本文是本人幫該書寫的序文。

呂東熹先生是我在《自立晚報》服務時候表現優秀的老同事，他後來考進銘傳大學傳播研究所，碩士論文寫台灣民營報業辛酸史，並且特別聚焦在《自立晚報》上。爲了寫這本論文，呂先生對我訪談甚久。在出版這專書的時候，呂先生又希望我寫一篇序文，我也樂於應命。

爲什麼呂先生對我訪談甚久？這是因爲我在《自立晚報》服務了二十七年，其中二十四年擔任採訪主任、總編輯、社長和發行人。

爲什麼我樂於應命寫序？這是因爲呂先生忠實記錄了我在一生中最美好的歲月所參與的志業；那裡頭有血有淚、有成功有失敗、有我們這個國家奔向前程的顛跌、夢魘和歡笑。

《自立晚報》並不是吳三連先生創辦的。在吳先生接手以前，它已經換了好幾個老闆。吳先生接手《自立晚報》，一開始純粹只是因爲在報禁的時空下，不能辦新報，只好接手財務飄搖的舊報。吳先生接手後的前期，《自立晚報》只聊備一格，到了後期由於各種條件有了變化，才開始扮演突出的角色。

什麼樣的條件變化？

第一個是，由於台灣教育普及，民國三十六年二二八事變之後經過一個世代，新的知識分子又上來了。

第二個是，由於台灣經濟建設有成績，人民於溫飽之餘，開始要求參與政治。

第三個變化是，台灣本土社會開始重新評量新聞事業的價值，一些有爲的本土青年加入了新聞工作行列，本土關懷成爲一種必然。

本人原來無意於新聞事業，加入《自立晚報》只是參加選舉前的一個短暫過渡，後來在吳三連先生的感召下，才與《自立晚報》相依爲命。

我聽說，某些「大報」老闆在民國六十年到七十六年報禁開放的十餘年間，常常對朋友說：「印報紙像印鈔票一樣。」衡之實際，絕非誇口。不過，《自立晚報》即使在那個年代，也只過苦哈哈的日子。即使在《自立晚報》的晚報市場占有率已高達百分之八十的年月，很多企業家仍顧忌《自立晚報》對當權者不馴順，不情願把商業廣告刊登到《自立晚報》上。

這樣的一份報紙，卻在百般艱苦的情況下，長期扮演社會良知和國家靈魂的吃重角色，直到油盡燈枯。不過，吊詭的是，它培養出來的衆多幹才，如今卻已紛紛成爲台灣傳播界的舵手。

我有理由相信，呂先生這本論文只是《自立晚報》的故事之一，將來一定還會有許多不同角度的文字出現；因爲《自立晚報》所代表的畢竟是一種典範、一種情操、也是一段很重要的歷史。

十五、苦樂參半、乾坤寬展

〈著者按〉民國九十七年，摯友陳介元先生發表回憶錄——《作客台塑四十年》。出版前陳介元要我幫他校訂。校訂後，寫了這篇「補述」。

介元兄是我的同鄉，也是我的中學學長，彼此交往數十年，關係密切，情同手足。很多年前，介元兄就告訴我，他想寫一生回憶。二〇〇七年八月下旬，介元兄果然把二十萬字的回憶錄初稿拿來給我，要我幫他校訂，並且寫一篇序文。我欣然應允。可是，看完全稿後，左思右想，覺得一篇短序不足以說完想說的話，所以便就寫了這篇「補述」，附在卷末。

1

陳介元回憶錄以《做客台塑四十年》爲題，內容主要寫的是介元兄以廠房機械代理商的身分，與台塑企業集團四十年往返的故事。台塑集團是台灣最大的生產事業，後來事業範圍擴及海外，幾十年間，台塑集團不斷建廠，介元兄給台塑集團各事業體經手諸多生產設備，時日既久，往事連篇，這其中自然不免迂迴曲折、酸甜苦辣。王永慶、王永在兩位老先生是台灣首屈一指的民族企業家，他們的子女也都虎父虎子，介元兄與他們的生意來往日久，也就亦商亦友，關係不比尋常。回憶錄固然詳細記述了介元兄個人的經商歷程，事實上形同台塑集團的發展史；擴大言之，自然也就成爲台灣經貿發展史的珍貴篇章。

2

台灣在日據後期開始發展輕工業，不旋踵二次世界大戰爆發，發展頓然中止。終戰後，台灣滿目瘡痍，直到上個世紀的六十年代，台灣才又開始謀求發展工業。如所周知，發展工業要大量資金，要各種人才，而工業發展國家有先進後進之別；台灣要發展工業，自然必須向先進國家取經，必須從先進國家進口設備；介元兄就是扮演那個取經角色、幫台塑集團到世界各國去找尋技術和設備的幹才。

我長期觀察世界各國建設的軌跡，深感台灣假如要更上層樓，那麼我們最必須在同胞之間鼓勵專業專精的情操。任何單獨個人，才智有限，而世間學問龐雜，一個人窮畢生之力，都不一定能夠弄清楚一門學問，何況備多力分。因之，假使一個人能夠集中時間、精力、智力於單一事業，就比較可能獲得「眞學問」；假如這個人又有「善智慧」，那麼就可能做出可觀的成績，對群體做出大貢獻，並且成就自我。

介元兄在成功大學學電機，一生經營一項事業，經營到後來，已成不折不扣的專家；又因爲有「善智慧」，所以在緊要關頭，還能放棄私人小利，爲買賣雙方以及國家經濟大利著想，這是非常難能可貴的修爲。

我探究人類發展的原理以及國家建設的軌跡，還發現一個微妙，那就是舉凡軍事、外交、環保等等，其實只是國家建設的手段而非目的，國家建設的唯一目的是人民的幸福。用這個原理來評斷古今國內外的人物，就會驚覺很多予智自雄的所謂歷史偉人，其實是人類進步的破壞者，他們只是騎在人民頭上，成就了一己虛名，但是並非造就人民幸福之正數。有了這種體認之後，我對於那些只爲了擴張版圖而南征北戰的歷史人物，或者假藉人民名義，肆意血腥內戰的所謂民族英雄，不免嗤之以鼻，同時對發明家、企業家、教育家等等，心生無限敬仰。

成爲一大家，當然不容易，因而只要是敬慎敬謹的做出對民生經濟有益的事體，不管大小，都是人類發展的正數。介元兄是台灣工業發展的一流尖兵，我要在這裡給予高度的肯定。

3

介元兄與我都出生在台南縣濱海村莊，那裡土地貧瘠。我們的祖先或漁或農，連求個溫飽都不一定可得。到了我們這一代，雖然都進了小學，能夠一直讀到大學畢業的少之又少。介元兄與我都算是求學路途上的幸運者。

可是，介元兄的少年時代比我苦多了。他本來家境尚好，只因父親好賭成性，便就常常爲了躲債或者爲了生存，一再遷徙。做爲人子，子同父命，介元兄小學讀了五家，幹過不計其數的粗活，成功大學也是半工半讀才讀畢業的。

大學畢業後，介元兄在台電公司吃了兩年頭路，就毅然自立門戶，做廠房機械代理商。起初的唯一目的是希望賺錢，讓一家大小早日脫離貧窮。

我們台南縣鄉下農家子弟，自有一種特殊的族群特質：知道成功不會從天上掉下來，必須全力打拚，然後再託天之福，日積月累之後，才可望歡呼收割。

就全力打拚而言，介元兄充分做到了。有很長一段時間，介元兄一年三百六十五天有三分之二在三洋五洲之間奔跑；這三分之二的日子之中，有一半時間是在飛機上過夜。至於託天之福，當然也有；台灣在過去半世紀中，歲月太平，國家得以在沒有戰亂的情況下建設發展，工業界不斷建廠，爲介元兄的事業鋪陳了最好的客觀環境。正由於主客觀條件俱足，介元兄才能賺得大筆財富。

4

我要進一步說的是，奮鬥成功爲一個大貿易商的介元兄，迄今仍然保持我們農家子弟儉樸自持的美德。台灣一般商人朋友，賺了幾個錢之後，很喜歡在別人看得到的地方刻意炫耀，以爲心理彌補；比如說手指上戴顆大鑽戒，或者手腕上戴個大金錶，或者油頭粉面；因爲深知每一個賺來的銅板，裡頭都有血淚，介元兄不來此道。

介元兄儉以待己，可是並非也這樣待人。長期以來，介元兄除了照顧妻兒之外，對父母、哥哥、姊妹，連同哥哥、姊妹的子女，一直呵護無微不至，這是很大的承擔，但他無怨無悔。家族之外，我知道不少他的同窗好友在國外讀書的寒窗歲月，常在介元兄路過環球各埠時，得到他的贊助。

我是介元兄樂善好施的最好見證。多年來，由於各種不同的因緣，我常常找朋友一起做些捐贈他人的事。從以前到現在，只要我開口，介元兄從不曾說過半個不字。

有一年，有個單位送給我一筆獎金，說是感謝我做了一件協助性的事情。我認爲是大家共同的福氣，所以便買了幾套很高檔的球具分送大家，介元兄是受贈者之一。

過後不久某日，一起打球的時候，我問介元兄，新球具好不好用？介元兄說，太好了，「眞是一分錢一分貨」。於是我不免問他，原來他用的球具多少錢買的？介元兄說：我去球具店，告訴他，二萬元包辦球具、球鞋和球衣。

過去幾十年間，我要求介元兄捐出去的錢，假如拿去購買這種高檔球具，足可堆滿一整個車庫！

5

我半生追隨企業家吳尊賢先生。尊賢先生生前與我聊天時，好幾次提到「查坡人輸贏一個某」，意思是說「一個男人一生的事業和幸福，全看是不是找對了結婚的對象」。

介元嫂是介元兄青春時期的筆友。介元兄要介元嫂嫁給他的時候，窮得要被鬼抓去，但介元嫂看得遠，看得對，四十年來他們永浴愛河。他們有兩個公子，老大在美國讀商，現在協助父親做事業；老二在美國學醫，在美國行醫。介元兄伉儷且已有兩個愛孫。

我因爲與介元兄通家來往，所以對介元兄一家父慈子孝，兄友弟恭，夫妻恩愛，知之甚詳。我的大兒子學校畢業後，我想到古人說的「易子而教」；幾年來，在介元兄教導下，小犬待人行事，頗有進步，我衷心感謝，也滿心歡喜。

6

隨著年歲增長，我不免常會思想滾滾紅塵的興衰利鈍，深感其中道理錯綜複雜，甚至於包含太多無法解說的奧祕。然則，回歸人本，儼然順天應人、全力以赴、專注一事，確是恆久不變的眞理。我看介元兄半生軌跡，覺得他智慧十足、專業專精、孜孜矻矻；以這種修爲，他從商變成了一個富翁；假如他從政，我想一定是個人人稱頌的好官；假如他去做學問，我想一定也會成爲傑出的學者；假使從軍，我想他也必定成爲一流的將校。

走筆至此，忽然想起大約二十年前，介元兄因爲胞兄去世，又碰到事業要緊階段，不得已託我幫他整理在台北東區的別莊，以供使用。別莊名爲「半樸山舍」，介元兄要我書寫後刻石，同時還交給我一紙古人李密庵寫的〈半半歌〉，要我寫好裱好掛在客廳某個壁上。這〈半半歌〉，我第一次看到：

看過浮生過半，半之受用無邊，半中歲月儘幽閒，半裡乾坤寬展。
半郭半鄉村舍，半山半水田園，半耕半讀半經廛，半士半姻民眷。
半雅半粗器具，半華半實庭軒，衣裳半素半輕鮮，餚饌半豐半儉。
童僕半能半拙，妻兒半樸半賢，心情半佛半神仙，姓字半藏半顯。
一半還之天地，讓將一半人間，半思後代與滄田，半想閻羅怎見？
飲酒半酣正好，花開半時偏妍，半帆張扇免翻顛，馬放半韁隱便。
半少卻饒滋味，半多反厭糾纏，百年苦樂半相參，會佔便宜只半。

這〈半半歌〉奧妙多多。介元兄要我繕寫，是因爲他喜歡它；介元兄喜歡它，是因爲它有太多說得清楚和說不清楚的人間情愫和節操。我把它抄在這裏，是要讓大家共賞；並且衷心祝福介元兄有朝一日退休之後，也能清風明月，怡然自得。是爲補述。

十六、論臺灣及臺灣人

〈著者按〉民國九十八年，遠流出版公司刊印本人所著《論臺灣及臺灣人》一書。本文《盡力為台灣》為自序。

二〇〇四年十月，本人卸任公共電視董事長，二〇〇八年八月出任監察委員。這當中除了曾有一年四個月出任行政院政務委員之外，足足有兩年六個月的時間沒有日常工作負擔。本人利用這些時間，做了大量的資料搜集，進行了深沉的思考，寫作了這本論述。

這本論述之本文，只有一萬五千言，註解、附表、附圖和附件卻數倍於本文。之所以採用這種寫作方式，目的是希望讓沒有很多閱讀時間的人士可以只精讀本文。還有一個目的，是希望更多人不要因爲冗長的閱讀而對論述焦點失去了掌握；其實，註解正是本文的細述，讀友如果錯過，殊屬可惜。

美麗之島．今昔一脈

某年，本人因爲工作上的需要，環島一周，途中走走停停。越過東北角海岸後便看到了三貂角，遙想當年歐洲水手萬里遠航東來，路經台灣島這個突入海洋的岬角，驚嘆歡呼之聲，如今猶可想像。車過蘭陽平原，兩百多年前吳沙率領族人渡海來台，在那一塊小平原上開水利、拓荒地，有時候也欺負葛瑪蘭原住民的圖像，如今也不難描繪。進入花東縱谷後，眼見一片賞心悅目的大自然，不禁為同胞至今仍能保有這處開闊的後山而感到欣慰。從台東西轉，兩個多小時後就進入了嘉南平原，這是本人自小熟識的家鄉，也是台灣最早開發的地方。今天的麻豆鎮就是三百多年前鄭家軍屯墾的麻豆社。今天的佳里鎮就是日本第一批軍人接收台灣時遭遇反抗，數百台灣人人頭落地的蕭壠。今天稱為番仔寮的村莊便是平埔族住居幾十個世紀的地方。灌溉整個平原，使得水稻可以一年兩熟的嘉南大圳是日本殖民當局的水利建設，主其事者八田與一先生的銅像今天還矗立在烏山頭水庫的一片樹林間。

一路往北走，漂亮的高速公路網，讓我頗有身為現代國家子民的驕傲。東望山脈，江山如畫。平原上，建物、工廠已經南北相連，不復六十年代我搭火車北上求學那時的疏落景象；目之所及，熙熙攘攘，裝滿出口物品的貨櫃車南北奔馳，一片榮景；只有在經過橋樑時看到底下每一條死亡的河川，才不禁嘆息。

這就是我們的台灣！這就是歲月風霜之後的今日台灣！

每一個人都是光陰的過客，可是台灣的生命無窮。我們享用了祖先奮鬥的成果，道理上，我們必須為台灣後代子孫綢繆；擴而大之，我們享用了人類文明累積的成果，道理上，我們也應該對人類整體有所增益。

台灣是台灣人的台灣，台灣同時也是世界的台灣，然而「世界」、「台灣」和「台灣人」這三個名詞都有遠比一般社會大衆所瞭解的更繁複內涵。就在本論述寫完最後一個字的時候，政黨再輪替後的新政府已經組成，兩岸政策朝大幅開放的新方向前進。世界上主要國家都肯定兩岸和平互動，台灣內部很多人鼓掌迎接這種兩岸互動新時代的到來，也有很多人對兩岸這種新關係感到無比憂心；肯定也好，鼓掌也好，憂心也好，其實都是因爲體察到這個更革又爲台灣未來發展增加了新的變數。

同一時間，國際經濟情勢發生激烈變化，做爲世界龍頭的美國發生大規模金融危機，波及全球。台灣一因本屬淺碟型經濟，二因台美經濟關係異常密切，便就不免隨之動盪不安，甚至於彌漫一片憂患。

同胞前路．可寬可窄

台灣的前路誠然牽涉錯綜複雜的因素，國際人士對台灣前途存在各種不同看法。國人同胞由於不同背景、不同意識形象，也各有期待。根據近二十年來各方民調，絕大多數人期望的是「保持現狀」。本人因爲不相信天底下有永遠的現狀，所以追尋先民奮鬥的軌跡，探索人類文明發展的原理，進而確信已然由人民當家作主、定期改選國會議員和國家元首、有可觀的國防力量、有完整司法權的今日台灣，應該勇於堅持「兩岸分立、互不隸屬」，應該勇於追求卓越，打拚「小國崛起」；同時認爲基於人類和平以及兩岸人民福祉至上，在未來數十年間，兩岸應可經由理性善意協商，激盪智慧，共同尋找出某種彼此得以和平發展而非窮兵續武、可以共存共榮而非你死我活的兩利雙贏架構。

近年來不管在台灣、在中國、在美國或日本甚至於歐洲，已經有越來越多的人士提出相近的見解，並且逐漸形成一股不可輕估的聲浪。

年華老去，本來應該信仰「沉默是金」。既然難安緘默，而且白紙黑字，那就表示，為了台灣，本人願意虛心接受必然到來的各種批評和指教。

本論述參考引用了國內外很多學人專家研究的成果，本人合當在這裡敬表謝忱。兩位助手張小姐和黃小姐在資料搜集和打字校訂上做了很多協助，遠流出版公司的王榮文董事長樂意刊行，謹併此表達無限感謝的心意。至於沒有央請任何先進寫序，是因為希望它不沾絲毫色彩，只以最單純的面貌呈現。

十七、據實側寫蕭萬長

〈著者按〉民國一〇一年五月，蕭副總統萬長先生卸任。本人撰寫《據實側寫蕭萬長》一書，由遠流出版公司刊行。本文〈細說從頭〉為該書的序言。

1

起心動念想寫蕭萬長的人生故事，是很久以前的事了；一直沒有落實，是因爲總覺得蕭先生的人生使命未了，他的故事還未走到完結篇。

民國一百年五月三十日，蕭先生發表引退聲明，明確向社會宣布，一俟四年副總統任滿，他就要將奉獻國家半世紀的生涯畫下句點，這時候我才認定開始提筆的時間點已然到來。

爲什麼想要寫蕭萬長的人生故事？這就說來話長了。

台灣四百年開拓史，現在回過頭去看，甚爲清楚。荷蘭人在台南三十九年，除了收購鹿皮銷往日本換取白銀，其實主要是把台南作爲遠東貿易的據點。鄭氏王朝前後二十一年，屯田爲主。滿清王朝領有台灣兩百一十三年，只做象徵性的統治，幾世代的百姓農漁爲生。日本殖民台灣五十一年，在產業政策上採「工業日本，農業台灣」，只到後期才有一點輕工業發展。二次大戰後國民黨政權來台，韓戰爆發，兩岸分立局勢大定後，台灣才開始從頭做起經濟發展，朝野經過五十年埋頭苦幹，終於創造出今天的局面。這其中由於歷史因緣，蕭萬長以第一個台灣人經建專才，在歷史舞台上做出重大貢獻，自有他應有的歷史位置，合當讓同胞及後代子孫瞭解；如果，新一代青年讀完了蕭萬長的人生故事，也能找到奉獻台灣的要領，那就更好。

2

民國八十九年五月，蕭先生卸任行政院長，無官一身輕。稍後不久，他和夫人應我邀約，一起到澳洲旅遊。某夜，我邀請當地僑領百餘人在我家後院開歡迎餐會，讓大家與蕭氏伉儷見面。我在餐會上說了一些話，主要是說：「中華民國的高官，我尊敬的較少，不尊敬的較多；我尊敬的標準是不貪汙、不驕狂、會做事，而且眞的做出大成績」。

僑界人士，藍綠都有，甚且藍的很藍，綠的很綠，可是當我說完後，大家霎時對蕭先生報以熱烈掌聲，久久不停。當夜大家爭相與蕭氏伉儷合影。我的左鄰右舍住的都是澳洲人，我擔心打擾，所以也請他們參加，他們對這位台灣的前首相也尊敬有加，宴會人群一直到午夜才散去。

大約與我有交往的朋友都知道，我未參加政黨，對不同政黨和個別政治人物並無成見，但也不假辭色。我半生參與新聞事業，即使身處戒嚴威權時代，我同樣言所當言。那一天，旅澳僑界一定是認爲我對蕭先生的評論公道，所以才會不吝給他熱烈喝采。

把「不貪汙、不驕狂、會做事，而且眞的做出大成績」拿來做爲檢驗一個政治人物是否得到人民尊敬的標準，其實是很卑微的要求，政治人物能夠確實做到的，卻少之又少。

我年輕時喜歡研讀政治史，尤喜政治人物傳記。年輕的時候對於歷史風雲人物，常心生無限景仰，甚至於認爲大丈夫當如是。可是到了中年卻猛然發覺，從人民的角度著眼，大部分叱吒風雲的大角色，其實只是敗類。他們予智自雄，翻手爲雲覆手爲雨之間，常見生靈塗炭。許多被認爲功業彪炳的一代英雄，當他們活在人世間的時候，田園寥落干戈後，骨肉流離道路中，甚至於他們死後很久，世間還不得安寧。

舉德國希特勒爲例，他活在人世的幾十年間，數千萬人死於他的擴張戰禍，六百萬猶太人尤其死得莫名其妙，參加反希特勒聯軍的各國青年，大好前程在槍林彈雨中毀於一旦。他自殺身亡戰爭結束之後，又過了幾十年，參戰國家才好不容易恢復元氣。換句話講，這個魔頭的出現，地球上到處妻離子散、血流成河、斷垣殘壁，人類文明倒退走。

像希特勒這種大魔頭，並非絕無僅有。中國歷史上不斷出現大大小小的奸雄，都造成歷史的災難。

及至晚近，民主政治興起，政黨競爭和選舉比賽成爲政治權位爭奪的途徑，由於僧多粥少，也由於人性弱點，一些心術不正的政客的醜陋嘴臉和行徑，成了另一種形式的災難。這類政客自私自利，巧取豪奪，杯葛傾軋，你爭我奪，不休不止。

因此之故，筆者深刻體認，站在人民立場，強調魄力不如強調承擔，歌頌權力不如歌頌奉獻。需知少數眞正能夠言行一致，心中永遠人民至上，孜孜矻矻一步一腳印，在國家建設上做出成績的人，才是人類社會眞正的珍寶。一個國家現代化的速度跟品質，其實端賴這個國家有多少這種仁民愛物、有爲有守的政治家做出無私奉獻。

蕭萬長服務國家達半個世紀之久，試問過去五十年間，誰看他爆過粗口？誰看過他與人鬥爭？誰看過他爭功諉過？誰看過他巧言令色搬弄是非？誰看過他以政治教條或意識形態唬弄人民？答案是「沒有」。在躍上歷史舞台之前，蕭萬長當過十年外交官，也許因此，他一向衣冠嚴整、進退有節，儼然謙謙君子。古訓中的「言忠信、行篤敬」他做到了。在筆者與蕭先生長時間的接觸中，范仲淹〈岳陽樓記〉說「不以物喜，不以己悲」，說「先天下之憂而憂，後天下之樂而樂」，正是蕭萬長這般政治家的寫照。

說白了，我是希望同胞和後代子孫，能夠深刻體察哪一種政治人物才是台灣眞正價値之所在，而生「有爲者亦若是」的效應，所以才會想要撰寫這部文字，並且選在蕭先生已然卸下公職，退出權力場域，歸隱林泉之後，刊行於世，庶免攀附之譏。

3

從蕭先生於民國七十一年開始擔任國貿局長的時候，我與蕭先生就有交往，但密切接觸是在民國八十六年蕭先生奉命組閣之後。當時我已卸任《自立晚報》社長。蕭先生接任行政院長是九月一日，上台之前準備工作足有三個月之久。上台之前，蕭先生任立法委員，在立法院外設有一辦公室。組閣的準備工作就在那個辦公室進行。我負責撰寫第一份施政報告初稿，也參與施政方針和閣員名單的商議。蕭先生上台後把那間辦公室留給我，我以行政院不支薪顧問名義在那裡工作到八十七年三月去擔任公共電視第一任董事長爲止。可是緊密互動，至今依舊。

打從參與協助蕭院長開始，我提筆寫備忘錄，至今不斷。當初寫備忘錄，只是單純備忘，沒有想到有一天會寫這本書。陰錯陽差的是，因爲有這份數十萬字的備忘錄，今天寫這本書才見事半功倍。

因爲當初只是要供備忘，自然把自己認爲該記的事都記下，這就不免也記了不少政事機要和人事糾葛；這些政事機要和人事糾葛，過去不會說，現在不能說，將來也不會說。

可是即使摒除這些不說的事體，由於蕭先生常在關鍵時刻不恥下問，備忘錄中的記載仍甚可觀。諸筆記載，人時地俱全，足可協助同胞去瞭解蕭先生做爲一個政治家的內心世界、苦心孤詣和艱苦卓絕。

外界看行政院，大概就是全國最高行政機構，事實上它也是全國風暴中心。外界看行政院長，大概就是憲法上的全國最高行政首長，事實是他也是槍林彈雨的第一標靶。身爲行政院長，不管他喜歡或不喜歡，他就是必須每天承受媒體的批判或詆譭，必須接受民代的質詢或羞辱，必須接受來自黨內各種莫名其妙勢力的揶揄和糾纏；甚至於內閣之中，也有人自恃另有來頭而見驕橫跋扈，奇聲異調。要每一天神清氣爽地推動政務，他必須忍人之所不能忍。一般人看到行政院長走路有風、隨扈如雲，那只是表象。「微笑老蕭」一路微笑，只因爲「領袖是希望的化身」，不得不然；其實民衆看不到的時候，多的是眉頭深鎖甚或椎心之痛，而且還必須堅此百忍，做出成績。

蕭先生一生經過三個不同的時代，七歲以前是日本殖民台灣的差別待遇時代，好在懵懵懂懂；八歲到五十歲是戒嚴高壓時代，他必須謹小愼微、埋頭苦幹，否則不能存活，遑論位列公卿；五十一歲以後是民主開放時代。台灣的初階民主，言論自由冠冕堂皇，卻常見被濫用，民代素質參差不齊，卻一個比一個大聲。這個時期蕭先生歷任要職，而且還返鄉參選立委，經過民意洗練後才拜相組閣，最後成為一國元輔，這其中一半是託上天特別眷顧，一半是靠自己苦心修為，才能不斷創造事功，最後還能留下令名，全身而退。

因為要寫這本書，我把備忘錄中與蕭先生有關部份仔細重讀一遍，宛如走回時光隧道，重見當年種種情景。我決定擷取上千筆記載中的幾十分之一，編為附錄，相信一定有助於呈現蕭先生真實的面貌。

4

側寫蕭萬長，當然不能輕輕幾筆草率為之，我必須銜接歷史的淵源，才能找到正確的座標；因此雖然對台灣歷史並不陌生，但因為聚焦在島國建設和經貿發展，我必須另下工夫，去深究從民國五十一年開始的連續幾個經濟建設計畫。我必須弄清楚政府機構的沿革變化，我還必須研究尹仲容、嚴家淦、汪彝定、邵學錕、陶聲洋、李國鼎、孫運璿一大串經建專才如何一棒接一棒。蕭萬長不是突然迸出來的，台灣的經建團隊，如何承先啓後，我必須充分掌握，才能在這本專書中，呈現出歷史真實的演變。

二次世界大戰在一九四五年、亦即民國三十四年結束。麥克阿瑟將軍打太平洋戰爭，最後進攻日本採越島戰略，跳過了台灣，台灣逃過大劫，可是美國軍機對據台日本官兵和設施的轟炸，台灣人民跟著遭殃。史料還記載，台灣青年有二十萬七千一百八十三人被徵召參戰，三萬三百零六人陣亡，其中還有一百七十三人成了戰犯、二十六人最後被盟軍法庭判處死刑。這就清楚顯示，二戰戰禍，台灣人也死傷不少。更糟糕的是，島上滿目瘡痍。戰後日本人回航母國，丟下了爛攤子，僅由南到北毀壞的輸電系統一項，青年工程師孫運璿率領的檢修團隊，花了好幾個月，才把它接通。行政院主計處的資料上找不到民國三十四年的國民平均所得，民國四十年是區區一百四十六塊美元，那麼據此推估，戰爭結束後那三五年，人民生活之困窘，不問可知。

雪上加霜的是，民國三十四年台灣人口六百萬，民國三十九年由於國共內戰，國民黨戰敗，蔣中正把中央政府搬來台灣，跟隨而來的軍民達兩百萬之多。日本據台後期，公共建設已有一些成績，畢竟禁不起驟增兩百萬人所產生的負荷。

我一向要求自己講話要公道；我要說，夾雜在兩百萬來台軍民之中的那批經濟建設大才，是歷史在陰錯陽差中賜給台灣的珍寶。

應該是蔣中正總統透澈「離此一步，即無死所」吧，他把從中國大陸來台的這批經建專才保護在一個不必理會政治是非的環境裡，去幫他處理富國事宜。也許蔣中正還認為唯有富國才能強兵，強兵才能反攻大陸，可是我從各種史料上發覺這批經建專才只管富國，不理會強兵。民國四十七年金門八二三砲戰後，美國強勢介入兩岸關係，蔣中正總統和他的黨政軍特團隊大家從此心照不宣，建設台灣成為國家治理的唯一目標。

這批經建專才各個學有專精，使命感強烈，更難能可貴的是，經驗傳承成為他們共同遵行的專業倫理，汪彝定對蕭萬長在國際貿易理論和實務上的指導、試煉和提攜，便是這種倫理的體現。

5

蕭先生在台美斷交後的貿易談判上，一戰成名，躍上歷史舞台。緊跟著，民國七十一年蔣經國欽點他出任國貿局局長。國貿局雖然在中央政府體制上是經濟部的下屬單位，可是因爲貿易是台灣生存命脈，國貿局的地位，自然特別突出，作爲國貿局的掌門人，蕭先生也就成爲政府要員。

民國六十八年的高雄美麗島事件是台灣政治的一個分水嶺。那個時間點之後，台灣社運風起雲湧，衝擊舊體制的力道逐步加大，導致民國七十六年的解嚴。七十七年強人政治隨著蔣經國總統的過世畫下終止符後，台灣社會的翻騰益見洶湧，一連串的政治劇變，令人目不暇給，政黨政治初具雛形，縣市長和立委的爭奪戰日趨激烈，藍綠版圖此消彼長。隨著國民大會走入歷史，總統改由直接民選產生，省長和院轄市長直選也成爲政治大戰。修憲的戲碼連台，省被精掉了，國民黨分裂導致政黨輪替提前出現，國民黨在丟失中央執政權後歷經八年又重返執政，二〇一二年總統改選時，兩岸關係的處理方略成爲台灣最大的政治爭論。

這一段長達三十年的時間，蕭先生歷任國貿局長、經建會副主委、國民黨中央組工會主任、經濟部長、經建會主委、陸委會主委、立法委員、李連競選總部總幹事、國家發展會議副召集人、行政院長、陳水扁總統經濟顧問小組召集人、中華經濟研究院董事長、副總統。

蕭先生做爲台灣政壇的一個大角色，他雖然不事政治鬥爭，但仍然不免被波及。這其中腥風血雨、壞戲連台。由於這本書要寫的不是政治鬥爭，所以對於這些是非成敗轉頭空的「大事」，筆者決定不特著墨，僅在絕對必要處稍加說明，以呈現當時客觀環境的眞實樣貌。

6

蕭先生對本書寫作幫忙很多，他交代祕書協助找尋我要求的所有資料，他自己花了九個周末回答我提出的所有問題，蕭夫人也花了不少工夫找尋出本書要配合使用的圖片。此外，本書書名頁「據實側寫蕭萬長」那七個漂亮的毛筆字出自蕭先生讀初中一年級的外孫女——小書法家王如之——的手筆。

筆者必須特別說清楚的一件事是：筆者不是政黨中人，書中有些價值評斷不一定與蕭先生的人情考量相同，有些事實敘述不一定與蕭先生做為當事人的見解一致，此外書中還有一些對蕭先生的批評、質疑或惋惜；換句話說，這本書雖然是在蕭先生等人的協助下完成，可是作者仍然是一個不折不扣的獨立個體；好在，當我把這些分歧明白告訴蕭先生的時候，他的反應至為明朗，他說：儘管快行己意，不稍損社會上對您一向公正客觀的期待。

寫到這裡，讀友也許不免要問：光序文就寫了五、六千字，主要理念思維不是都說了嗎？不然，不然，我才只揭開序幕。有請各方先進，與我同行，一路向前。

國家圖書館出版品預行編目資料

人間逆旅：吳豐山回憶錄 / 吳豐山著. -- 初版. -- 臺北市：遠流, 2015.01

面； 公分. -- (綠蠹魚；YLC96)

ISBN 978-957-32-7555-8(精裝)

1. 吳豐山 2. 回憶錄

783.3886 103025502

綠蠹魚 YLC96
人間逆旅—吳豐山回憶錄

作者／吳豐山
主編／吳家恆
圖文整理／張雅敏
校對／黃嬿羽、陳芯怡
編輯協力／黃珍吾
照片提供／行政院、監察院、國家通訊傳播委員會、公共電視、卓越新聞獎基金會、台美文教基金會、台北市吳姓宗親會、楊永智、潘小俠
畫作提供／淩寅《濁水溪之戀》九幅連作
照片排版／游惠君
封面設計／霍榮齡
封面照片攝影／郭宏東
出版五部總監／林建興

發行人：王榮文
出版發行：遠流出版事業股份有限公司
地址：臺北市 100 南昌路二段 81 號 6 樓
電話：（02）2392-6899
傳眞：（02）2392-6658
郵撥：0189456-1

著作權顧問：蕭雄淋律師
法律顧問：董安丹律師
排版／中原造像股份有限公司
2015 年 1 月 1 日　初版一刷
2015 年 2 月 16 日　初版二刷
行政院新聞局局版臺業字第 1295 號
定價◎新台幣 450 元（若有缺頁或破損，請寄回更換）

ISBN：978-957-32-7555-8

YLib 遠流博識網
http://www.ylib.com
E-mail: ylib @ yuanliou.ylib.com.tw